ESG 경영론

기업윤리와 ESG

심보균, 황인경, 유연철, 임정근, 이기인, 박종철, 권기태, 최현수 공저

이프레스

머/리/말

20세기 후반까지, 기업 성공의 척도는 주로 재무적 성과로 평가되었습니다. 순이익 증가, 주가 상승, 시장 점유율 확대와 같은 지표가 중요시되었습니다. 그러나 시대의 변화와 복잡해진 글로벌 현실 속에서, 이러한 기존 지표들만으로는 기업의 진정한 가치와 성공을 충분히 반영하기 어렵다는 인식이 널리 퍼지고 있습니다. 기업은 이제 단순한 이윤추구를 넘어서, 사회적 책임과 지속가능성을 포함한 더 광범위한 책임을 요구받고 있습니다.

이 책은 기업이 직면한 기후변화, 자원 고갈, 사회적 불평등, 그리고 에너지 및 디지털 전환 등 다양한 글로벌 문제에 대응하기 위해 ESG(환경, 사회, 거버넌스) 경영이 어떻게 핵심 전략으로 자리매김하고 있는지를 심도 있게 탐구합니다. 지난 2004년 "Who Cares Wins"라는 보고서에서 처음으로 정립된 ESG 경영은 이제 단순한 트렌드를 넘어, 기업의 장기적 성공과 사회적 가치를 창출하는 핵심 경로로 인식되고 있습니다.

또한 ESG 경영이 기업에 제공하는 다양한 기회(장기적 지속가능성 확보, 사회적 가치 창출, 혁신 기회 창출)를 소개합니다. ESG 경영은 기업이 미래의 위험을 줄이고 경쟁력을 강화하는 데 중요한 역할을 합니다. 그러나 동시에 ESG 점수와 재무 성과 간의 불명확한 연관성, ESG 평가 기준의 정치적 편향성, 그리고 '녹색 세탁'과 같은 논란도 존재합니다. ESG에 대한 중소기업과 지역사회의 인식 수준은 미흡한 실정입니다. 이러한 도전에도 불구하고, ESG 경영이 추구하는 가치는 우리 사회에 필수적입니다.

본서는 ESG 경영의 기본 개념에서부터 최신 동향, 관련 제도와 정책, 정부와 지방자치단체의 ESG 행정, 금융, 공시 및 평가, 그리고 대응 전략까지 폭넓은 주제를 다루며, ESG 경영의 현재 상태와 미래 전망에 대한 심층적인 통찰을 제공합니다. 이를 통해 기업 경영자, 정책 입안자, 공공기관 및 지역의 ESG 활동가, 학자, 그리고 ESG에 관심 있는 모든 이들이 지속 가능한 미래를 향한 항로를 찾고, 그 여정에서 직면할 도전과 기회를 이해할 수 있기를 기대합니다.

또한 이 책은 사단법인 '글로벌ESG협회' 활동에 참여하는 전문가들이 집필했습니다. 저자들의 심도 있는 연구와 실무 경험을 바탕으로, ESG 경영의 중요성과 실천 방안에 대해 깊이 있게 탐구합니다. 이를 바탕으로 ESG 경영에 대한 독자 여러분의 이해를 높이고, 지속 가능한 미래를 위한 실천적인 활동을 촉진하는 데 기여할 수 있기를 진심으로 바랍니다. 우리는 이 책이 독자 여러분의 중요한 ESG 탐구 여정에 함께 하고, 기업과 사회, 지역발전에 긍정적인 변화를 만드는 데 중요한 역할을 할 것이라 믿습니다.

변화하는 시대의 요구에 부응하여 본서는 기업이 사회적 책임을 다하고 지속 가능한 미래를 만들어가는 데 기여할 수 있는 구체적인 방안을 제시합니다. 중앙과 지방, 대기업과 중소기업, 그리고 업종별로 다양한 인식 차이와 관행을 극복하고, ESG의 인식과 실천에 종합적인 비전과 전략체계를 구축하는 것이 필요합니다. 저자들은 이러한 통합적 접근을 통해 기업의 ESG 경영을 지원하고 기업과 사회의 전반적인 ESG 수준을 강화하는 방안을 모색합니다.

『ESG 경영론』의 탐구과정에 함께 해주실 여러분께 감사의 말씀을 전하며, 이 책이 여러분에게 유용한 지침서가 되기를 바랍니다. 우리 모두의 공동 노력이 지속 가능한 발전과 긍정적인 사회 변화를 이끌어내는 데 중요한 역할을 할 것입니다.

지속 가능한 발전을 위한 여정에 여러분 모두의 적극적인 참여와 ESG 실천을 기대합니다. 변화하는 시대의 요구에 부응하여 기업이 친환경, 인권과 안전사회, 투명경영 등 사회적 책임을 다하고, 지속 가능한 미래를 형성하는 데 이 책이 기여할 수 있기를 바랍니다.

무엇보다도 이 책의 집필과 연구를 위해 아낌없이 지원해 주시고 직접 집필에 참여해 주신 사단법인 '글로벌ESG협회' 황인경 회장님을 비롯하여 임정근 경희사이버대 명예교수, 권기태 사회혁신연구소 소장, 박종철 우리경영연구원 원장, 이기인 국민대학교 관리처장, 유연철 유엔글로벌콤팩트 한국협회 사무총장, 최현수 ㈜불카누스 부사장 등 공동 집필진에게 감사드립니다.

또한 본서가 세상에 나올 수 있도록 출판과정에서 노고를 아끼지 않으신 도서출판 이프레스 최용구 대표님과, 초기 단계부터 대가 없이 세심한 주의와 헌신적인 노력을 기울여 교정 작업을 해준 심현진 님에게 진심으로 감사의 마음을 전합니다.

이 책을 찾아주신 독자 여러분에게 깊은 감사의 뜻을 담아,

2024년 2월 29일
공동저자 심보균 드림

추/천/사

실행 심리학자 마셜 골드스미스(Marshall Goldsmith)는 자신의 저서 『트리그』에서 이렇게 강조합니다.

"우리가 환경을 만들고 통제하지 않으면, 환경이 우리를 만들고 통제한다. 우리가 처한 환경을 자각해야 한다. 환경에 휘둘리지 않을 때 자유를 얻을 수 있다. 미래의 우리와 단절될 때 현재의 우리는 어리석은 결정을 내린다."

마셜 골드스미스가 언급한 바와 같이 기후위기와 환경의 문제는 우리 인류가 더 이상 지체할 수 없는 당면한 과제입니다. 또한 이는 현실의 문제이고 우리 미래 세대를 위한 문제이기도 합니다.

ESG는 환경(Environment), 사회적 책임(Social), 거버넌스(Governance)를 의미하는 시대정신이자 경영혁신운동입니다. 이 운동은 기후위기를 넘어 기후재앙으로 치닫고 있는 시대에 기업 활동이 이윤만을 추구하는 것이 아니라 환경, 사회적 책임, 거버넌스 등을 고려해야 지속 가능한 발전을 할 수 있다는 의미를 부여하고 있습니다. 지속 가능한 발전을 위한 기업과 투자자의 사회적 책임이 중요해지면서 글로벌 금융기관이 ESG 평가 정보를 활용하고 있습니다.

가속화되는 기후변화와 경제위기, 선진국 주도의 ESG 기반 금융 체제 규제 강화의 압력 속에서 국가와 기업의 국제 경쟁력 확보가 시급합니다. 특히, 수출 의존도가 높은 우리나라의 경우 EU 등 국제사회에서 법률로 규범화되고 있는 다양한 형태의 ESG 규제 압력은 한국경제에 매우 큰 위협요인이 되고 있습니다. 따라서 ESG 경영은 위기이자 기회의 요인으로 작용하며 선진국형 ESG 생태계 구축을 통한 다양한 일자리 창출도 필요합니다.

사단법인 '글로벌ESG협회'는 지구촌의 환경보전과 사회 이슈 등의 문제들을 해결하고, 건전하고 투명한 거버넌스를 지향하며 ESG 가치와 지식을 창출하여 사회, 국가 및 세계의 지속 가능한 발전에 기여할 목적으로 2023년 설립되었습니다.

ESG는 거부할 수 없는 세계적인 흐름이므로 기후위기 대응은 한 국가 차원에서는 불가능하며 전 지구적 차원의 협업이 필요하기 때문에 '글로벌ESG협회'를 만들게 되었습니다. 현재 '글로벌ESG협회'는 미국, 몽골, 리투아니아, 베트남, 태국, 페루, 캄보디아 등과 협업을 도모하고 있습니다.

우리 선조(先祖)들도 ESG와 시대정신을 견지하고 있었습니다. 특히 다산 정약용 선생(1762~1836)은 ESG 관점에서 다른 사람과 사회를 먼저 돌아보고 헌신하는 삶을 산 유학자이자 시대를 앞서간 개혁사상가였습니다. 현시점에서 보면 과학자이자 발명가이면서 기업가 정신도 있었고, 당대 시대의 문제를 꿰뚫은 사회학자이기도 했습니다. 그는 유배기간 동안 500여 권의 책을 저술하며 역경을 학문적 업적으로 승화한 사상가입니다.

다산은 행정 기구의 개편을 비롯하여 관제·토지제도·부세제도 등 모든 제도의 개혁 원리를 제시한 책인 『경세유표(經世遺表)』를 통해 당시 조선의 현실에 맞도록 조정하여 정치·사회·경제 제도를 개혁, 부국강병을 이루는 데 목표를 제시하였습니다. 이 책에서 그는 사회적 책임(S)에 관한 그의 사상을 전하고 있습니다.

거버넌스(G)를 다루고 있는 『목민심서(牧民心書)』에서 다산은 반부패, 자신을 다스리는 율기(律己)인 청렴을 강조합니다. 지방의 지도자인 수령이 지켜야 할 지침을 밝히면서 관리들의 폭정을 비판하고, 백성의 편에 서서 관리들의 횡포와 부정부패를 폭로, 고발, 탄핵 및 경계하는 내용을 담았습니다.

"뜨거운 마음으로 세상 만물의 위험과 고통을 구제해 주고 냉철한 눈으로 염량세태를 관찰하라."

ESG는 지속가능성에 대한 고민입니다. 그런 점에서 기업의 노력만이 아니라 정부의 지원도 중요하고 교육을 통한 국민 한 사람, 한 사람의 의식 고양도 중요하다고 생각합니다. 이제 시작 단계이지만, 한국은 다산 정약용 같은 선각자의 혜학을 본받아 충분히 잘할 수 있을 것이라 믿습니다.

다산은 『경학』의 효제인 사상을 통해 시대정신에 맞게 지식인들의 언행일치 즉 실천을 강조합니다.

"마음을 다한다는 것은 행동함이요, 행동하면 반드시 알게 되고 알게 되면 반드시 행하나니 앎과 행동이 서로 촉발되어 상호 간에 수양되는 것이다."

ESG 경영론은 사단법인 '글로벌ESG협회'가 시대정신인 ESG 경영의 활성화를 위해 계획하고 실천하는 학술 편찬 작업의 첫 발걸음입니다.

모쪼록 이를 통하여 한국의 ESG 경영 정착에 초석을 마련하는 데 이바지하기를 기대합니다.

사단법인 '글로벌ESG협회' 회장 황인경

차/례

CHAPTER 03 유엔 지속가능발전목표(UN SDGs)

CHAPTER 04 한국 SDGs 추진현황

CHAPTER 05 ESG와 지속가능발전

CHAPTER 06 ESG 행정

CHAPTER 07 ESG와 국정과제

CHAPTER 08 ESG 행정 평가와 기본법

CHAPTER 09 ESG 평가

CHAPTER 12 공공기관 경영 사례

CHAPTER 13 기업윤리와 ESG

CHAPTER 01

ESG란 무엇인가

1 ESG 개요

1) ESG란 무엇인가?

지난 2년 동안 한국에서 일어난 큰 변화 중의 하나가 ESG의 물결이다. 일반 시민들에게는 아직 피부에 와 닿을 정도는 아니지만, 기업과 정부는 ESG를 외면할 수 없는 세계 경제의 새로운 변화로 인식하고 ESG 제도 및 경영의 전략과 실천 방안을 마련하는 데 박차를 가하고 있다. 이러한 ESG 물결의 배경에는 전 세계적으로 기후변화에 대처하기 위해 정부와 시민이 ESG 관련 규제를 강화하는 데 나서고 있는 점, 기업과 투자자들이 ESG 이슈를 가장 중요한 리스크 관리의 요소로 받아들일 수밖에 없게 된 점 등이 크게 작용하고 있는 것으로 보인다. 무엇보다도 큰 배경은 기후변화로 인한 손실과 재앙이 전 세계로 확산되고 있다는 사실, 그 자체임은 말할 것도 없다. 기후변화와 경제위기에서 비롯된 생태적 위기와 사회적 갈등을 이대로 내버려 둘 경우, 인류 전체가 공멸의 길로 갈 수밖에 없는 지경에 이르렀다는 인식이 모든 경제 활동에 ESG 이슈를 적극적으로 통합시켜 이러한 문제들을 해결해야 한다는 변화의 원동력이라고 할 수 있다. 그러면 먼저 ESG의 물결의 배경을 살펴보자. ESG의 배경과 역사를 이해하는 것은 ESG의 본질을 이해하고 ESG의 진정한 목표를 추구하기 위한 경제 구축을 위해서 필수적이기 때문이다.

(1) ESG 탄생의 배경

한 마디로 ESG는 지구적 기후위기의 극복과 지속가능한 미래를 위한 경제 개혁의 필요성 때문에 태어났다고 할 수 있다. 특히 ESG와 지속가능한 경제에 관한 이야기를 하려면 먼저 UN과 코피 아난 UN 사무총장을 언급하지 않을 수 없다. 1999년 1월 29일, 스위스 다보스에서 열린 세계경제포럼에서 당시의 UN사무총장 코피 아난은 UN 글로벌 컴팩트의 창설을 제안하면서 다음과 같은 연설을 하여 큰 호응을 얻었다. "저는 비즈니스 리더인 여러분과 우리 유엔이 세계 시장에 인간적인 면모를 부여할 가치와 원칙을 공유하는 글로벌 콤팩트(Global Compact)를 시작할 것을 제안합니다." 여기에서 중요한 말은 "인간적인 면모를 가진 시장"이다. 우리나라도 1997년 심각한 외환위기를 겪었지만, 전 세계의 경제도 아시아 금융 위기를 겪으면서 2007년~2008년의 세계 경제위기를 향해 다가가고 있던 때였다. 갈수록 악화되는 기후변화 속에서 가속화되고 있던 투기 자본의 전횡, 불안정한 금융 체제, 부실 채권과 국가 재정의 파탄 등이 코피 아난으로 하여금 "인간의 얼굴을 한 경제"를 부르짖게 한 것이다(forbes, 2018. 08. 19.).

같은 해 아난 사무총장은 다보스에서 열린 세계 경제 포럼에서 쟁쟁한 비즈니스 리더들을 앞에 놓고 기업의 지속가능성을 다시 한번 역설한다. 그는 "인권, 노동기준 및 환경 관행 분야에서 일련의 핵심 가치를 포용, 지원 및 제정할 것"을 제안했다. 코피 아난은 "기업의 힘은 큰 기회와 함께 큰 책임을 가져온다."고 말하며, 비즈니스 리더들에게 이러한 핵심 가치를 "자신의 기업에서 직접 실천"할 것을 촉구했다. 연설의 마지막 부분에서 그는 우리는 '단기 이익 계산에 의해서만 주도되는 글로벌 시장'과 '인간이 있는 시장' 중의 하나를 선택해야 하는 갈림길에 서 있음을 강조하고 "강하고 성공한 사람들이 자신의 책임을 받아들이는 미래, 글로벌 비전과 리더십을 보여주는 미래"를 만들어야 한다고 설득했다.

이 연설 이후, 코피 아난의 주도로 유엔 글로벌 콤팩트(United Nations Global Compact: UNGC)가 2000년에 출범하게 된다. 지금도 활발하게 지속가능한 경제를 견인하고 있는 유엔 UNGC는 전 세계 기업들이 지속가능하고 사회적 책임을 지는 기업 운영의 정책을 채택하고 그 실행을 국제기구에 보고하도록 장려하는 세계 최대의 기업시민 이니셔티브로서, 기업체의 사회적 책임에 대한 역할을 관장하며, 기업들에게 동기 부여를 하는 국제기구다. 특히 UNGC는 기업이 인권, 노동권, 환경, 사회적 책임에 관한 10대 원칙을 준수하여 책임감 있게 비즈니스를 수행하도록 지원하고 있다. 2023년 기준, 유엔 글로벌 콤팩트에는 전 세계 166개국의 2만 3,000개 이상의 기업이 참여하고 있다(https://unglobalcompact.org).

UNGC의 창설과 활동이 ESG의 탄생에 직접적인 영향을 끼친 것은 물론이다.

2004년, 드디어 ESG가 등장하게 된다. 아난 사무총장은 제네바 UN 본부가 있는 스위스 정부와 협력하여 세계의 유력한 금융기관들을 끌어들여 "환경, 사회 및 기업 지배구조 요소"를 자본 시장에 통합하도록 장려하는 이니셔티브를 주도했다. 그 결과 보고서인 "Who Cares Wins"(보살피는 자가 이긴다.)[1]는 지속 가능한 경영과 경쟁력 있는 기업을 위해서 ESG가 매우 중요하다는 것을 강조했다(medium, 2018. 09. 21.). "더욱 글로벌화되고 상호 연결되며 경쟁이 치열한 세상에서 환경(environmental), 사회(social) 및 기업 거버넌스(corporate governance) 문제(issues)를 관리하는 방식은 성공적인 경쟁을 위해 필요한 기업의 전반적인 경영 품질의 일부입니다. 이러한 이슈와 관련하여 더 나은 성과를 내는 기업은 리스크를 적절히 관리하고, 규제 조치를 예측하거나, 새로운 시장에 접근함으로써 주주 가치를 높이는 동시에 기업이 속한 사회의 지속 가능한 발전에도 기여할 수 있습니다. 이러한 이슈는 기업 가치에서 점점 더 중요한 부분인 평판과 브랜드에 큰 영향을 미칠 수 있습니다."

이것이 오늘날 우리가 ESG 또는 지속가능한 투자/경영/금융이라고 부르는 것의 시작이었으며, 2006년 유엔의 지원을 받아 지속가능한 투자와 경제의 발전을 장려하는 데 초점을 맞춘 "UN 책임투자 원칙(UN Principles of Responsible Investment: UNPRI)"으로 이어지게 되는 것이다. 이후 수많은 자산 운용사 및 기관투자자들이 투자 프로세스에 ESG 이슈를 통합할 것을 약속했다. 특히 2007년~2008년 경제위기 이후 급증하기 시작한 서명 기관의 수는 현재 5,300개에 달하고 있으며 이 기관들의 자산 규모를 모두 합치면 100조 달러를 상회한다.

그러므로 ESG의 등장 배경에는 기후변화라든가 경제위기 같은 전 지구적인 위기가 있다. 예를 들어 ESG의 "E"인 환경 이슈가 제기된 이유가 바로 기후변화라든가 팬데믹 같은 생태의 변화와 전 지구적인 재앙과 질병의 빈발 등에 따

1) The Global Compact (2004). Who Cares Wins: Connecting Financial Markets to a Changing World

른 위기의식 때문이었던 것이다. 그리고 이런 기후위기라든가 팬데믹 같은 전 지구적인 위기가 근본적으로 지금 우리가 살아가는 생활방식, 또 우리가 속해 있는 자본주의 체제가 너무나 성장과 단기적인 이윤 극대화에 치중되어 있는 탓이라는 것이 갈수록 명백해 지고 있는 것이 이 위기의식을 더욱 강화하고 있다. 근본적인 변화가 필요하다는 합의, 즉, 전면적인 기후변화 및 사회 문제의 해결을 위해, 경제체제와 기업경영의 획기적인 변화가 절박하게 요구된다는 인식을 바탕으로 ESG가 발전해 온 것이다.

좀 더 구체적으로 보게 되면 1970년대 이후에 UN을 중심으로 전 세계의 환경을 걱정하는 사람들 사람들의 공론장이 형성되기 시작했다. 세계 경제가 너무나 성장 중심이어서 이렇게 가다가는 지속 불가능한 거 아니냐, 얼마 안 가 우리가 계속 삶의 질을 유지할 수 없는 거 아니냐, 미래가 불투명하고 지속 불가능해지는 게 아니냐 하는 의견들이 쏟아져 나왔다. 70년대라면 거의 반세기 전인데, 벌써 성장의 문제점이 제기되기 시작했던 것이다. 그리고 환경과 성장 이슈는 전 세계적인 문제인 까닭에 자연스럽게 UN이 환경문제의 공론장으로 떠오르게 되었다. 애초부터 국제사회와 UN에서 환경악화와 성장과 단기 이익만을 추구하는 경제는 하나의 문제였던 것이다. 뒤에서 UN을 중심으로 한 ESG의 발전과정을 좀더 자세히 살펴보도록 하겠다.

(2) 왜 선진국과 기업인가?

ESG의 가장 중요한 배경이 되는 기후변화, 경제위기의 문제는 앞 절에서 살펴보았으므로 여기에서는 ESG를 잘 사는 나라와 대기업들에게 가장 먼저 촉구하게 된 이유를 간략하게 살펴본다.

① 선진국의 책임

기후변화에 대해 가장 큰 책임을 잘 사는 나라들에게 묻게 되는 까닭은 무엇일까? 한 마디로 그 나라들이 배출한 온실가스로 지구가 질식할 지경에 이르렀기 때문이다. [그림 1-1]을 보면 어느 정도인지 알 수 있다.

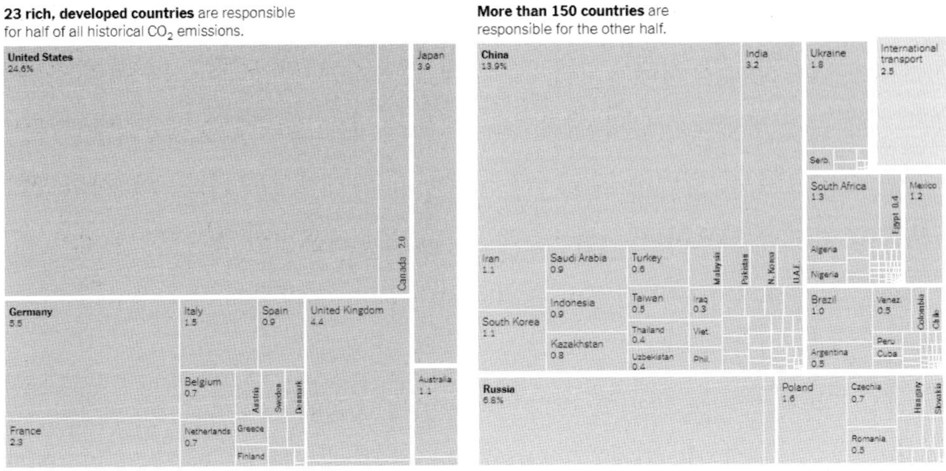

[그림 1-1] 지난 170년간 이산화탄소 총 배출량 국가별 분포

출처: Nadja Popovich and Brad Plumer (2021). "Who Has The Most Historical Responsibility for Climate Change?", New York Times(2021. 11. 12.)

지난 170년간의 이산화탄소 배출량의 국가별 분포를 보면 발전된 국가들(Developed Countries)로 분류된 23개 국가가 역사적으로 발생한 이산화탄소의 발생량의 총량의 절반을 차지하고 있다. 이 23개 국가가 기후변화 문제의 절반에 대한 책임을 져야 한다는 말이다. 미국이 24.6%로 1위를 차지하고 있고 그다음으로 많은 나라가 독일이다. 독일이 굉장히 환경적으로 좋은 나라 같은데 역사적으로 봤을 때는 5.5%로 2위이고, 일본이 3.9%로 3위를 달리고 있다. 그 외에 캐나다 프랑스 이탈리아 등 OECD 국가이고 잘 사는 나라들이 뒤를 잇고 있다. 툰베리의 나라 스웨덴도 여기에 포함되어 있다. 그리고 옆에 파란색 부분을 보면 나머지 150개 국가가 50%에 대해서 책임이 있다고 할 수 있다. 그런데 이 표는 이산화탄소 배출을 국가 경제 상위 그룹과 나머지 국가 그룹으로 나누어 그 양을 보여주는 것이기 때문에 실제 국가별 배출량은 많은 차이가 있다는 것을 유념해야 한다. 그러니까 덜 발전된 나라로 분류된 중국이 절대 배출량으로 보면 13.9%로 2위를 차지하고 있다. 인구나 국토의 크기를 보면 이해가 되는 수치이다. 우리나라는 아직 23개 국가군에 포함되어 있지는 않지만, 경제 규모가 크므로 배출량도 1.1%에 이르고 있다. 23개 국가에 속해 있는 오스트레일리아와 같은 수준이다.

어쨌든 지난 170년간 산업화와 경제 발전을 주도했던 나라들이 50% 이상 책임이 있다고 볼 수 있다. 그러니까 이 나라들이 잘 살고, 또 능력이 있기 때문에도 책임을 져주기를 바라는 것을 넘어서서, 실제로 기후변화에 막대한 책임이 있으므로 문제 해결에 앞장서야 한다는 것을 이것만 봐도 알 수 있다.

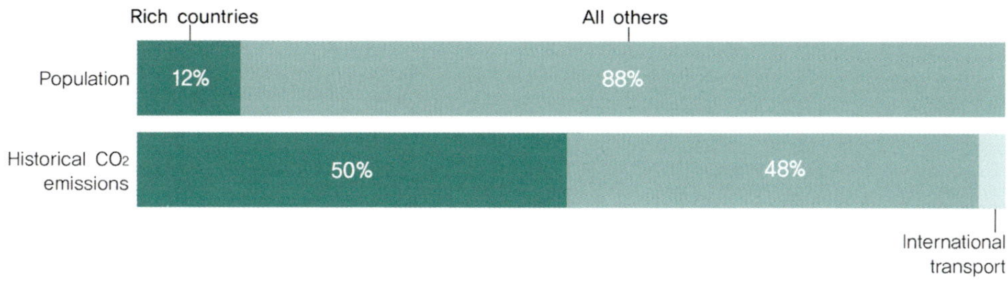

[그림 1-2] 지난 170년간 전 인구의 12%에 불과한 부자 나라의 인구가 전체 이산화탄소 배출량의 50%를 배출

출처: Nadja Popovich and Brad Plumer (2021). "Who Has The Most Historical Responsibility for Climate Change?", New York Times (2021. 11. 12.)

[그림 1-2]를 보면 지난 170년간 전 인구의 12%에 불과한 부자 나라들이 전체 이산화탄소 배출량의 50%를 배출했다는 것을 알 수 있다. 이 배출량이 곧 산업화, 세계화의 수혜자들이 1차적으로 책임져야 할 부분이라고 할 수 있다.

그 다음에 [그림 1-3]을 보면, 2020년 한 해에 이산화탄소를 가장 많이 배출한 나라는 중국이다. 인구도 제일 많고 또 전 세계의 공장 역할을 하면서 엄청나게 산업화가 빨리 진행되어 왔기 때문이다. 그런데 1인당 배출량을 보면 사우디아라비아가 압도적인 1위이고 오스트레일리아, 미국, 캐나다가 뒤를 잇고 있다. 한국은 1인당 배출량에서 5위를 차지하고 있다. 나라도 작고 인구도 적은데 1인당 배출량에서 막강한 우위를 보여주고 있다. 기후변화를 초래하는 물질은 거짓말을 하지 않는다. 콩 심은 데 콩이 나는 것처럼 배출한 물질은 차곡차곡 쌓여 한 국가가 어떻게 살아왔는지를 잘 보여주고 있다. 기후변화를 해결하자면 모든 국가가 자기가 져야 할 책임을 지는 데서 출발해야 하는 이유다.

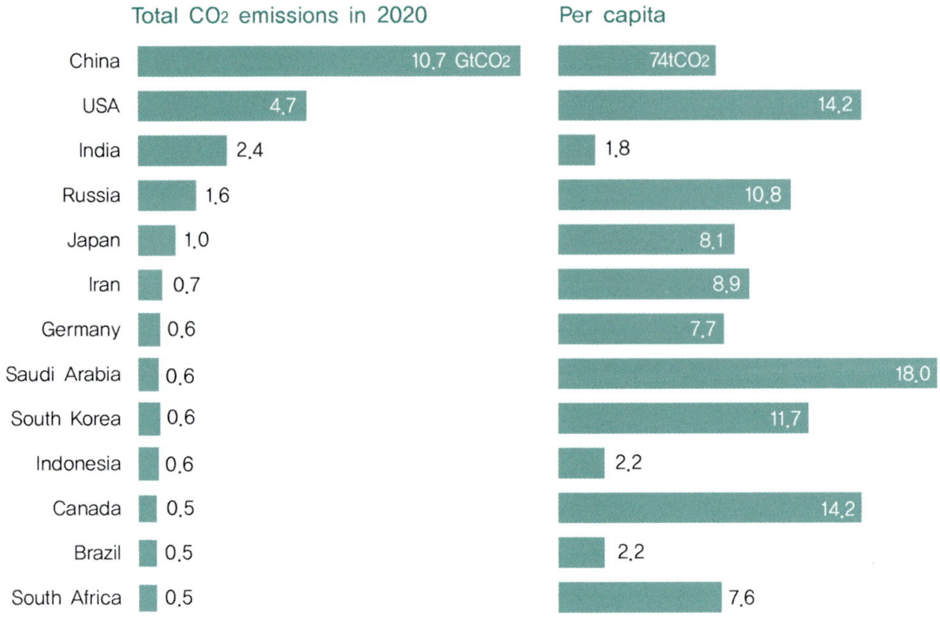

[그림 1-3] 2020년 국가별 이산화탄소 배출량

출처: "Nadja Popovich and Brad Plumer (2021). "Who Has The Most Historical Responsibility for Climate Change?", New York Times (2021. 11. 12.)

② 기업의 책임: 왜 기업이 문제인가?

ESG에 대해 많은 기업이 불만을 가질 수 있다. 왜 기업에게 이 모든 지표를 들이대면서 괴롭히는가? 성장과 소비 중심의 경제와 그에 따른 기후위기에 우리가 모두 책임이 있지 않은가? 사실 안타깝고 민망스러운 생각이 들기도 한다. 하지만 모든 경제 활동을 주도해온 기업이 기후변화에 대한 책임을 회피할 수 없고 또 그 해결을 위해서도 가장 중요할 수밖에 없으므로 기업에게 ESG를 요청하게 된 것이다. 영국 런던에 본부를 둔 비영리기구 '탄소공개프로젝트(Carbon Disclosure Project: CDP)'[2]가 환경단체 기후책임성연구소(CAI)와 공동으로 펴낸 2017년판 '주요 이산화탄소 배출원 데이터베이스(DB)'를 보면 2017년 기준, 100개의 화석연료기업이 지난 30년 동안 세계 온실가스 배출량의 71%에

2) CDP: 영국, 일본, 인도, 중국, 독일, 브라질 및 미국에 기반을 둔 국제 비영리 조직으로 기업, 도시, 주, 지역 및 공공기관이 환경 영향을 공개하는 것을 주도하고 있음.

책임이 있다는 것을 알 수 있다. 또한 산업혁명 이후 160년 동안 배출량의 50% 이상에 해당되는 화석연료를 100개 기업이 생산했다는 통계도 나와 있다. 물론 이 데이터가 해당 기업만 책임이 있다는 것을 의미하는 것은 아니다. 경제체제, 에너지 산업, 모든 경제주체들의 생산과 소비가 다 관련이 되어 있다. 하지만 직, 간접적으로 이 기업들에게 어떤 변화가 일어나지 않는다면 온실가스 문제라든가 화석연료 문제가 해결될 수 없다는 것은 명백하다. 그만큼 기후위기가 절박하고 우리에게는 많은 시간이 남아 있지 않은 것이다. 결국 기업에게 ESG를 촉구하면서 국가와 시민 등 모든 이해관계자가 ESG와 지속가능한 경제를 지원하고 발전시켜야만 해결의 길이 보일 것이다.

이런 시대적 요청 때문에 ESG는 지속가능한 생태와 환경, 기업의 사회적 책임과 실천, 보편적 경제 규범과 민주적인 기업 운영 등을 망라한 프레임워크로 등장하여 경제주체인 기업에게 환경과 사회, 거버넌스의 이슈들의 연관성과 통합의 중요성을 강조하게 된 것이다.

(3) ESG란 무엇인가?

언급했던 ESG의 기본 문헌인 "Who Cares Wins"를 다시 한번 살펴보자. 이 책의 제목은 "보살피는 자가 이긴다."인데 이것만으로는 무슨 뜻인지 잘 알 수가 없다. 부제는 "금융 시장을 변화하는 세계에 연결하기(Connecting Financial Markets to a Changing World)"인데 여전히 좀 막연하다. 그런데 책 표지에 다음과 같은 구절과 함께 이 보고서를 제출한 23개의 금융기관의 목록이 친절하게 적혀 있다.

"분석, 자산관리 및 증권 중개에 환경, 사회, 거버넌스 이슈를 더 잘 통합하기 위한 금융 업계의 권장 사항(Recommendations by the financial industry to better integrate environmental, social and governance issues in analysis, asset management and securities brokerage)"

여기서 ESG의 기본에 관한 몇 가지 사항을 알 수 있다. 첫째, ESG는 환경, 사회, 거버넌스에 관한 이슈들을 말한다. 그러니까 ESG는 environmental, social and governance의 약자이고 이들 세 영역과 관련된 주요 이슈들을 의미한다. 둘째, 이러한 이슈들을 금융산업의 주요 업무에 통합시키는 것을 목적으로 ESG가 제시되었다는 것이다. 즉, 그 전까지는 이 세 영역의 이슈들이 제대로 금융신업에서 다루어지지 않았다는 것을 의미한다. 셋째, 이 당시의 ESG는 UNGC와 스위스 정부의 독려를 바탕으로 금융 업계가 자율적으로 제출한 권고사항들이라는 것이다. 따라서 ESG는 UN, 스위스 등 관련 국가, 은행, 증권, 보험, 세계은행 등 다양한 금융 이해관계자들이 시대적 요청에 부응하여 만든 자율적인 금융 개혁안이라고 할 수 있다. 이 개혁안이 지난 20년간 더욱 심각해진 기후변화와 경제위기라는 현실 속에서 강화되어 갈수록 강력한 힘을 발휘하는 지금의 ESG로 발전하였다. 그러면 ESG의 정의부터 알아보도록 하자.

2) ESG의 개념과 정의

(1) ESG의 정의

우리나라 정부가 2021년에 발표한 「K-ESG 가이드라인 v1.0」에서는 ESG를 다음과 같이 정의하고 있다. "ESG는 환경(Environment), 사회(Social), 지배구조(Governance)의 약자로, 기업 경영활동을 환경 경영, 사회적 책임, 건전하고 투명한 지배구조에 초점을 둔 지속가능성(Sustainability)을 달성하기 위한 기업경영의 3가지 핵심 요소를 의미한다." 여기에서 지속가능성(Sustainability)은 '현재 세대의 필요를 충족시키기 위하여 미래 세대가 사용할 경제·사회·환경 등의 자원을 낭비하거나 여건을 저하시키지 아니하고 서로 조화와 균형을 이루는 것'(지속가능발전법, 2020.5.26. 제정)"을 말한다. 그러니까 ESG의 정의에는 기업의 경영은 이윤을 추구하면서도 환경, 사회적 책임, 건전하고 투명한 경영 등 비재무적이고 가치 지향적인 요소를 적극적으로 통합하여 지속가능한 경제를 이끌어야 한다는 의미가 담겨 있다. 특히 ESG가 지속가능성의 달성을 위한 핵심 요소라는 것을 밝힘으로서 ESG의 목표를 명시하고 있다.

이제 ESG의 글자를 하나씩 살펴보자. E는 Environmental(환경적인)의 약자이고, 다음에 S는 Social(사회적인)의 약자다. 그런데 마지막 G는 Governance인데, 이것은 번역이 좀 까다롭다. Governance는 일반적으로 뭔가를 통치하고 관리해나가는 구조와 방식을 의미한다. 보통은 기업의 "지배구조"로 번역이 되지만, 실제로는 기업의 운영, 경영 방식, 의사결정과 집행 등에 관한 과정과 실행 체제를 의미한다고 볼 수 있다. 그러므로 ESG의 E는 환경에 관련된 중요한 문제의식과 가치들을, S는 사회가 반드시 지켜나가야 할 보편적 가치에 관한 기준과 이슈들을, G는 기업이 이러한 환경적/사회적 가치를 잘 반영하고 지속가능하게 경영할 수 있는 운영 체제와 지배구조를 의미한다. 그리고 각 분야에 따

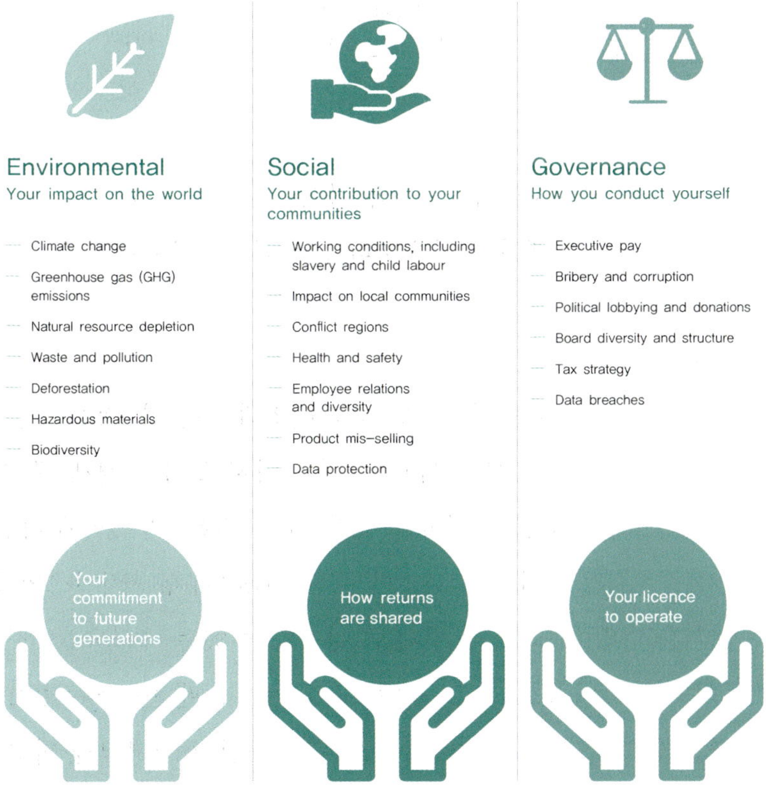

[그림 1-4] ESG 기본/ 프레임워크

출처: KPMG (2020). Environmental, Social, Governance: An Introductory Guide for Businesses, p. 2

라 중요한 이슈와 지표들이 포함되어 있고, 기업이나 조직들이 이러한 이슈와 지표들을 얼마나 잘 이행하고 실천하느냐에 대한 객관적 평가를 지향하는 것이 ESG의 프레임워크라고 할 수 있다.

ESG의 기본 프레임워크를 간단히 정리하면 다음과 같다.

	Environmental	Social	Governance
목표	미래 세대에 대한 책임	이익의 공정한 분배	기업활동의 규범과 자격
개념	기업 활동이 세계에 미치는 영향	기업의 사회적/지역적 공헌	기업 운영의 적정성
주요 이슈	*기후변화 *온실가스 배출 *천연자원 고갈 *폐기물과 오염 *산림 황폐화 *유해 물질 *생물다양성	*노예제도, 아동노동 등을 포함한 노동 조건 *지역사회에 대한 영향 *분쟁지역 문제 *건강과 안전 *고용관계 및 다양성 *불량 상품의 생산 및 거래 *정보보호	*임원 보수 *뇌물과 부패 *정치적 로비 및 기부 *이사회 구조 및 구성원의 다양성 *세금 전략 *정보 *데이터 침해

하지만 ESG에 대해서는 다양한 시각과 기대가 있으므로 ESG와 관련된 정의나 개념도 다양하다. 여기에서는 중요하다고 생각하는 두 가지만 소개한다.

① ESG=ES+G?

ESG가 가진 보편적 가치를 강조하면서 박태영과 윤건영(2021: 5)은 "이윤을 추구함에 있어 환경과 인류에 대한 배려를 핵심 가치로 삼는 경제 및 경영의 철학이자 행동 원칙"으로 ESG를 정의하고 있다. 두 사람은 이 정의에 바탕을 두어 ESG=ES+G라는 주장을 펼치고 있다. 이 주장은 ESG에서 거버넌스의 중요성을 강조하는 것이다. 기업이 E와 S를 제대로 실천할 수 있는 투명하고 가치 지향적이면서 민주적인 거버넌스를 갖고 움직이고 있느냐가 관건이라는 주장이다. 기업의 내부 사정을 보면 비민주적이고, 거의 독선적인 기업경영을 하고, 한편으로는 투기성 투자도 하면서 E와 S에 대한 좋은 지표만 내세운다는 것은 있을 수도 없고 있어서도 안 된다. 그러니까 기업이 어떤 거버넌스, 어떤 경영 구조를 갖추고 있느냐가 궁극적으로는 E와 S의 성취 여부를 결정한다는 관점이다. 이런 관점은 특히 민주적이고 투명한 기업 거버넌스가 미흡한 한국의 경우 큰 설득력을 가진다. 따라서 ESG의 체제와 더불어 기업의 거버넌스를 강화할 수 있는 관련 법규나 제도의 강화가 병행되어야 한다는 것을 환기시키는 정의이며 주장이라고 할 수 있다.

② ESG 투자

ESG를 투자에 연결하여 정의하는 경우도 많다. 가장 중요한 ESG 평가기관 중의 하나인 MSCI는 ESG 투자를 다음과 같이 정의하고 있다.

"투자 결정 과정에서 재무적 요소와 더불어 환경(Environment), 사회(Social) 및 지배구조(Governance)를 고려하는 것"

"At MSCI, we define ESG Investing as the consideration of environmental, social and governance factors alongside financial factors in the investment decision-making process."

(참고: https://www.msci.com/esg-101-what-is-esg)

이 정의는 투자자의 입장에서 본 ESG를 반영하고 있다. 투자하는 입장에서 봤을 때 투자를 결정하기 위해 여태까지는 거의 99% 재무적인 요소(특히 단기 수익률)을 따졌는데, 여기에 비재무적이고 장기적인 요소인 환경, 사회, 지배구조 이슈를 함께 고려하는 투자가 ESG 투자라는 것이다. 당연히 이 관점은 재무적 성과를 배제한다거나 경시한다는 것이 아니고, 오히려 재무적 성과를 보장하고 리스크를 줄이기 위해 ESG를 감안한 투자가 필요하다는 것이 핵심이라고 할 수 있다. 이런 투자가 대세가 된다면 ESG를 잘 실천하는 기업들이 경제의 중심이 될 날이 오겠지만 실제로 기후변화나 사회적 이슈들을 해결하는 데 적극적으로 초점을 맞춘 것이라고 보기는 어렵다. 따라서 ESG 투자의 개념이나 정의가 ESG의 목표를 달성하는 데 더욱 이바지할 수 있도록 강화될 필요가 있다.

지금까지 ESG의 배경과 정의, 개념 등을 알아보았는데, 다음에는 ESG의 발전과정에 대해 알아보도록 하겠다.

3) ESG의 발전과정

ESG의 발전과정에 대한 논의가 ESG를 새로운 돈벌이라고 생각하거나, ESG가 당장 기후변화를 해결할 수 있는 만능열쇠라고 믿는 분들에게는 좀 답답한 이야기가 될 수도 있겠다. 하지만 ESG의 목표와 특성을 올바르게 이해하고 ESG를 내재화, 활성화하는 것만이 진정한 변화를 만들어 낼 수 있으므로, 이를 위해서는 ESG의 발전과정을 정확히 이해하는 것이 필수적이다. ESG는 오랜 과정을 거쳐 국제사회가 만들어 온 실효성 있는 경제, 금융 거버넌스라고 할 수 있기 때문이다. 많은 한계와 비판에도 불구하고 ESG는 국제사회의 집단지성과 진지한 토론과 합의의 과정을 거쳐 발전해 왔다. 이 과정을 따라가 보자.

(1) 환경문제의 대두

① 1972년: 「성장의 한계」와 UNEP

1972년, 로마클럽이 전 세계에 충격적인 메시지를 던졌다. 로마클럽은 「성장의 한계」라는 하는 책 속에서 성장 위주의 경제 성장이 계속되고 인구가 급격히 늘어나는 상황이 계속된다면 환경이 감당할 수 없는 수준에 도달하게 되어 재앙적인 수준의 지구적 문제가 발생할 수밖에 없다는 주장을 내놓았던 것이다. 많은 논란이 있었지만 나름대로 여러 가지 과학적 근거를 제시한 이 주장은 성장과 생태의 문제를 진지하게 바라보게 하는 계기가 되었다. 특히 경제 성장을 목표로 하는 단기이기 추구의 경제는 지속 가능한 발전으로 전환되어야 한다는 국제적 담론이 시작됐다는 점에서 로마클럽의 주장은 역사적 의의가 있다. 그리고 같은 해 12월, UN에서 UN환경계획(UN Environment Programme: UNEP)이 출범했다. 유엔이 환경을 다룰 때 있어서 가장 중심이 되는 기구가 UNEP다. 벌써

50년 전에 환경은 결코 외면할 수 없는 전 지구적 과제가 되었다는 것을 알 수 있다. 그리고 환경문제가 사실은 성장과 발전만을 추구하는 '경제의 문제'라는 인식이 확산하고 있었던 것이다.

② "지속가능한 발전"의 탄생

1983년 유엔 사무총장 하비에르 페레스데 쿠엘라가 세계환경개발위원회(World Commission on Environment and Development)를 창립하고 노르웨이의 전 총리 그로 할렘 브룬틀란을 위원장으로 임명했다. 이 위원회를 초대 위원장의 이름을 따 브룬틀란위원회라고도 부른다. 브룬틀란위원회는 브룬틀란 보고서라고도 알려진 '우리 공동의 미래'[3]를 발표했는데, 이 보고서에서 처음으로 지속가능한 미래와 발전이라고 하는 개념이 제시되었다. 지속가능발전목표(SDGs)와 ESG에 모두 반영된 지속가능성의 개념이 탄생한 것이다. 특히 이 보고서가 환경과 사회적 불평등이 어떻게 얽혀 있느냐라는 문제를 포괄적으로 다루고 있으므로 ESG의 체계에서 E와 S의 이슈가 상호 연관되어 있다는 관점의 기초를 제공하고 있다는 점에서도 중요한 의미를 가진다.

③ 리우회의: 세 개의 협약

1992년 6월 브라질 리우데자네이루에서 '리우회의' 또는 '지구정상회의'로 알려진 '환경 및 개발에 관한 국제연합회의(UN Conference on Environment and Development: UNCED)'가 108명의 정상을 포함한 178개국의 대표들을 필두로 총인원 약 17,000명이 참여한 가운데 개최되었다. '환경과 개발에 관한 리우 선언'[4]은 1972년 스웨덴의 스톡홀름에서 인간환경선언이 있은 지 20년 만에 행동강령으로서 150여 개국 대표가 서명하여 채택되었으며 27개 원칙으로 구성되어

3) World Commission on Environment and Development, Our Common Future, 1987

4) United Nations "Conference on Environment and Development"(UNCED), The Rio Declaration on Environment and Development, 1992(https://www.un.org/en/development/desa/population/migration/generalassembly/docs/globalcompact/A_CONF.151_26_Vol.I_Declaration.pdf)

있다. 이 속에 지속가능발전을 위한 세부적인 행동 강령이 들어가 있다. 그것을 의제 21(Agenda 21)이라고 부르는데, 의제21은 1개의 전문(前文)과 사회경제, 자원의 보존 및 관리, 그룹별 역할, 이행수단 등 4개 부문의 39개장으로 구성돼 있으며, 모두 2천500여 개의 권고 내용을 담고 있다. 그야말로 지속가능발전에 관한 법전이라고 할 수 있는 것이다. 비록 구속력이 없는 강령이지만 물·대기·토양·해양·산림·생물종 등 자연의 보전과 관리를 위한 지침뿐만 아니라, 빈곤 퇴치·건강·인간정주·소비행태의 변화 등 사회경제적 이슈까지 폭넓게 다룸으로써 각국 스스로 환경보전과 개발을 조화시킬 수 있는 방향을 제시했다는 데 큰 의미가 있다. 또한, 지속가능발전 달성을 위한 논의 및 의사결정 과정에서 아홉 개의 주요그룹(산업계, 어린이와 청소년, 농부, 원주민, 지방정부, NGO, 과학기술자 그룹, 여성, 노동자 및 노동조합)의 참여를 강조함으로써 모든 이해관계자의 참여가 문제 해결에 필수적이라는 것도 명시했던 것이다. ESG의 지표들과 자세히 살펴보면 아젠다21의 강령들이 반영되어 있다는 것을 알 수 있다. 아젠다21은 그동안 세계 각국에서 어떤 지역이라든가 국가의 환경문제를 다루는 데 있어서 지난 30년 동안 가장 중요한 지침으로써 활용되어 왔다. 또한, 이 회의에서 3대 환경 협약인 기후변화 협약, 생물 다양성 협약, 사막화 방지 협약이 체결되었다. 기후변화의 심각성을 공유하고 협약을 체결한 것은 물론 구체적으로 생물의 다양성이 줄어 들어가고 멸종이 진행되고 있는 것들에 대한 대응, 급속하게 진행되고 있었던 사막화에 대한 국제적 협력 등에 전 세계가 합의했던 것이다. 특히 각국의 자발적 온실가스 배출 감축을 촉구하는 유엔기후변화협약(UNFCCC)의 체결은 이미 국제사회가 기후변화에 대응하기 위한 체제를 갖춘 것이 30년 전이였다는 것을 상기시켜 준다. 이런 점에서 ESG가 갑자기 나온 일시적인 구호는 아니라는 사실을 깊이 새겨야 한다고 생각한다.

④ 지속가능성 가이드라인 - ESG로 가까이

1997년, 미국의 환경시민단체 'CERES(Coalition for Environmentally Responsible Economies)'와 유엔환경계획(UNEP)에 의해 비영리단체인 'GRI

(Global Reporting Initiative)가 설립되었다. 이 GRI는 ESG와 관련돼서 꼭 알아두어야 하는 단체다. GRI는 전 세계적으로 지속가능성에 관한 보고를 주도하기 위한 단체로서 기업의 지속가능성을 평가할 수 있는 보고서의 가이드라인을 개발, 보급을 시작했던 것이다. GRI가 제시한 표준과 지표는 시대의 변화에 맞게 지속적으로 개정, 발표되면서 경제, 환경, 사회 부문에 걸쳐 기업이나 기관의 지속가능성을 평가하기 위한 중요한 기본 프레임워크로 정착되었다. 지속가능성을 실천하고 있다는 것을 보여주는 것이 기업경영에 필요하다는 압박이 전 세계적으로 강해지는 상황에서 GRI의 기준과 지표에 따라 보고서를 내는 기업들이 계속해서 늘어났다.

⑤ SDGs: ESG의 가이드, 동료, 공동 목표?

2015년, 밀레니엄 발전목표(MDGs)의 대를 이어 지속가능발전목표(SDGs)가 UN에서 채택되어, 2016년부터 2030년까지 실행에 들어갔다. SDGs는 [그림 1-5]에 보이듯이 17대 목표와 169개 세부 목표로 구성되어 있다. SDGs는 사회적 포용, 경제 성장, 지속가능한 환경의 3대 분야를 유기적으로 아우르며 '인간중심'의 가치를 지향하는 것을 기조로 삼고 있는데 이 SDGs의 기본 방향과 가치, 17개 목표, 세부지표 등을 반영하고 실천하고자 하는 취지가 반영된 것이 ESG의 근본 체계라고 할 수 있다. (자세한 내용은 3, 4장 참조)

특히 SDGs는 지구에서 빈곤을 종식하고 존엄성 있는 삶과 모두를 위한 기회를 창출하기 위해 정부, 기업 그리고 시민사회가 전 세계적인 행동을 취할 것을 촉구하므로 새천년개발목표(MDGs)와는 달리, 모든 기업에게 지속가능발전의 도전과제를 해결하기 위해 창의력과 혁신을 발휘할 것을 분명히 요구하고 있으며, 동시에 SDGs를 추구하는 것이 기업에게 새로운 기회를 제공해 줄 수 있다는 것도 강조하고 있다.

[그림 1-5] SDGs 17개 목표

출처: UN지원 SDGs한국협회

SDSN(Sustainable Development Solutions Network)은 매년 국가별 SDGs 성취도를 발표하고 있는데[5], 국가별 성취도를 평가하기 위하여 세부지표와 데이터를 활용하는 것이 ESG의 평가체제를 연상하게 한다. 물론 17개 목표에 관한 국가적 성과를 평가하므로 현재 평가기관들이 사용하는 ESG 평가지표보다 훨씬 더 많은 지표를 분석하고 있다. 참고로 2023년, 한국의 SDGs 종합 순위는 31위로 나와 있다. SDGs는 ESG를 더욱 발전시키기 위한 직접적인 목표와 지표, 평가 기반 등을 제시해 준다. 지속가능한 발전과 기후변화 해결을 위해서는 SDGs의 이행과 ESG 투자, 경영, 금융이 같은 길을 가게 하는 것이 중요하다. 그만큼 기후변화와 그에 따른 경제적, 사회적 위기를 극복하는 데 서로 떼어 놓을 수 없는 공동의 목표를 SDGs와 ESG 공유하고 있다고 할 수 있는 것이다.

5) Sachs, J.D., Lafortune, G., Fuller, G., Drumm, E. (2023). Implementing the SDG Stimulus. Sustainable Development Report 2023. Paris: SDSN, Dublin: Dublin University Press, 2023

4) ESG의 발전과정: UN의 이니셔티브

지금까지 설명한 내용을 포함하여 ESG의 발전과정을 UN의 이니셔티브에 초점을 맞추어 살펴보도록 하겠다.

(1) 유엔글로벌콤팩트(UN Global Compact)

ESG의 탄생과 발전에 관하여 가장 중요한 것이 UNGC이다. 이미 앞에서 UNGC의 출범에 관해 설명했으니까 여기에서는 ESG의 근본이 되는 UNGC의 10대 원칙에 대해 알아보도록 한다. UNGC는 자발적인 규범으로 제시된 것이고 기업들의 네트워크를 통하여 더욱 바람직한 경제, 즉 인간과 생태를 고려한 경제를 만들어 가자는 취지로 운영되고 있는 것이다. 그렇다면 인간과 생태를 고려하기 위한 기본원칙이 제시되어야 한다. 그래서 UNGC는 인권, 노동, 환경, 반부패 분야 등에 관련된 10대 원칙을 기업에게 제시하고, 이 10대 원칙을 기업의 운영이라든가 경영 전략에 적용해서 지속가능성을 높이고 기업시민으로서의 책임을 다하겠다는 약속을 견인했던 것이다. 기업 자체가 시민일뿐더러, 기업이 시민 없이, 자연 자원 없이 어떻게 기업 활동을 하겠느냐는 것이다. 이렇게 제시된 10대 원칙은 다음과 같다.

10대 원칙

1) 인권 Human Rights

원칙 1: 기업은 국제적으로 선언된 인권 보호를 지지하고 존중해야 한다.
원칙 2: 기업은 인권 침해에 연루되지 않도록 적극 노력한다.

2) 노동기준 Labour Standards

원칙 3: 기업은 결사의 자유와 단체교섭권의 실질적인 인정을 지지하고,
원칙 4: 모든 형태의 강제노동을 배제하며,
원칙 5: 아동노동을 효율적으로 철폐하고,
원칙 6: 고용 및 업무에서 차별을 철폐한다.

3) **환경 Environment**
원칙 7: 기업은 환경문제에 대한 예방적 접근을 지지하고,
원칙 8: 환경적 책임을 증진하는 조치를 수행하며,
원칙 9: 환경친화적 기술의 개발과 확산을 촉진한다.

4) **반부패 Anti-Corruption**
원칙 10: 기업은 부당취득 및 뇌물 등을 포함하는 모든 형태의 부패에 반대한다.

물론 이 10대 원칙은 UNGC 창설에 맞추어 불쑥 튀어나온 것이 아니라 세계적인 협의 과정과 더불어 세계 인권 선언, 노동에서의 권리와 기본원칙에 관한 ILO 선언, 환경과 개발에 관한 리우 선언, UN 부패방지협약 등을 반영한 것이다. 10대 원칙을 ESG 관점에서 자세히 보면 목표 1부터 목표 6까지가 S, 목표 7부터 9까지가 E, 목표 10이 G에 해당한다는 것을 알 수 있다. ESG에 관한 논의나 이행이 이러한 원류를 놓친다면 자칫 껍데기만 남게 될 우려가 있다는 점에서 UNGC의 10대 원칙을 잊지 않는 것이 중요하다.

(2) 보살피는 자가 이긴다(Who Cares Wins)

앞에서 2004년 유엔 글로벌 콤팩트가 지속 가능 금융을 위해 스위스 정부와 협력해 설립한 이니셔티브가 "Who Cares Wins(보살피는 자가 이긴다)"라는 공개 보고서를 통해 ESG라는 단어를 처음 사용했다는 것을 설명했다. 그런데 무엇을 보살펴야 이긴다는 말인가? 아랫글에 이 질문에 대한 대답이 나와 있다.

"이 보고서는 자산 관리, 증권 중개 서비스 및 연구와 관련된 환경, 사회 및 기업 거버넌스 이슈를 보다 잘 통합하기 위한 방법에 대한 지침과 권장 사항을 개발하기 위해 코피 아난 유엔 사무총장에 의해 초청된 금융기관의 공동 이니셔티브의 결과입니다. 총 운용자산이 6조 달러인 9개국의 18개 금융기관이 이 보고서 작성에 참여하였습니다…. UN Global Compact가 협력 사업을 총괄하고 스위스 정부가 필요한 재원을 제공하였습니다."

이 구절을 자세히 읽어 보면 자산관리, 증권 중개 서비스, 그리고 연구와 관

련된 환경, 사회 및 기업 거버넌스 이슈에 초점을 맞추고 있다. 그러니까 금융 산업을 중심으로 초점을 맞춰서 먼저 ESG를 도입하기 시작한 것이다. 그 이유는 금융을 통해서 투자도 이루어지게 되고 기업 활동도 이루어지게 되니까 금융이 지속가능성을 주도하면 전체적인 경제의 방향이 바뀔 수 있다고 본 것이다. 굳이 "9개국의 18개 금융기관, 총 운용자산 6조 달러"를 언급한 이유가 여기에 있다고 볼 수 있다. 엄청난 자본을 운용하는 막강한 세계적 금융기관들이 ESG를 고려하는 금융 관행을 시작한다니 귀 기울이지 않을 기업이 어디 있겠는가? 게다가 UN과 금융의 중심지이자 UN 제네바 본부가 있는 스위스 정부가 함께 주도하는 이니셔티브는 세계 경제에 큰 자극을 주었던 것이다.

특히 이 보고서는 경제주체들이 단기적 경제 성과를 넘어 여러 이해관계자에 대한 배려와 공익을 감안해야 함을 강조하고, 사람(People)과 환경(Planet)에 대한 고려와 사회 전반의 요구에 부응하는 이해관계자 자본주의[6]의 4대 목표를 다음과 같이 제시하고 있다.

① 더 강력하고 탄력적인 금융 시장
② 지속 가능한 발전에 기여
③ 관련된 이해관계자에 대한 존중 및 상호 이해
④ 금융 기관의 신뢰도 향상

따라서 "Who Cares Wins"의 궁극적 목표는 모든 이해관계자가 각자의 역할을 다하고, 함께 투자시장을 향상시킴으로써 지속가능한 사회를 이룩하는 것이라고 할 수 있다(그림 1-6 참조). 이러한 목표의 달성을 위해서는 특히 금융기관, 연기금 등의 기관 투자자, 자산운용사들의 근본적 변화가 필요하며 이를 위해 출범한 것이 바로 UN 책임투자원칙이다.

6) 이해관계자 자본주의에 관한 논의는 슈밥의 책을 참고하기 바란다. Klaus Schwab and Peter Vanham. 2021. Stakeholder Capitialism: A Global Economy that Works for People and Planet

[그림 1-6] "Who Cares Wins."의 핵심 제안

출처: Global Compact, "Who Cares Wins.", 2004, p. v

(3) UN 책임투자원칙

2006년에 ESG와 관련되어 가장 핵심적인 또 하나의 이니셔티브가 설립되었다. 역시 당시에 UN 사무총장이었던 코피 아난이 주도하게 되는데 바로 UN 책임투자원칙(UN Principles for Responsible Investment: UNPRI)이 그것이다. UNPRI를 실제로 창설한 주역은 앞에서 알아본 UNGC와 유엔 환경 계획 금융 이니셔티브(United Nations Environment Programme Finance Initiative: UNEP FI)였다. UNEP FI는 유엔 환경 계획(UNEP)과 금융 부문 간의 공공-민간 파트너십으로 조직된 이니셔티브이다. 전 세계의 대표적인 은행, 투자펀드사, 보험사 등 200여 금융기관들이 회원으로 등록된 조직으로서 금융기관의 전반적인 경영활동이 지속가능성을 바탕으로 이루어지는 것을 목표로 하고 있다. 바로 ESG 요인들을 고려하는 리스크 분석을 통한 경영을 강조하는 단체인 것이다. 즉, 환경을 전담하는 UNEP가 지속가능한 발전을 위해 금융기관과의 이니셔티브를 운영하고, 인간의 얼굴을 한 세계 경제를 위한 UNGC가 이 단체와 협력하여 탄생시킨 것이 UN PRI다.

UN PRI는 회원인 “서명자(signatory)”가 되기 위한 조건으로 ‘6대 원칙’에 대한 동의를 우선적으로 요구한다. 특히 UN PRI는 수탁자 책임(Fiduciary Responsibilities)을 강조하고 있다. ‘수탁자 책임’이란 기관투자자 등이 타인의 자산을 관리, 운용하는 자로서 부담하는 책임을 말한다. 특히 투자를 위탁받은 기관은 고객과 수익자의 중장기적 투자가치를 제고할 의무가 있으며 이를 위해서는 신의, 성실, 충성, 불편부당성, 주의 의무 등을 다하여야 한다는 것이다. 이런 관점에서 UN PRI는 기관투자자나 투자회사들이 투자하는 대상 회사의 중장기적인 가치 향상과 지속가능한 성장을 추구함으로써 고객과 수익자의 중장기적인 이익을 도모할 책임을 다하게 하는 것을 목표로 하고 있다. 우리나라의 국민연금공단도 「국민연금기금운용지침」과 「국민연금기금 수탁자 책임에 관한 원칙」 및 「국민연금기금 수탁자 책임 활동에 관한 지침」에 따라 책임투자 및 주주권 행사 등 수탁자 책임 활동을 이행하고 있다. 특히 ‘책임투자’를 투자의사결정 과정에 재무적 요소와 함께 ESG 등 투자 대상에 영향을 미칠 수 있는 비재무적 요소를 종합적으로 고려하는 투자로 규정하고, 적극적인 주주권 행사를 통해 투자가치의 안정성과 지속가능성을 추구한다는 것을 명백히 밝히고 있다(국민연금기금운용본부 홈페이지, https://fund.nps.or.kr). 국민연금공단이 UN PRI

UN PRI 6대 원칙: 서명자의 의무

① 우리는 ESG 이슈들을 투자 분석 및 의사 결정 시 적극적으로 반영한다.
② 우리는 투자철학 및 운용원칙에 ESG 이슈를 통합하는 적극적인 투자가가 된다.
③ 우리는 우리의 투자 대상에게 ESG 이슈들의 정보공개를 요구한다.
④ 우리는 금융산업의 PRI 준수와 이행을 위해 노력한다.
⑤ 우리는 PRI의 이행에 있어서 그 효과를 증진시킬 수 있도록 상호 협력한다.
⑥ 우리는 PRI의 이행에 대한 세부활동과 진행 상황을 보고한다.

의 원칙을 따르고 있다는 것은 UN PRI의 6대 원칙을 보면 바로 알 수 있다.

이쯤 되면 ESG 거버넌스의 기본 골격이 모두 갖추어졌다고 할 수 있다. 하지만 투자와 경제의 주체들이 이 원칙을 실천에 옮기게 하기 위해서는 투자시장에서 활용될 수 있는 구체적인 ESG 기준과 지표, 평가체제 등이 필요하다. 이 때문에 위에서 알아본 GRI를 비롯한 기존의 지속가능성 관련 지표와 기준 등을 바탕으로 ESG에 직결되는 기준과 지표, 평가체제들이 속속 등장하게 되는 것이다. ESG 기준, 지표, 평가체제에 대해서는 해당 챕터에서 자세히 알아보도록 하고, 여기에서는 현재 ESG 거버넌스를 주도하고 있는 중요한 이니셔티브에 대해 간략하게 알아보도록 하겠다.

5) ESG 기준과 지표를 주도하는 이니셔티브

(1) TCFD(Task Force on Climate-Related Financial Disclosure)

G20 산하의 금융안정위원회(FSB)는 2015년 '기후 관련 금융 정보공개 태스크포스(TCFD)'를 설립하여 금융 부문이 기후 관련 이슈를 어떻게 고려할 수 있는지 검토했다. TCFD의 권고안 11개는 기후 관련 금융 정보를 자발적으로 공개하는 데 중점을 두고 있는데 주요 영역으로 거버넌스, 전략, 리스크 관리, 지표 및 목표 등을 설정하고 있다. 특히 기후 관련 리스크 및 기회와 시나리오 분석에 대한 공시기준 및 지표는 대출 기관, 보험사, 투자자가 기후변화에 대한 기업의 역량에 대해 의사결정을 하는 데 유용한 정보를 제공하기 위한 것으로 가장 큰 영향력을 가지고 있다. 또한, TCFD의 기준을 통해 기업은 위험을 식별하고 미래 기후 시나리오를 더 잘 이해하며 적응을 위한 강력한 전략을 수립할 수 있다. 현재, 101개국이 넘는 국가에서 4,000개가 넘는 기관이 TCFD를 지지하고 있으며 뒤에서 설명할 EU 및 IFRS의 ESG와 지속가능 금융 관련 공시기준 및 지표도 TCFD를 기초로 하여 만들어진 것이다. ESG 평가기관들도 각자의 ESG 평가지표에 TCFD의 권고안을 반영하고 있으므로 앞에서 설명한 GRI와 더불어 TCFD는 ESG와 지속가능한 경영의 근거를 제공하는 이니셔티브라고 할 수 있다.

출처: https://carbontracker.org/financial-stability-board-climate-change-investors-fsb-task-force/tcfd-logo-2-2

(2) ISSB

IFRS(International Financial Reporting Standards, 국제회계기준) 재단 이사회는 2021년 글래스고에서 열린 COP26에서 '국제지속가능성기준위원회(ISSB)'의 설립을 발표했다. ISSB는 투자자와 금융 시장의 요구에 초점을 맞춘 고품질의 포괄적인 글로벌 지속가능성 공시기준이 되는 표준을 개발하는 것을 목표로 한다. 여기서 말하는 지속가능성 공시의 핵심이 바로 ESG를 공시기준에 포함시키는 것이다. 특히 기후 관련 문제에 대한 정보가 시급히 필요하기 때문에 기후부터 시작해서 주제별 및 산업별 기준을 모두 개발하고 있다.

출처: https://www.esgeconomy.com/news/articleView.html?idxno=3987

ISSB는 기후정보공개기준위원회(Climate Disclosure Standards Board), 앞에서 설명한 기후 관련 재무정보공개 태스크포스(TCFD), 가치보고재단(Value Reporting Foundation)[7]의 통합보고 프레임워크 및 SASB 표준[8], 세계경제포럼

7) 2021년 지속가능성 회계기준위원회(SASB)와 국제통합보고위원회(IIRC)는 ESG 보고 프레임워크를 통합하기 위해 가치 공시 재단(the Value Reporting Foundation)을 설립했으며 IFRS의 ESG 체제

(World Economic Forum)의 이해관계자 자본주의 지표 등 기존의 투자자 중심의 보고 이니셔티브의 작업을 기반으로 금융 시장의 지속가능성 공시에 대한 글로벌 표준을 추구하고 있다. 2023년 6월, ISSB는 지속가능성 및 기후 관련 보고를 위한 글로벌 기준 최종안을 공식 발표했다. 이때 발표된 공시기준은 IFRS S1(지속가능성 관련 재무 정보 공개를 위한 일반 요건)과 IFRS S2(기후 관련 공개)이다(그림 1-7 참조). 즉, 지속가능성 및 기후변화 대응과 관련된 기업의 정보공개를 위한 기준을 최종적으로 제시한 것이다. G20의 지지를 받는 국제회계기준(IFRS)이라는 막강한 기관이 운영할 기준이므로 ESG 거버너스에서 큰 영향력을 발휘할 것이 분명하다. 참고로 한국 정부도 ISSB와 유사한 '한국지속가능성기준위원회(KSSB)'를 회계기준원 산하 기구로 설립하여 한국형 ESG 공시기준을 수립하는 핵심 역할을 부여하였다.

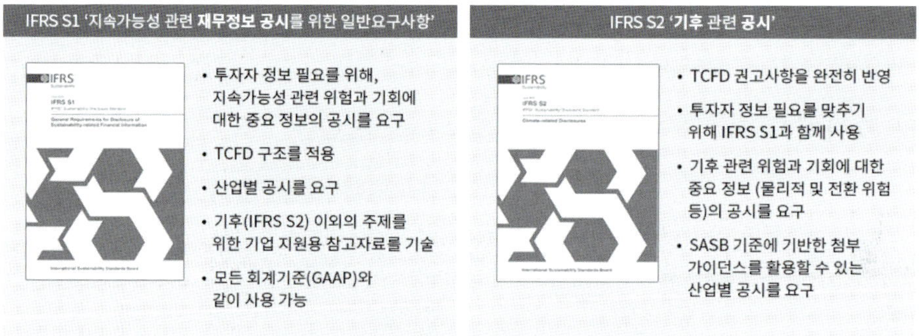

[그림 1-7] ISSB S1, S2 주요 내용

출처: GS칼텍스, https://gscaltexmediahub.com/esg/gsc-esg/transformation-of-esg-report

(3) EU의 ESRS

EU는 EU의 「지속가능발전전략(2001)」 및 「기업회계 현대화 지침(2003)」을 실

를 담당하고 있다.

8) SASB(Sustainability Accounting Standards Board): SASB 기준은 11개 섹터 77개 산업별 ESG 공시 주제와 지표로 이루어져 있다. 산업별 특성에 맞게 온실가스 배출량과 함께 ▶종업원 보건 및 안전 ▶기업윤리 ▶물 관리 ▶제품 안전 ▶데이터 보안 ▶금융포용 및 역량구축 ▶토지이용 및 생태학적 영향과 같은 다양한 공시 주제로 이루어져 있다.

행하기 위한 조치 중의 하나로 기업의 비재무 정보 공개를 의무화하는 지침인 「NFRD(Non-Financial Reporting Directive)」를 2014년 채택하였다. 이후 2021년 NFRD를 구체화하는 세부지침인 「기업 지속가능성 보고 지침(Corporate Sustainability Reporting Directive: CSRD)」을 발표하였고, 최종적으로 유럽연합(EU) 집행위원회는 2023년, 7월, 유럽지속가능성 보고 기준(European Sustainability Reporting Standards: ESRS)의 개정안을 통과시켰다. ESRS는 ▲ESRS 1(일반 요건) ▲ESRS 2(일반 공시) ▲ESRS E1(기후) ▲ESRS E2(오염) ▲ESRS E3(수자원 및 해양 자원) ▲ESRS E4(생물다양성과 생태계) ▲ESRS E5(자원사용과 순환경제) ▲ESRS S1(기업 자체의 노동력) ▲ESRS S2(가치사슬 내 근로자) ▲ESRS S3(기업활동에 영향 받는 지역사회) ▲ESRS S4(소비자와 최종 사용자) ▲ESRS G1(사업 수행방식)으로 구성되어 있어서 기업의 ESG 경영과 관련된 이슈들을 종합적으로 포괄하고 있다. 기업의 리스크와 투자자 보호에 중점을 두는 ISSB의 공시기준과 비교해 보면 EU의 ESRS는 지속가능한 경영 및 투자, 기업이 사회에 끼치는 영향 등에 좀 더 무게를 두고 있다는 점에서 차이가 있다. 아래의 그림에서 ESRS의 프레임워크를 볼 수 있다.

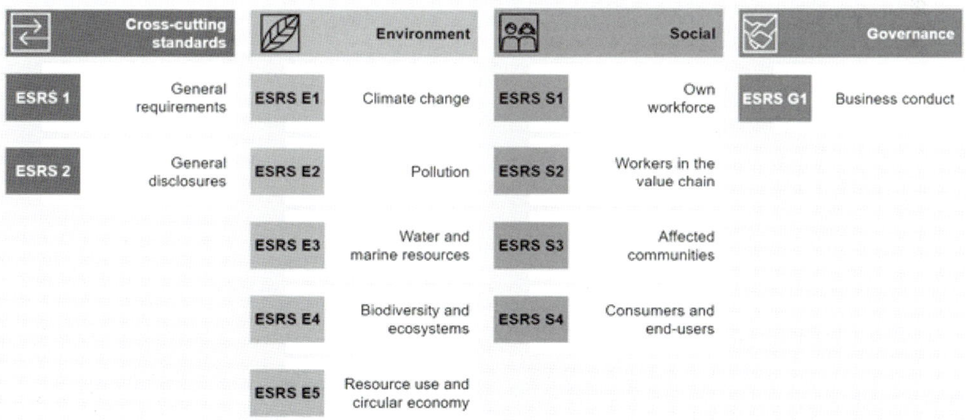

[그림 1-8] ESRS 프레임워크

출처: PWC, The revised draft European Sustainability Reporting Standards have been released for feedback Publication(2023. 06. 13.), https://viewpoint.pwc.com/dt/gx/en/pwc/in_briefs/in_briefs_INT/in_briefs_INT/the-revised-draft-european-sustainability-reporting-standards-have-been-released-for-feedback.html#pwc-topic.dita_b547c1fa-4d07-45c4-97f6-77cc530cfcaf

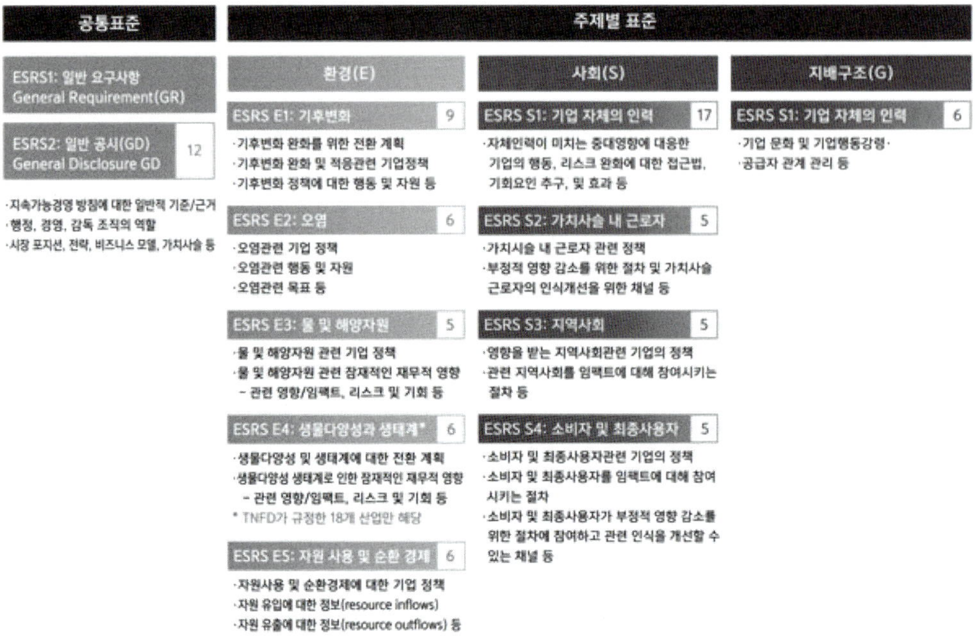

[그림 1-9] ESRS 최종안 주요 내용

출처: 법률신문(2023.09.15.). https://www.lawtimes.co.kr/news/184400

지금까지 알아본 기준 외에도 중요한 기준과 지표체계가 많지만, 전체적으로 상호 연관성이 강화되고 있는 것으로 보인다. 그리고 여러 평가기관들의 평가체제나 평가 방법도 TCFD, ISSB, ESRS의 기준이나 지표를 더욱 밀접하게 적용할 것으로 보여 ESG는 새로운 공시기준과 공시의무의 도입에 따라 더욱 통합된 글로벌 거버넌스로 발전할 것이다. 그럼 ESG 공시체제에 대해 좀 더 알아보도록 하겠다.

(4) ESG 공시 체제 의무화

기업은 정해진 회계기준(accounting standards)에 따라 자신들의 재무적 정보를 공개하게 되어 있다. 바로 이 공개 의무가 공시(disclosure)이다. 사업보고서나 재무제표를 공개하지 않는 기업은 상상할 수도 없을 것이다. 당연히 투자자들은 이 재무정보를 보고 투자하는 것이다. 여기에 더하여 앞으로는 지속가능성, ESG 관련 정보도 정해진 기준에 따라 재무정보와 마찬가지로 공시하라는 것이 ESG 공시 의무화다. 그동안 100여 개 이상이었던 공시기준은 5개의 메이저 이니셔티브(SASB, CDP, CDSB[9], GRI, IIRC[10])들에 의해 통합되기 시작했고, 최종적으로 가장 영향력 있는 3대 공시기준으로 수렴되고 있다. 앞에서 설명한 ISSB 기준과 ESRS, 여기에 미국 증권거래위원회(SEC) 기준을 포함하여 3대 공시기준이라고 부른다. ISSB와 EU에 뒤질세라 미국 증권거래위원회(SEC)도 미국 내 상장 기업 규모에 따라 단계적으로 기후 관련 정보공시를 의무화할 예정이다. 매년 공시하는 재무제표의 주석으로 기후 정보를 표시하도록 하는 것이다. SEC는 투자자들의 관심과 이해관계에 초점을 맞추어 기업의 지속가능성보다는 기업의 온실가스 배출량과 감축 실적, 기후위기와 위기관리 등을 강조하는 공시기준을 제시하고 있는 것이 특징이다. 한국도 국내 기준을 위해 KSSB가 활동하고 있다는 것을 언급했지만, 이미 글로벌 3대 공시체제의 작동이 임박한 상황에서, 한국 내 자산 2조 원 이상의 코스피 상장사라면 시급하게 ESRS, ISSB 공시 의무화에 대응해야 하는 상황이다. 공시의 의무 대상에는 그 지역이나 국가에서 활동하는 외국 기업도 포함되기 때문에 세계 시장에서 기업 활동을 한다면 결코 피해 갈 수 없는 규제이다. 대기업과 관련 있는 협력업체, 공급망 등도 실사와 공시체제에 모두 포함되기 때문에 거의 모든 기업이 공시체제 의무화의 거대한 망으로 들어가게 될 것이다. 막연하게 좋은 기업, 착한 기업의 활동과 관련 있으면 모두 ESG라고 보는 관점이나 보여주기식 ESG 경영은 오히려 급속하게 강화되고 있는 ESG 국제규범에 대한 신속하고 적절한 대응을 방해할 뿐이다. 따라서 한국 기업들의 ESG 내재화가 무엇보다도 시급하다. 전사적인 ESG 전략과 실행 체제를 갖추고 이사회를 비롯한 경영진이 적극적으로 국제 수준의 ESG 정보공시 체계를 운영해야 한다. 이를 위해서는 ESG 목표, ESG 공시 항목에 관한 실질적이고 가시적 성과 도출, 각 항목들 사이의 통합적 연계 등을 체계화하기 위한 상시적인 노력과 투자가 필요하다. 정부도 법적, 제도적 근거

9) CDSB: Climate Disclosure Standards Board(기후변화 보고 프레임워크)

10) IIRC: The International Integrated Reporting Committee, ESG 보고서 기준을 제시해 온 위원회로서 2021년, 위에서 언급한 Value Reporting Foundation에 통합되었음

를 마련하여 시급히 ESG 경영 지원에 나서야 한다.

지금까지 살펴본 ESG의 배경과 역사에서 중요한 사건, 이니셔티브, 제도 등을 연대순으로 정리하면 다음과 같다.

〈표 1-1〉 ESG 배경과 역사

1972년	로마클럽 「성장의 한계」 발표, UNEP 창설
1983년	World Commission on Environment and Development '우리 공동의 미래' 발표 - 지속가능한 발전 개념 제시
1992년	리우회의 '환경과 개발에 관한 리우 선언' - 의제21 발표
1997년	GRI 설립
2000년	UNGC 창설
2004년	"Who Cares Wins." 발표
2006년	UN PRI 출범
2014년	EU NFRD(Non-Financial Reporting Directive) 채택
2015년	TCFD 출범, 파리기후변화협약, SDGs 출범
2021년	ISSB 설립, EU CSRD(Corporate Sustainability Reporting Directive) 발표
2023년	EU ESRS 통과, ISSB "지속가능성 및 기후 관련 보고를 위한 글로벌 기준 최종안" 발표

이처럼 ESG는 20년 이상의 세월을 거쳐 지속가능한 경제를 위한 글로벌 거버넌스로 발전해 왔다. 극심한 기후변화, 빈발하는 경제 및 금융 위기, 팬데믹과 전 지구적 재앙 등이 ESG의 필요성에 대한 인식을 지속해서 강화하고 지속가능한 경제로의 전환을 촉구한 원동력이었다고 할 수 있다. 이러한 ESG의 발전에 부응하여 전 세계 ESG 자산이 2020년에 35조 달러를 넘어, 2025년에는 50조 달러를 넘어설 것으로 예상되며, 이는 전 세계 관리 자산 총액의 3분의 1에 해당하는 것이다. 여기서 무엇보다 중요한 것은 이 막대한 ESG 자산과 투자가 실질적인 기후변화 완화와 지속가능한 경제의 성과로 이어져야 한다는 것이다.

6) ESG 평가

(1) MSCI의 평가체제

ESG 평가기관 및 체제는 매우 다양하며 그에 따른 논란과 비판도 많다. 여기에서는 ESG 평가를 소개하기 위해 미국의 Morgan Stanley Capital International(MSCI)의 평가체제를 알아보도록 하겠다. 독자의 이해를 돕기 위해 MSCI의 사례를 중심으로 설명하는 것이지 MSCI의 평가체제가 가장 우수하거나 완벽하기 때문이 아닌 것은 물론이다. MSCI가 제공하는 ESG 지수와 기업의 ESG 등급은 전 세계 투자자의 투자 결정에서 가장 중요한 정보 중 하나라고 할 수 있다. MSCI ESG 평가는 장기적이고 재무적인 ESG 관련 리스크에 대한 기업의 대응 능력을 측정하는 것이다. MSCI ESG 평가모형의 바탕으로 이루고 있는 4가지 핵심 질문은 다음과 같다.

- 기업과 산업이 당면한 가장 중요한 ESG 리스크와 기회는 무엇인가?
- 그 기업은 그러한 핵심 리스크와 기회에 어떤 방식으로 노출되어 있는가?
- 그 기업은 그러한 핵심 리스크와 기회를 얼마나 잘 관리하고 있는가?
- 그 기업의 전반적인 상황은 어떠하며 다른 글로벌 동종 회사와 비교하면 어떠한가?

MSCI는 투자회사이므로 당연히 기업의 리스크 분석에 초점을 맞추고 있다. ESG 이슈에 잘 대처하여 당면한 리스크를 관리하고 해결할 수 있는 기업을 높게 평가하여 공개함으로써 전 세계의 ESG 투자와 경영에 큰 영향력을 행사하는 것이다. 이를 위하여 MSCI ESG 등급은 자체적 방법론을 사용하여 장기적인 산업 전반의 ESG 위험에 대한 기업의 탄력성을 측정한다. 그리고 ESG 위험에 대한 노출, 경쟁기업과의 비교 분석을 통해 AAA에서부터 CCC까지 7등급으로 나누어 평가등급을 부여하고 있다. 그럼 MSCI의 평가체제가 분석하고자 하는 ESG 이슈들은 무엇일까? [그림 1-10]을 보면, MSCI의 평가체계가 분석 대상으로 간주하는 3개(E/S/G)의 Pillar, 10개의 Theme, 35개의 Key Issues의 내용을 알 수 있다.

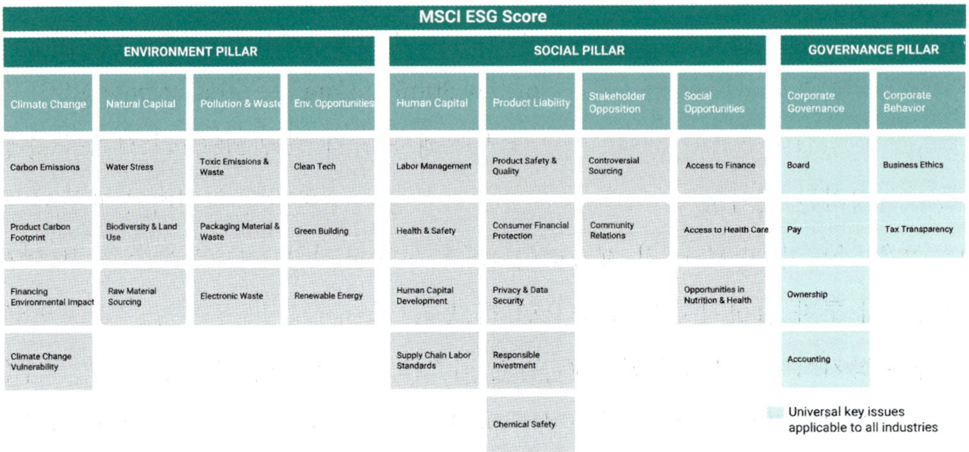

[그림 1-10] MSCI ESG Score

출처: MSCI, https://www.msci.com/our-solutions/esg-investing/esg-ratings/esg-ratings-key-issue-framework

바로 이 이슈들을 기업이 어떻게 관리하고 있는가를 분석하여 등급을 부여하는 것이다. 최종 종합점수에 따라서 등급을 부여하는 기준이 [그림 1-11]에 나타나 있다. 종합점수는 평가 대상기업의 Key Issues와 관련된 위험 노출 정도와 관리 수준을 수치화(Best 10점~Worst 0점)한다. 평가대상 기업의 Key Issues는 E와 S에 해당하는 Key issues 중에서 평가대상 기업이 속해 있는 업종별 중요 이슈를 선정하고, 거버넌스는 모든 이슈를 전 산업에 일괄적으로 적용하여 평가한다. 업종의 특성에 따라 E, S, G, 영역(Pillars)별로 산정한 가중치를 Key Issues 점수에 곱해 각 10개의 Theme[11] 점수를 산출하고, Theme 점수의 가중평균을 통해 Pillar 점수를 산출하게 된다. 다시 Pillar 점수의 가중평균값을 통해 '가중평균 ESG Score(Best 10점~Worst 0점)' 산출한 후 가중평균 ESG Score

11) [그림 1-10]의 2번째 행으로, 환경: 기후변화, 자연자본, 오염 및 폐기물, 환경적 기회, 사회: 인적자원, 생산책임, 이해관계자 관계, 사회적 기회, 거버넌스: 기업의 거버넌스 체제, 기업의 행동 등 10개의 핵심 지표를 말한다.

에 글로벌 동종 기업과의 비교 조정을 거쳐 최종 점수를 산출한다. 그리고 [그림 1-11]에 보이는 기준에 따라 최종적으로 ESG 평가등급을 부여하는 것이다.

ESG 평가	Leader / Laggard	ESG 최종 업종 조정 점수
AAA	Leader	8.571~10.0
AA	Leader	7.143~8.571
A	Average	5.714~7.143
BBB	Average	4.286~5.714
BB	Average	2.857~4.286
B	Laggard	1.429~2.857
CCC	Laggard	0.0~1.429

[그림 1-11] ESG 최종 업종 조정 Score 산출

출처: 김동영, "지금 바로 쓰는 ESG 전략"(2021. 5. 26.), 삼성증권, p. 6

이 과정에서 구체적으로 어떤 데이터를 어떻게 활용하는지, 자료들은 어떻게 확보하여 분석하는지는 모두 MSCI의 고유 영역이라고 할 수 있다. 다만 MSCI가 오랫동안 축적한 정보와 데이터를 가지고 있고 전 세계의 최신 정보를 수집하고 분석할 능력이 있는 것만큼은 확실해 보이므로 상당한 공신력을 가지고 있다고 할 수 있다. 하지만 실제로 AAA 등급을 받은 기업이 과연 최고 수준의 ESG 실천 기업인지 의문이 가게 하는 결과를 발표하는 경우도 있다. 이런 현상은 MSCI만이 아니라 모든 평가기관의 평가 결과에서 나타나기 때문에 ESG 평가에 대한 비판이 많은 것이 사실이다. 특히 재무적 회계 방식의 관행을 이어받아 비재무적 요소를 계량화, 평균화하는 경향이 있어 기업들이 실질적으로 ESG 이슈를 얼마나 지속가능하고 실효적으로 개선했는지를 정확하게 평가하기보다는 기업들이 ESG를 내세운 자기 정당화나 위장에 기여한다는 지적이 많다. 이 때문에 투명하고 정확한 기업의 ESG 정보가 공개되어야 한다는 요구가 수렴되어 공시체제의 강화와 의무화가 확산되고 있는 것이다. 더불어 평가기관 자체에 대한 투명하고 체계적인 ESG 평가 요구도 점점 강해지고 있다.

(2) 「K-ESG 가이드라인 v1.0」으로 살펴보는 ESG 평가[12)]

한국정부는 ESG 평가의 방향을 제시하고 공정한 평가를 유도하기 위하여 앞에서 언급한 「K-ESG 가이드라인 v1.0」을 2021년 발표했다. 4개 영역에 총 61개의 문항을 지표로 제시하고 각 문항마다 점수 산출 방법까지 명시한 것으로 국내기업들이 ESG 경영에 많이 참고하고 있는 평가 가이드라인이다. 4개 영역의 내용은 다음과 같다. 그리고 영역별 구체적인 문항은 [그림 1-12]에서 확인할 수 있다.

- 정보공시: 기업의 ESG 관련 정보 고시의 내용, 주기, 검증 방법, 기업이 파악한 핵심 이슈와 중요한 지표는 무엇인지를 공시
- 환경: 기업의 경영활동 과정에서 발생하는 환경 영향 전반을 포괄하는 요소들이 포함되며, 최근 기후변화와 관련된 탄소중립, 재생에너지 사용 등이 중요한 요소로 부각
- 사회(Social): 임직원, 고객, 협력회사, 지역사회 등 다양한 이해관계자에 대한 기업의 권리와 의무, 책임 등의 요소가 포함되고, 최근 인권, 안전·보건 등에 대한 이슈가 화두
- 지배구조(Governance): 회사의 경영진과 이사회, 주주 및 회사의 다양한 이해관계자의 권리와 책임에 대한 영역으로 이사회의 다양성, 임원 급여, 윤리경영 및 감사기구 등을 강조

12) 참고: 대한민국 정부 관계부처 합동, 2021, 「K-ESG 가이드라인 v1.0」, p. 6

가이드라인 주요 항목 (4개 영역, 61개 진단 항목)	
구분	주요 항목
정보공시 (5개 문항)	• ESG 정보공시 방식 • ESG 정보공시 주기 • ESG 정보공시 범위 • ESG 정보공시 검증 • ESG 핵심이슈 및 KPI
환경 (17개 문항)	• 환경경영 목표 수립 • 환경경영 추진체계 • 원부자재 사용량 • 온실가스 배출량 (Scope1+Scope2) • 온실가스 배출량 (Scope3) • 온실가스 배출량 검증 • 재생에너지 사용비율 • 용수 사용량 • 재사용 용수 비율 • 폐기물 배출량 • 폐기물 재활용 비율 • 대기오염물질 배출량 • 수질오염물질 배출량 • 환경 법/규제 위반 • 친환경 인증 제품 및 서비스 • 재생 원부자재 비율 • 에너지 사용량
사회 (22개 문항)	• 목표 수립 및 공시 • 신규 채용 • 정규직 비율 • 자발적 이직률 • 교육훈련비 • 복리후생비 • 결사의 자유 보장 • 여성 구성원 비율 • 여성 급여 비율 (평균급여액 대비) • 장애인 고용률 • 안전보건 추진체계 • 산업재해율 • 인권정책 수립 • 인권 리스크 평가 • 협력사 ESG 경영 • 협력사 ESG 지원 • 협력사 ESG 협약사항 • 전략적 사회공헌 • 구성원 봉사 참여 • 정보보호 시스템 구축 • 개인정보 침해 및 구제 • 사회 법/규제 위반
지배구조 (17개 문항)	• 이사회 내 ESG 안건 상정 • 사외이사 비율 • 대표이사와 이사회 의장 분리 • 이사회 성별 다양성 • 사외이사 전문성 • 전체 이사 출석률 • 사내 이사 출석률 • 이사회 산하 위원회 • 이사회 안건 처리 • 주주총회 소집 공고 • 주주총회 집중일 이회 개최 • 집중/전자/서면 투표제 • 배당정책 및 이 • 윤리규범 위반사항 공시 • 내부 감사부서 설치 • 감사기구 전문성(감사기구 내 회계/재무 전문가) • 지배구조 법/규제 위반

[그림 1-12] 「K-ESG 가이드라인 v1.0」 주요항목

출처: http://www.hitnews.co.kr/news/articleView.html?idxno=37237

ESG 평가체제를 간략하게 살펴보았다. 앞에서 언급한 대로 ESG 평가체제와 내용은 이제 본격적으로 시작되는 공시체제의 기준과 의무화에 큰 영향을 받을 수밖에 없다. 다음에는 ESG의 전반적인 동향과 쟁점을 정리해 보겠다. 무엇보다도 ESG 경영을 둘러싼 가장 큰 논란은 "신뢰성"에 관한 것이다. 진정 "그것이 ESG" 목표에 부합하며 믿을 수 있는가?"라는 화두이다.

02
CHAPTER

ESG 쟁점

1 ESG 글로벌 동향

1) ESG 동향: 2024년 이슈

앞에서 언급한 세계 최대 ESG 투자지수 제공업체이자 ESG 평가기관인 모건스탠리캐피탈인터내셔널(MSCI)은 2024년에 주목할 지속가능성과 기후변화 관련 8대 트렌드를 발표했는데 이를 요약하면 아래와 같다(MSCI, 2023).

(1) 기상이변과 주거 및 일터의 선택 문제

기상이변이 주거지와 일터의 선택을 좌우하는 데 더욱 큰 영향을 미치게 될 것이다. 주거 비용의 상승, 혹심한 기후로 인한 생산성 저하, 노동 환경 악화, 노사 갈등의 악화 등이 가속화될 가능성이 크다.

(2) 이사회 활동과 기업 외부 통제의 강화

기업 거버넌스에 대한 외부의 감시활동이 더욱 강화될 것이며 금융감독 기관의 감사 적발 건수와 벌금 부과액도 늘어나고 있다. ESG에 관한 정치적 논란과 관계없이 기업의 ESG 경영에 관한 통제는 투자와 금융 영역에서 더욱 강화되고 있다.

(3) AI 활용

AI 기술이 빠른 속도로 광범위하게 도입됨에 따라 ESG와 관련된 이슈와 갈등도 크게 증가하고 있다. 개인 정보 및 데이터의 무단 수집 및 활용, 노동시장의 갈등, 윤리적 쟁점 등이 갈수록 불거질 것이며 이를 방지하기 위한 AI 규제나 기술 거버넌스가 ESG 거버넌스와 연계될 가능성이 크다.

(4) 공급망 규제 따른 기업 공급망 추적과 관리

공급망 실사가 현실화되므로 기업은 공급망의 추적과 관리에 나서야만 한다. 기업활동이 자연에 미치는 영향 평가, 불평등/노예 노동, 인권 실사 등이 EU의 기업 지속가능성실사지침(CSDDD)의 발효, 지속가능금융공개규정(SFDR) 등 ESG 공시체제 및 규제의 주요 쟁점이 될 것이다.

(5) 기후공시 정보 검증

2020년부터 기후공시, 지속가능경영 및 ESG 공시 의무화에 따라 기업의 ESG 관련 정보가 공개되기 시작하며 그 정보에 대한 검증과 평가가 가장 중요한 이슈가 될 것이다. 특히 투자기관이나 투자자들은 이러한 정보에 대한 신뢰성을 면밀하게 따져볼 수밖에 없을 것이다.

(6) 탄소중립 투자 확대와 글로벌 규제

2050 글로벌 탄소중립 달성을 위해서는 신흥시장에 대한 투자도 확대되어야 한다. 그러나 탄소 중립과 관련된 ESG 기준에 적합한 신흥시장 기업이 많지 않은 것이 문제다. 선진국형 ESG 기준과 지표만을 내세워서는 신흥시장의 탄소중립 투자를 확대할 수 없으므로 이를 해결하기 위한 조정과 지원이 필요하다.

(7) 기후금융에서 비상장 자산 비중의 확대

사모펀드 등 비상장 자산(Unlisted asset)이 탄소중립 전환에 중요한 역할을 하게 될 것으로 보인다. 다만 비상장 자산시장에 대한 감시와 투명성 확보 또한 중요한 이슈가 될 수밖에 없다. ESG에 부합하는 투자와 정확한 정보 공시 등을 확대하기 위한 노력 또한 확대될 것으로 보인다.

(8) 자연자본 투자 확대

2024년부터 '자연자본관련 재무정보공개 협의체(TNFD)'가 ESG의 중요한 축으로 부상할 것으로 보인다. 생물다양성 보전과 생태 보존과 관련된 기업활동을 측정하고 비교하기 위한 기준과 방법에 관한 논의가 가속화될 수밖에 없다. 생물다양성 위험 평가, 생물다양성 보존과 자연 복원을 위한 투자 등에 관한 구체적 논의가 활성화될 것이다.

이상 MSCI가 제시한 2024년 8대 글로벌 동향을 살펴보았다. 이 중에서 ESG와 관련하여 2024년의 가장 큰 이슈는 ESG 공시의 의무화라고 할 수 있다. 2023년 6월 공시기준을 발표했던 ISSB(국제지속가능성공시기준위원회)가 각 나라에서 도입되는 흐름을 보이고 있을 뿐만 아니라 유럽에서는 2024 회계연도부터 EU 소재 기업뿐 아니라 EU에 자회사를 두고 있는 총 5만여개의 기업의 지속가능성 공시를 의무화하는 CSRD(Corporate Sustainability Reporting Directive, 기업지속가능성공시지침)가 시행되기 때문이다.

미국의 증권거래위원회(SEC)는 ESG 공시의 최종안 확정을 연기했으나 2024년 상반기에는 최종안을 도출할 것으로 보인다. 유럽연합의 ESG 공시기준이 원칙적으로 의무 공시 대상에 포함하도록 규정하고 있는 스코프 3(Scope 3) 공시[1]에 대해 미국이 어떤 결론을 내릴지 주목된다. 미국의 SEC가 기후공시 의무화 법안 확정을 연기하는 상황에서 캘리포니아는 매출액 10억 달러 이상 기업에 대해 2026년까지 스코프 1과 스코프 2 배출량을 공개하고, 나아가 2027년부터 스코프 3 배출량의 공개를 의무화한 법안을 통과시켜, 대조를 보여준다.

지속가능성 공시의 의무화와 함께 강력하게 추진되고 있는 제도가 공급망 실사제도이다. 공급망 실사 제도는 기업에게 기업활동 전 과정에 걸친 ESG 실천을 강력하게 요구하고 있으므로 좀 더 자세히 살펴볼 필요가 있다.

2) 공급망 실사 의무화

EU집행위원회는 2022년, '기업 지속가능성 실사지침(Directive on Corporate

1) 공급망 가치사슬에서 발생한 온실가스의 직, 간접 배출량에 대한 공시

Sustainability Due Diligence)'을 발표했다. 적용 대상은 EU의 역내 대기업은 물론 역내에서 활동하는 일정 규모 이상의 非 EU 기업을 포함한다. 또한, 대기업의 공급망 실사와 관련하여 간접적인 영향을 받을 것으로 예상되는 중소기업 보호를 위해 재정지원 등을 제공할 수 있도록 했다. 마침내 유럽 의회는 2023년 6월 1일 본회의 표결을 통해 '기업 지속가능성 공급망 실사지침(Corporate Sustainability Due Diligence Directive: CSDDD)'을 찬성 366표, 반대 225표, 기권 38표로 통과시켰다(월간 통상 홈페이지). 표결 결과를 보면 반대도 만만치 않았다는 것을 알 수 있지만, 이날 통과된 공급망 실사지침은 기업경영 활동으로 초래되는 인권 및 환경에 대한 실제적 · 잠재적 부정적 영향에 대해 기업 스스로 식별 · 예방 · 완화하고 정보를 공개하도록 의무를 부과하는 내용을 담고 있다. 실사지침이 적용되는 대상은 금융업을 포함한 모든 산업군이다.

역내 기업의 경우 △직원 수 250명 초과 및 전 세계 순 매출 4,000만 유로 초과 기업 △그룹 내 직원 수 500명 이상으로 전 세계 순 매출 1억5,000만 유로를 초과하는 최종 모기업이 대상이다. 역외 기업으로는 △EU 내 순 매출 4,000만 유로 이상 및 전 세계 순 매출 1억5,000만 유로 초과 기업 △그룹 내 직원 수 500명 이상으로 역내 순 매출 4,000만 유로 이상 및 전 세계 순 매출 1억5,000만 유로 초과 최종 모기업이 대상에 해당한다. 이처럼 ESG 거버넌스는 독립적인 체제로 움직이는 것이 아니라 지속가능성과 기업에 관한 광범위한 규범 속에서 다양한 법률, 제도, 지침과의 긴밀한 상호관계 속에서 확대, 발전되고 있는 것을 알 수 있다. 현실적으로 한국의 기업들에게 미칠 영향이 ESG보다 훨씬 직접적일 수 있다는 것도 공급망 실사 의무화의 중요성을 말해 준다. 공급망 실사 및 ESG와 연계된 다양한 법안과 무역 규범들의 사례는 다음과 같다.

(1) CBAM

2023년 5월, 제품의 전주기에 걸친 탄소배출량을 확인하여 보고하도록 하는 탄소국경조정제도(Carbon Border Adjustment Mechanism: CBAM)가 발효되었다. 2023년 10월부터 전환 기간이 시작되어, 적용 대상 기업은 2023년 4분기에 대한 보고서를 2024년 1월 말까지 제출하고 전환기간이 종료되는 2026년 1월까지 계속 분기별 보고서를 제출해야 한다. 2026년 1월부터는 CBAM 신고서 제출과 연 1회 이상 현장검증 및 신고, 검증보고서 제출, CBAM 인증서 제출이 의무화된다. CBAM 대상 품목은 시멘트, 순철 및 강철(Iron & Steel), 알루미늄, 비료, 전기, 수소가 해당되며 이후 유기화학제품 플라스틱으로 확대될 예정이다. 특히 철강업계는 국내에서 탄소 배출을 가장 많이 하는 업종으로 CBAM 시행의 가장 큰 영향을 받을 것으로 보인다(Deloitte 홈페이지).

(2) EU 삼림전용(轉用) 규제

2023년 6월, EU의 산림 전용 방지 규정(Regulation on Deforestation-free products)이 발효되었다. 유엔식량농업기구(FAO)에 따르면, 1990년에서 2020년 사이 농업 용도로 전환된 산림의 면적은 4억 2천만 헥타르에 달한다. 특히 EU는 전용 제품의 주요 소비 지역으로, EU 내에서 소비되는 초콜릿, 커피 등의 산림 전용 제품은 전 세계 산림 전용율의 10%를 차지할 정도여서 온실가스를 발생시키고 생물 다양성을 저해하는 산림 전용을 억제하기 위한 해당 법안을 추진했다(농식품수출정보, 2023. 06. 22). 이 규정에 따르면, EU에 소, 코코아, 커피, 팜유, 고무, 대두, 목재 및 관련 파생 제품을 출시하는 기업은 해당 제품이 산림 전용 방지 규정을 준수하였다는 선언서를 제출해야 한다. 특히 2024년 말에 위 규정의 의무 적용 대상인 공급망 참여 주체(운영자, 거래자)와 국가별 위험 수준이 결정될 예정이므로 의무 적용 대상 및 실사 대상이 되는 기업은 2024년 실사에 따른 2025년 실사 결과 보고에 대응할 수 있도록 미리 준비할 필요가 있다.

(3) 배터리 규정

EU의 배터리 규정은 2023년 8월 17일 발효되어 2024년 2월 18일부터 시행되었다. 이 규정은 기존 EU 배터리 지침(Directive 2006/66/EC)을 대체하는 것으로, 회원국의 별도 이행법률 제정 없이 EU 전 지역에 일괄 적용되는 것이다(법률신문, 2023. 08. 22).

EU 배터리 규정은 원산지와 관계없이 EU 시장에 출시되는 모든 종류의 배터리, 에 대해 적용되며, 배터리의 제조, 수입, 유통, 사용, 폐기물 처리 등 배터리 생애 주기 전체에 걸쳐 다양한 요건을 규정하고 있어 배터리 산업 전반에 엄청난 영향을 미치게 될 것이다. EU 배터리 규정의 4가지 항목은 ① 지속가능성 및 안전성, ② 라벨, 마크 표시 및 정보, ③ 공급망 실사, ④ 폐배터리의 관리에 관하여 핵심적 의무 등인데 이 항목들이 모두 ESG 지표 및 기준과 관련된다는 것을 알 수 있다.

지금까지 ESG의 글로벌 동향을 살펴보았다. ESG의 영역이 광범위하고 기후위기와 경제위기의 문제를 해결하기 위해서 통합적 접근이 필요한 까닭에 ESG가 지속가능성 공시제도나 평가체제는 물론 다양한 법, 제도, 국제규범을 아우르는 글로벌 거버넌스라는 것을 다시 한번 강조하고자 한다.

2 ESG 투자/ESG 경영의 특성과 쟁점[2)]

ESG의 목표를 이루기 위해서는 ESG를 기반으로 한 ESG 투자와 ESG 경영 그 본질과 특성에 맞게 이루어져야 함은 두말할 나위가 없다. 하버포드 트러스트 컴퍼니의 투자 전략 책임자인 행크 스미스(Hank Smith)는 ESG 투자란 "더 나은 투자자가 되어 사회의 긍정적인 변화에 영향을 미치고자 하는 것"이라고 말한 바 있다(forbes, 2024. 02. 01.). 이는 지금까지 설명한 ESG의 근본 목표에 부합하는 관점이라고 할 수 있을 것이다. 실제로 투자 전문가들이 비재무적 요소인 환경, 사회, 거버넌스(ESG) 이슈를 고려하는 주요 동기는 투자 대상 기업을 더 잘 이해하기 위한 것이며 ESG 요소가 기업에게 끼치는 재무적 영향까지 정확하게 평가하기 위한 것이다.

2) 이 절은 서스틴베스트 류영재 대표와의 논의와 공동집필을 통해 이루어졌음을 밝히며 이 자리를 빌려 류영재 대표께 감사의 뜻을 표한다.

한편 ESG 경영이란 'ESG 전략 수립'과 'ESG 정보공시'를 통해 기업 가치를 창출하고 증대하는 것을 말한다. 여기서 ESG 전략 수립은 ESG 관점에서 기업의 비전과 목표를 설정하고 이러한 목표를 달성할 수 있는 전략과 과제, 실행 체계 등을 구축해 일관되게 추진하는 것을 의미한다(삼정KPMG 경제연구원, 2023). 최근 ESG 투자와 경영에 엄청난 자본과 사회적 관심이 쏟아지고 있는 것은 매우 고무적인 일이다. 그런데도 과연 ESG 투자와 경영은 올바른 길로 가고 있다는 확신을 하기에는 미흡한 점이 많은 것도 현실이다. 여기에서는 이와 관련된 몇 가지 중요한 이슈들에 대해 알아보겠다.

1) ESG 정보공개의 대상은 누구인가? – 투자자 중심/이해관계자의 중요성

ESG 투자에서 가장 중요한 것은 투자자이다. ESG 공시나 평가를 위한 ESG 정보공개의 직접적 대상은 투자자인 주주들이다. 사실 소비자, 종업원, 협력사, 규제자 등 광범위한 이해관계자도 포괄하는 '기업의 사회적 책임(CSR)' 관점이 ESG에 담겨 있는 것은 사실이지만 UN이 2002년대 초 UNGC의 기업의 사회적 책임 실천이라는 자발적 선언 체계를 넘어 굳이 ESG 이슈를 투자자들의 기업 분석, 자산운용, 중개 행위 등에 실질적으로 통합시키고자 하는 줄기찬 노력을 기울인 데에는 전통적 '기업의 사회적 책임' 혹은 '지속가능 경영'이 갖는 '분식 혹은 세탁(워싱)'에 대한 비판적 문제의식이 깔려 있었다. 따라서 유엔은 기업의 급소인 자금줄을 쥔 핵심 이해관계자인 주주(투자자)가 나서야 이 해묵은 '워싱' 논란에서 벗어나 실효적인 변화를 만들어 낼 수 있을 것으로 판단했던 것이다. 따라서 '기업의 사회적 책임(CSR)'에서 ESG로 용어가 바뀐 순간 '투자자', '이해관계자' 입장이라는 전제가 깔려 있었다. 이 때문에 ESG 경영을 선포한 기업들은 ESG와 관련된 투자자의 관심과 이익에 부합하는 경영에 초점을 맞추고 구체적인 성과를 투명하게 공개해야 하는 것이다.

따라서 엄밀히 말하면 과거의 홍보성 혹은 사회 공헌성 CSR이나 환경보호 캠페인 등은 ESG 경영이 아니다. 이는 투자자들의 관심 대상도 아니다. ESG 경영은 투자자 관점에서 기업 가치 제고와 밀접히 연결된 기업의 사회적 책임, 곧 "ESG적" 책임에 기업 역량과 자원을 집중하는 것이다. 그리고 이러한 경영활동의 성과가 투자 전과정(全過程)에 반영될 수 있도록 기업은 가급적 정량적이고 객관적인 데이터와 정보로 공시할 필요가 있으며, 이런 까닭에 공시 의무화가 확산하고 있다. 투자자는 화려한 언변과 수사보다는 무미건조할지라도 정확한 '숫자(number)', 투명한 정보를 요구하고 있다.

물론 ESG가 투자자 중심이지만 다중 이해관계자들의 역할도 이에 못지않게 중요하다. 소비자, 지역사회, 종업원, 시민사회, 규제자 등 기업을 둘러싼 모든 이해관계자가 전방위적으로 목소리를 높일 때 기업과 투자 관행을 변화시킬 수 있기 때문이다. 사실 연금가입자 모두가 투자자이면서, 기업의 고객이고, 동시에 다양한 이해관계자이기도 하다. 이렇게 보면 우리가 모두 기업의 ESG 정보 공시 및 ESG 투자 동향에 관심을 가져야 하는 것은 너무나 당연하다.

2) ESG 경영을 하면 손해를 본다? vs. 장기적 관점/비재무적 요소

ESG와 관련하여 오랫동안 빈번하게 제기되어 온 질문이다. 그러나 이 질문은 '우문'이다. 양자 간 관련성을 일반화하기 어렵기 때문이다. 굳이 대답을 찾자면 다음과 같다. 즉, ESG 경영은 기업경영의 여러 활동이나 전략 중 의 중요한 부분이지 모든 것은 아니다. 예컨대 ESG 경영은 마케팅, 인적자원 관리, 재무회계, 공급망 관리, 영업, 홍보전략 등과 동등한 차원이나 등위(等位)의 경영 전략이거나 때에 따라서는 앞서 여러 경영활동에 내재화되어 동시에 실행될 수도 있다. 부연하자면, 공급망 관리 경영에서 탄소·환경부하 저감이나 작업장 및 제품 안전 관리, 아동노동 및 과잉노동 배제 등의 요소를 고려해 관리한다면 이미 그것은 ESG가 체화된 공급망 관리를 의미한다. 또 기업 거버넌스에서도 주주이익은 물론 이해관계자를 배려하거나 ESG 관련 전문성을 보유한 이사들이 이사회에 참가한다면 이 역시 ESG적 거버넌스라고 할 수 있다.

ESG와 기업 가치 간 관련성은 여타 경영 전략처럼 '어떻게'그 전략을 효과적으로 실행하느냐에 좌우되는 것이다. 이는 마케팅 활동 그 자체가 기업 가치 제고와 항상적 관련성이 없는 것과 같은 것이다. 즉 실패한 마케팅 활동도, 성공적 마케팅 활동도 존재할 수 있듯이 ESG 경영에도 실패와 성공의 개연성이 상존할 수밖에 없다. 실패한 마케팅 전략이라 해서 그것을 폐기할 수 없듯, 실패 가능성이 있다고 해서 ESG 경영을 폐기할 수도 없다. 다만 지속적으로 개선하고 혁신해나가면서 기업 가치 제고에 순기능으로 작용하도록 해야 할 문제인 것이다.

한편 ESG 경영과 기업 가치의 관계 분석은 기간을 어떻게 설정하느냐에 따라 상이한 결과가 나온다. 위 질문에 쾌도난마식 답변이 어려운 근본적 이유이다. 일반적으로 단기적 관점에서는 네거티브한 결과가 나오는 경우가 많다. ESG 경영은 단기적으로 자본비용이나 운영비용의 증가가 불가피한 까닭이다. 혹시 ESG 경영으로 단기 기업 성과가 개선됐다면 이는 'ESG 워싱'일 가능성이 매우 크다. 애초에 ESG의 특성이 비재무적 요소와 장기적 관점에 있다는 것을 앞에서 확인했다. 1~2년 만에 눈에 띄는 기후변화 해결책이 나올 수 없는 것과 마찬가지다. 적어도 5년 이상 장기적 시계(視界) 아래 그 관련성을 운위할 때 생산적 논의가 가능하다. 따라서 '장기적 관점에서 ESG 경영과 기업가치 간 관련성'을 묻는 것으로 질문을 바꿔야 한다. 단기적 관점에서 ESG 경영과 기업가치 간 관련성을 묻는 것은 우물에서 숭늉을 찾는 것과 같은 것이다.

3) 입체적인 ESG 평가 – 제품도! 경영 과정도!

ESG 경영을 평가할 때 '평가 대상 기업의 제품이나 서비스가 ESG 친화적인지, 해당 기업의 경영 원칙과 방식 등이 ESG에 부합한지'를 입체적으로 평가해야 한다. 만일 둘 중 하나만 ESG 친화적이라면 그것은 온전한 ESG 기업이라 할 수 없다. 해당 제품 생산의 전과정(全過程)상 발생하는 ESG 임팩트와 부하량에 대해 평가하고, 아울러 해당 기업의 ESG 경영 원칙, 방식 및 프로세스 등에 대해서도 입체적으로 평가해야 명실상부한 ESG 평가라고 할 수 있다.

예를 들어 석유 산업을 생각해 보자. 우리가 입는 옷도 나일론, 폴리에스테르, 고어텍스 등 석유를 원료로 하는 합성섬유에서 나온다. 심지어 식탁 위에 오르는 음식도 석유화학 기술로 만든 비료로 재배한다. 비료가 없다면 많은 인류가 기아로 죽을지도 모른다. 따라서 석유 산업을 평가하면서 탄소배출, 환경훼손이라는 부정적 효과와 석유로 인한 현대문명, 편익, 후생, 약품 및 의학 기술 등 긍정적 효과를 대차대조하듯 균형 있게 평가하고 판단할 필요가 있다. 물론 장기적 관점에서 지향해야 할 가치와 방향, 즉 ESG가 이 판단의 바탕이 되어야 하는 것은 기본이다.

재생에너지인 2차전지 산업은 무조건 ESG의 우등생일까? 2차전지는 전기자동차의 필수 불가결한 에너지원이다. 일반적으로 2차전지는 ESG 진영으로부터 '탈(脫)탄소화'라는 시대적 요청에 부응할 제품으로 긍정적 평가를 받고 있다. 이 덕분에 전기자동차 역시 ESG 친화적 제품으로 분류되는 것이다. 글로벌 ESG 펀드도 2차전지와 전기차를 ESG 친화적 섹터로 분류해 투자하고 있다.

하지만 전체 생산과정에서 2차전지 제품의 ESG 영향과 부하량을 평가한다면 어떨까? 우선 2차전지 생산을 위해서는 다량의 금속이 필요하다. 국제에너지기구(IEA)에 따르면 전기차는 내연기관 자동차보다 금속을 6.2배 더 사용한다. 여기서 리튬, 니켈, 코발트, 희토류 등이 핵심 광물이다. 이 핵심 광물 채굴 과정에서 환경파괴와 인권 침해문제가 발생하고 있다. 전 세계 코발트 매장량의 70%가량을 차지하는 콩고에서는 채굴 과정에서의 아동노동 문제, 인권침해 문제가 끊이지 않는다. 리튬 채굴 과정에서는 삼림이 훼손되고 수질·토양오염 문제가 심각하다.

한 마디로, 인류는 재생에너지를 생산하기 위한 명목으로, 재생 불가능한 자원을 반(反)ESG적 방식으로 채굴하고 있다. 오염의 총량은 불변하고, 오염 발생 지역만 이동시켰을 뿐이라는 주장도 가능하다. 사정이 이런데 과연 2차전지와 전기차 섹터가 친환경적이고 ESG 친화적이라고만 볼 수 있을까? 그 답이 절대 간단치 않다는 것을 알 수 있다.

결론적으로 ESG 평가는 제품과 경영 방식, 모두에 맞춰져야 한다. 전통적

ESG 평가가 담배 산업 같은 죄악 산업만 배제하고 나머지 모든 섹터에 대해 가치중립적이었다면, 이제는 모든 섹터 생산의 전 과정상 발생한 ESG 임팩트와 부하의 총량을 측정해야 한다. 이러한 입체적 평가가 가능할 때 ESG 평가는 ESG 투자 자금의 물꼬를 제대로 틀어 지속가능한 세계로 안내할 수 있을 것이다.

ESG의 프레임워크가 확립되고 지속가능한 경영과 금융에 관한 기준과 지표들이 공표되기 시작한 이래 수많은 평가기관이 각자의 ESG 경영 평가체제를 운영해 왔다. 이제 공시체제가 의무화되고 있는 상황에서 평가기관들에도 일정한 규제와 의무가 부과될 것으로 보인다. ESG의 발전을 통한 지구적 문제 해결을 위해서는 보다 장기적이고 포용적이며 종합적인 통찰력과 모든 이해관계자가 참여하는 끊임없는 집단지성 창출의 과정이 필요하다. 즉, ESG는 우리 모두의 지혜로 이루어지는 혁신의 거버넌스가 되어야 한다.

3 그린워싱: 혁신을 가장한 속임수

ESG가 유행처럼 번지면서 ESG를 내세우는 기업들이나 조직들이 많다. 작업현장에서 인명사고가 나고, 온실가스를 대량 배출하면서도 다른 지표에서 점수를 따서 메우거나, 여성에 대한 차별을 일삼는 기업들이 당당하게 ESG 평가 상위 등급을 받는 사례도 있다. 물론 평가체제가 정교하지 못한 탓도 있지만 위장하고 속이고자 하는 의지와 기법도 대단하다. 특히 환경친화적인 척, ESG에 앞장서는 척하는 그린워싱은 날이 갈수록 정교해지고 있는 것으로 보인다.

1) 그린워싱(Greenwashing, green + washing의 혼성어)

한 마디로 그린워싱은 녹색으로 세탁, 분칠하는 행위를 말한다. "기업이 환경에 악영향을 끼치거나, 환경적으로 기여하는 바가 없음에도 불구하고 광고 등을 통해 친환경적인 이미지를 내세우는 행위"로 정의할 수 있다. 이 그린워싱의 행태를 캐나다의 친환경 컨설팅사인 Terra Choice가 7가지로 정리한 것이 있는데 아주 설득력이 있다(Terra Choice, 2010).

(1) 상충효과 감추기(Hidden Trade-Off)

작은 속성에 기초하여 환경친화적이라고 주장하는 것이다. 일부 환경문제가 해결된 것처럼 보이지만 또 다른 환경적인 문제가 야기되는 되는 것을 감추는 것을 말한다. 예를 들어 종이로 만들었다고 해서 반드시 환경적으로 바람직한 것은 아니다. 종이 제품은 자연 재료이지만 한편으로는 쓰레기 문제나 숲의 파괴 등 많은 문제를 낳고 있다. 그런데도 플라스틱과는 완전히 다른 "그린" 상품으로 포장되는 경우가 많다. 또한 플라스틱 빨대를 종이 빨대로 교체하는 커피업체가 많지만, 한 해에 1회용 플라스틱 컵 53억 개(대부분이 커피 등 음료를 위한 용기)를 사용하는 나라에서 그것이 정말 "그린"일까? 재사용, 재활용이 아닌 이상 "친환경"이라고 부를 수는 없다.

(2) 증거 불충분(No Pro)

라벨 또는 제품 웹사이트에 쉽게 접근할 수 있는 증거를 제시하지 않고 환경적이라고 주장하는 것이다. 재활용 원료를 사용했다고 주장하는 데 근거가 없거나, 아주 적게 사용하고도 재활용 제품으로 광고하는 경우가 여기에 해당한다. 말하자면, "재활용 펄프 5% 함유" 등의 문구를 흔히 볼 수 있다.

(3) 애매모호한 주장(Vagueness)

너무 광범위하거나 제대로 이해할 수 없는 용어를 사용하여 친환경이라는 인상을 주는 것이다. 성분에 관한 상세한 설명이 없이 녹색, 지속가능, 에코와 같은 단어를 마구 사용하는 경우를 말한다. 자연 성분만으로 만든 제품이라고 하는데, 자연 성분은 다 좋은가? 비소, 우라늄, 수은, 포름알데히드도 모두 자연 성분 아닌가?

(4) 관련성 없는 주장(Irrelevance)

친환경적인 제품이라고 특별한 제품인 것처럼 광고를 하는데, 기술적으로는 사실이지만 다른 동종 제품과 차별성이 없는 경우이다.

"CFC-free" 에어컨이라며 자랑하지만, CFC는 이미 2000년 이후 한국에서는 법으로 금지되어 있으므로 이걸 쓰지 않는다는 게 자랑이 될 수는 없다.

(5) 두 가지 악 중 덜한 것(Lesser of Two Evils)

상품의 근본적인 속성 자체가 환경적이지 않은 데 다른 동종 제품보다 더 환경적이라고 주장함으로써 마치 "그린"상품인 것처럼 광고하는 것이다. 예를 들어, 유기농 담배, 연료 효율적인 스포츠 유틸리티 차량(엄청나게 크고 무겁지만!) 등이 여기에 해당한다.

(6) 거짓말(Fibbing)

아예 사실이 아닌 거짓을 광고하는 것이다. 가장 일반적으로 성분을 속이거나, 녹색 인증, 'Energy Star' 등의 인증 또는 등록을 받지도, 하지도 않고 허위로 주장하는 행위가 여기에 해당한다.

(7) 허위 라벨 부착(Worshiping FLabels)

처음부터 가짜 인증 라벨을 사용하여 마치 공신력 있는 제3자 검증 또는 인증을 가진 제품인 것처럼 위장하는 것이다. FDA 인증이 아니라, 완전 가짜로 'FTA' 인증이라고 속이는 식이다.

이러니 그린워싱에 대한 규제가 필요하다는 말이 안 나올 수 없는 상황이다. ESG에 편승하여 그린워싱은 더욱 활개를 치고 있다. 이에 대응하기 위하여 미국, 일본, 프랑스, 영국 등 세계 47개국에서는 27개의 유형의 환경 라벨링 제도와 위원회를 중심으로 그린워싱의 표본 가이드라인을 만들어 시행하고 있다. 한국에서도 공정거래위원회가 「환경 관련 표시·광고에 관한 심사지침」 개정안을 내놓았다. 이 개정안은 친환경 위장 표시·광고(이른바 '그린워싱')를 방지하기 위한 것으로, 환경 관련 부당한 표시·광고를 판단하는 세부 심사기준을 구체화하고 용어·표현별로 구체적인 사례를 제시하고 있다.

2) ESG워싱(ESGwashing)

ESG워싱은 한 마디로 ESG 정보/보고/평가를 정확성, 투명성, 검증 가능성이 확보되지 않은 상태에서 공지하고 광고하는 것을 말한다. 여기에서 문제가 되는 것이 '정보의 비대칭(information asymmetry)'이다. 즉, 정부, 기업, 금융기관, 평가기관이 소비자, 시민보다 훨씬 많은 정보를 독점 또는 보유한 상태에서 정보 조작, 축소, 과장, 은폐하여 ESG 체제에 삽입되거나 내재화된다면 이것은 최악의 그린워싱, 곧 ESG워싱이라고 할 수 밖에 없다. 앞으로 지속가능성 정보, ESG 성과에 관한 보고서가 의무화되는 마당에 ESG워싱은 ESG 거버넌스의 존폐를 가르는 최대 현안이 될 것이다. 정확하고 투명한 검증, 인증, 평가체제가 구축되지 않으면 안 되는데, 이 또한 모든 이해관계자들과 투자자들의 감시와 참여가 없이 이루어지기 어렵다.

3) 워크워싱(Wokewashing)[3)]

'워크워싱'은 기업이 사회적 문제나 가치에 대해 깨어있는(Woke) 척하면서 실제로는 아무 행동하지 않거나, 이에 반하는 행동을 하는 것을 말한다. 너무도 많이 주변에서 볼 수 있는 행태이다. 한 마디로 착한 척하는 말뿐이거나, 위선적인 경우를 말한다. 주로 사회(Social) 분야와 관련되므로 'Social Washing'이라고도 부른다. '가족 같은 고객', '절대 안전'을 내세우면서, "순살" 아파트를 짓

3) 참고: https://www.impacton.net/news/articleView.html?idxno=2215)

는 기업, 사회적 공헌 사업으로 생색을 내면서 한편으로는 작업장 내 중대 재해가 끊이지 않는 기업들이 여기에 해당한다.

4) 그린워싱의 구체적 사례들

수없이 많은 그린워싱의 사례 중 몇 가지만 알아보자. 웃지 못할 거짓말들이 너무 많다.

(1) 사우디아라비아의 녹색 허풍?

2021년 3월, 사우디아라비아는 사막에 500억 그루의 나무를 심고 탄소 포집 기술로 2060년까지 탄소 배출량 제로를 달성하겠다는 계획을 발표했다. 하지만 나무를 키우기 위한 물은 어떻게 구한다는 대책이 없었다. 또한, 아직 개발 중인 탄소 포집, 사용 및 저장 기술(CCUS)을 이용한다는 것이었는데 이 기술이 아직도 대규모의 넷제로를 달성할 정도에 이르지 못한 것을 보면 사우디아라비아의 계획은 과장 그 자체였다고 할 수 있다(박지영, 2021.12.13.).

(2) 이니스프리: 양두구육 종이 병?

2021년, 이니스프리는 페이스북 그룹 '플없잘(플라스틱 없이도 잘 산다)'에 친환경 용기를 광고했다. 그런데 이 친환경이라는 용기가 플라스틱병 외면을 종이 포장재로 덮어, 종이 병처럼 만들고 포장재에 '나는 종이 병이야(I'm paper bottle)'라는 문구를 인쇄한 것이었다. 그야말로 양의 머리를 걸어 놓고 개고기를 파는 격이었던 것이다.

(3) 석유회사의 개과천선?

세계에서 가장 많은 탄소를 배출하는 석유회사들은 나름 친환경적 행보를 보였지만, 그린워싱이라는 비판도 끊이지 않았다. 호주의 석유사인 산토스는 2040년까지 탄소배출 제로를 선언했는데, 행동주의 투자자 그룹인 ACCR(Australasian

Center for Corporate Responsibility)은 "오히려 장기적으로 화석연료 추출 사업 확장을 목표로 한다는 점에서 선언의 신빙성이 떨어지고, 입증되지 않은 기술인 탄소포집으로 탄소 배출을 감축하려고 한다는 건 약속을 지키지 않겠다는 것"이라며 소송을 제기했다. 사실 탄소포집 기술이라는 카드가 화석연료를 계속 사용해도 괜찮다는 인식을 조장하는 측면이 있다. 따라서 이 기술 자체가 그린워싱이 되지 않도록 면밀한 검토가 필요하다.

이 외에도 그린워싱 사례는 너무나 많다. 그저 구체적으로 그린워싱을 설명하기 위해 몇 가지 예를 든 것뿐이다. 그런데 국제협력기구도 그린워싱을 하는 사례가 있다. 2021년, 기후관련 NGO 5개 단체가 일본의 해외 개발 기관인 일본국제협력단(JICA)을 미국 증권거래위원회(SEC)에 제소했다(박지영, 2021. 11. 29.). JICA는 5억8000만 달러(6958억 원) 상당의 채권을 발행하며 "채권 판매 수익금을 석탄화력발전소에 투자하지 않겠다"라고 명시한 바 있으나 실제로는 방글라데시 석탄화력발전소 등에 자금 지원을 꾸준히 하고 있으며, 적어도 수익금 일부분은 석탄으로 흘러갈 가능성이 크다는 것이 제소 사유였으며 이것이 사실로 밝혀졌다. JICA는 일본 정부의 산하 기구인데도 이런 거짓말을 한 사례가 있으니 그린워싱이 얼마나 만연해 있는지 알 수 있다.

투자업계도 그린워싱에서 자유롭지 않다. 친환경 기업에 투자한다면서 녹색채권이나 녹색펀드 등이 실제 투자한 기업을 보면 환경 기업과 거리가 먼 경우도 많다. 2020년 말 기준, 전 세계 ESG 펀드 수는 총 5,932개였다. 이 중에서 전 세계 상위 20개의 ESG 펀드를 분석 결과, 각각의 펀드는 평균적으로 화석연료 생산 업체 17곳에 투자하고 있었다. 특히 여섯 개 펀드는 미국 최대 정유사인 엑손에, 두 개는 사우디아라비아 석유회사 아람코에 투자하고 있었고 중국 석탄 채굴 회사 지분을 갖고 있는 펀드도 있었다는 것이다(조선일보, 2023. 02. 24.).

워크워싱 사례[4]도 하나만 알아보자. 2020년 5월에 발생한 미국 조지 플로이

4) 송선우, "사회 문제에 깨어있는 척"... 워크워싱(Woke Washing) 논란에 휘말린 기업들, IMPACT

드(George Floyd) 사망 사건 이후 일어난 Black Lives Matter(BLM) 운동이 일어났다. 이 운동에 참여를 선언한 기업들은 대대적인 캠페인을 벌이고 조직 내의 차별을 근절할 것을 선언했다. 그러나 많은 기업이 진정성 있는 행동을 보여주지 못했고, 이에 소비자를 비롯한 이해관계자들의 비판이 잇달았다. 특히 나이키는 BLM 이슈에 대해 대대적인 광고 및 캠페인을 진행하며 인종차별 반대에 대한 의견을 적극적으로 주창하여 관심을 모았다. 그러나 한편으로는 미국의 100대 기업(S&P100) 중 71%가 美 평등고용기회위원회에 임직원 인종 다양성 자료를 제출했는데도, 나이키는 제출을 거부함으로써 표리부동한 모습을 보여 많은 비판을 받았다.

카카오의 워크워싱은 한술 더 뜨는 수준이다. 카카오는 2021년, 인권경영헌장을 통해 국제 노동원칙을 준수하고 구성원의 안전 및 건강을 보장하겠다고 선언했지만 실제로는 초과근무를 강요하고 있었다. 고용노동부가 수시근로감독을 진행한 결과 임산부 연장근로 지시, 초과근무기록 은폐, 휴일 근로 등의 근로기준법 위반 사항이 드러났던 것이다. 이처럼 그린워싱을 포함한 잡다한 '워싱'들의 폐해는 매우 심각하다. ESG 체제와 평가의 정당성마저 흔들 지경이다. 따라서 그린워싱은 ESG를 위해 시급히 해결해야 할 당면 과제 중의 하나다. 강력한 법과 제도에 더하여 앞으로 시행될 공시 표준화, 공시 의무화에 기대를 걸어본다.

ON, 2021.07.27.

03
CHAPTER

유엔 지속가능발전목표 (UN SDGs)

1 지속가능발전 흐름과 유엔 SDGs 채택

1) 지속가능발전의 배경과 흐름

1960~1970년대 선진국들은 역사적으로 유례없는 물질적 풍요를 누리는 와중에 환경오염으로 인한 자연파괴, 건강의 위협, 자원의 고갈로 인한 성장의 한계 등의 문제에 직면하였다. 그동안 소수의 논의에 그쳤던 환경오염 문제가 전면적으로 드러나며 대중적 관심사로 부상하였다.

레이첼 카슨(Rachel Carlson)의 「침묵의 봄(Silent Spring, 1962)」은 과학기술이 초래한 환경오염의 결과를 대중들에게 인식시켜 환경오염 이슈를 대중화시켰다.

1968년에 발표되어 큰 반향을 일으킨 「공유자원의 비극(The Tragedy of Commons)」은 현대 자본주의 사회에서 발생하는 자연파괴의 실상을 밝히며 과거 '자연'은 공유자원으로서 공동체의 구성원들이 관리하였지만, 현대 사회는 자연을 무상으로 사용할 수 있는 자원으로 인식하고 수용역량 이상으로 사용하고 있음을 이슈화하고 있다.

1972년 로마클럽의 「성장의 한계」는 향후 인구가 급속도로 증가하며 경제성장이 지금처럼 지속 된다면 지구는 수용역량을 넘어서 파괴될 것이라 경고하였다. 나아가 환경보호와 경제성장의 양립 문제를 거론하여 '지속가능한 발전'의 개념을 소개하고 향후 추구해야 할 방향으로 제시하였다.

국제사회는 환경문제를 논의하기 위해 1972년 스톡홀름에서 'UN인간환경회의(UNCHE)'를 개최하였는데, 이는 환경문제를 국제적 어젠다로 다룬 최초의 범세계적 회의로 지구환경 문제에 대한 범세계적 대응을 위한 논의의 시작점이다. 이후에 케냐 나이로비에 유엔환경계획(UNEP)을 설립했고 이어 환경 관련 국제협약이 다수 탄생하였다.

1982년 케냐에서 스톡홀름 선언 10주년을 맞이하여 세계 주요국가 정상들이 모여 위협받는 지구환경보전을 위한 인간과 환경의 조화를 강조한 나이로비 선언을 채택하였다.

1987년 '세계환경 · 개발위원회(WCED)'가 발표한 「우리 공동의 미래(Our Common Future)」에서 지속가능발전을 "다음 세대의 필요를 충족시킬 수 있는 능력을 저해하지 않으면서 지금 세대의 필요를 충족시키는 발전"이라고 정의함으로써 지속가능발전이라는 용어의 의미를 처음으로 체계적으로 정립하였다. 보고서에서는 "인류가 빈곤과 인구증가, 지구온난화와 기후변화, 환경파괴 등의 위기에서 경제를 발전시키기 위해서는 지속가능발전으로 패러다임 전환이 필요하다"라는 의견 제시하였다.

> 지속가능발전이란 미래세대가 그들의 필요를 충족시킬 수 있는 기반을 훼손하지 않는 범위 내에서 현세대의 필요를 충족시키는 것이다.
>
> 『우리공동의 미래, Our Common Future(UN Brundtland Report, 1987)』

출처: 「우리 공동의 미래」

1992년에 열린 리우 지구정상회의에서 세계 각국의 정부 대표들은 환경을 보존하기 위한 기본원칙인 '리우선언'과 지속가능한 발전을 위한 행동계획을 담은 '의제21(Agenda21)'을 채택하였다. 의제21은 세계 각국이 지구 환경문제를 해결하기 위한 범지구적인 세부 정책지침으로 법적인 구속력은 없으나 환경과 개발의 이분법적 구도를 지속가능발전 패러다임으로 극복하려 했다는 점에 의의가 있다.

2002년 요하네스버그 세계정상회의(리우+10)에서는 리우회의 이후 10년을 평가하고 의제21을 촉구하며 향후 방침으로 요하네스버그 이행계획을 수립하여 지속가능발전지표 개발 및 평가하도록 하였다.

2012년 유엔 지속가능발전정상회의(리우+20)는 2015년으로 목표 기한이 종료되는 새천년개발목표(MDGs)를 이을 새로운 목표로서 지속가능발전목표(SDGs)를 수립하기로 합의하였다.

2015년 유엔은 제70차 총회에서 지속가능발전목표를 채택하였다. 다음절에서 자세히 다룬다.

2022년 스톡홀름+50회의는 1972년 유엔인간환경회의 이후 50주년을 기념하기 위한 회의였다. 2030 지속가능발전목표(SDGs) 달성을 위하여 국제사회가 보다 적극적으로 행동에 나설 것을 촉구하였다.

2) 유엔 지속가능발전목표의 채택

2015년 9월 25일 개최된 제70차 유엔총회에서는 '세계의 전환: 지속가능발전을 위한 2030 의제(Transforming Our World: The 2030 Agenda for Sustainable Development)'를 193개국 만장일치로 채택하였다. 2030년까지 전 세계적으로 지속가능발전 실현을 위한 새로운 이행 틀을 확정한 것이다.

유엔 합의문 서문은 "이 의제는 사람, 지구, 그리고 번영을 위한 행동계획이다"라고 밝히며 더 많은 자유와 보편적인 평화 강화를 강조하고 있다. "모든 국가와 모든 이해당사자는 협력적 파트너십을 통해 이 계획을 이행할 것이다"라고 하고 있다. 또한 "지속가능하고 복원력 있는 경로를 향해 세계를 전환하는 데 긴급히 필요한 대담하고 변혁적인 단계를 밟기로 했다"라면서 "이러한 집단적인 여정에 나서는 데 누구도 소외되지 않을 것을 선언한다(no one is left behind)"라는 의지를 천명하였다.

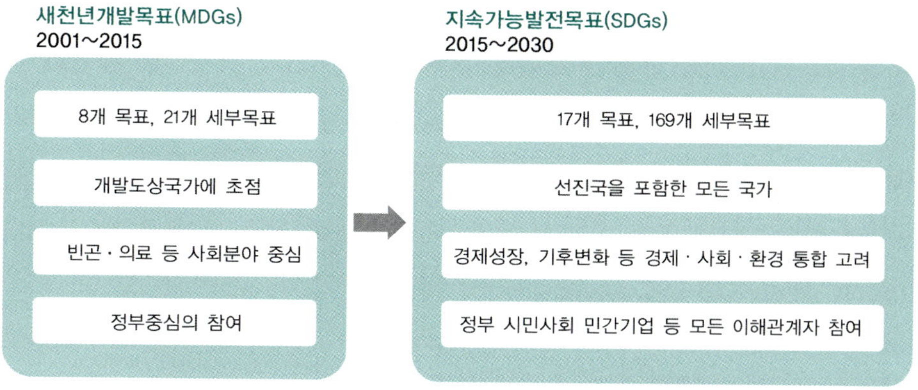

[그림 3-1] 새천년개발목표(MDGs)와 지속가능발전목표(SDGs)

출처: UN 및 국가지속위 자료를 재정리

2 지속가능발전 개념

1) 지속가능발전기본법에서 정의

지속가능발전기본법

2조(정의) 이 법에서 사용하는 용어의 뜻은 다음과 같다.
1. "지속가능성"이란 현재 세대의 필요를 충족시키기 위하여 미래 세대가 사용할 경제 · 사회 · 환경 등의 자원을 낭비하거나 여건을 저하(低下)시키지 아니하고 이들이 서로 조화와 균형을 이루는 것을 말한다.
2. "지속가능발전"이란 지속가능한 경제 성장과 포용적 사회, 깨끗하고 안정적인 환경이 지속가능성에 기초하여 조화와 균형을 이루는 발전을 말한다.

지속가능발전의 개념은 초기 경제 · 사회 · 환경 영역을 대등하게 보는 관점에서 시작하여 경제성장 · 사회통합 · 환경보전을 각각의 영역에서 동시다발적으로 일어나는 시너지 현상으로 재설정하였다. 그러나 경제, 사회, 환경의 조화로움의 해석과 적용이 다를 수 있다. 현재는 인간사회는 환경에 속해있고 경제는 사회활동의 일부라는 관점에서 경제성장을 위해서는 사회적, 환경적 측면에서 지

속가능한 근간이 마련되어야 한다는 것으로 바라보는 동심원 모델로 설명하는 것이 보편적이다.[1)]

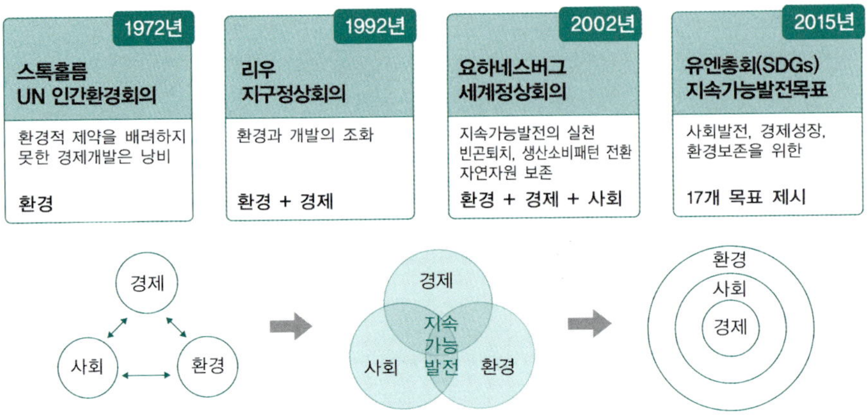

[그림 3-2] 지속가능발전 개념의 진화

출처: 자체 편집[2)]

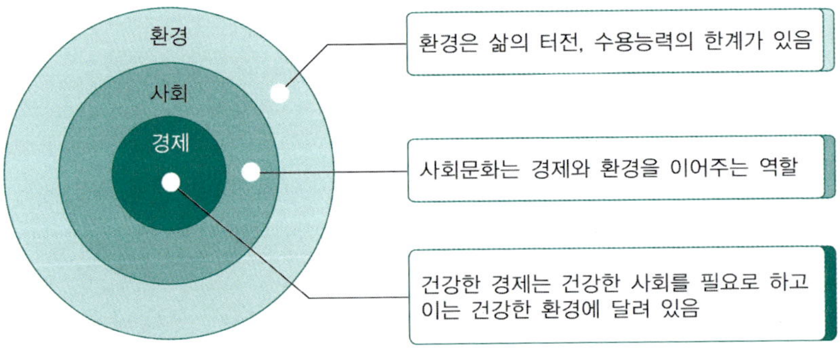

[그림 3-3] 지속가능발전 동심원모델

출처: Rene Passet, 1979 ; Banzan Gene and Tania Slawecki, 2002

1) 동심원 모델은 프랑스 경제학자 르네파세트(Rene Passet)가 1979년 저서 『Economic Systems and Living Systems』에서 지속가능경제의 동심원 모델을 제시했다. 지속가능성 측면에서 펜실베니아 주립대 지속가능성센터의 Gene Bazan과 Tania Slawecki가 2002년에 제안했다. 우리나라에서는 정부차원에서 2000년대부터 지속가능발전의 3원 모델을 사용했으나 '조화로운 발전'이라는 모호성 때문에 본질을 왜곡시킬 수 있다는 지적이 있었다. 2010년대 중반부터 서울시에서 동심원 모델을 쓰면서 확산하였다.

2) 대통령자문 지속가능발전위원회에서 2002년 작성한 것을 토대로 2012년 보완하고, 2015년 서울시 지속가능발전위원회에서 보완하여 편집한 것이다.

2) 지속가능발전 특성

Gladwin에 따르면 지속가능발전은 5가지 특성을 고려하여 추진하는 것이 바람직하다고 한다.

〈표 3-1〉 지속가능발전의 5가지 특성

구분	주요 내용
포괄성	시간적 범위를 미래세대까지 확장 공간적 범위를 지구 차원으로 확대
연계성	상호의존성과 포용 경제적, 환경적, 사회적 측면의 동시 고려 요구
형평성	정의, 공정성 등을 포함한 개념 자원, 복지의 공평배분 세대 간, 세대 내, 종간 형평성
신중성	비가역성, 생태계 영향, 신기술의 부작용 등을 고려하는 정치적, 사회적, 기술적 결정 과정 보호와 예방
안전성	물리적 안전만이 아니라 인권이나 참여 권한의 침해 등 포괄 높은 삶의 질(미래세대)

출처: Gladwin

포괄성은 시간상으로는 현세대를 넘어 미래세대까지 확장하여 고려하는 것이며, 공간적으로는 지역이나 국가를 넘어 지구 차원까지 고려하는 것이다.

연계성은 상호의존성과 포용, 그리고 경제·사회·환경을 통합적으로 고려하는 것을 나타내는 것이다. 경제·사회·환경뿐 아니라 현세대와 미래세대, 자연생태계가 연결되어 있으며 연결된 주체 및 분야에서 시너지 효과를 내는 것을 지향한다.

형평성은 세대 간, 세대 내, 생물종 간(인간과 다른 생물종)의 정의와 공평함을 의미한다.

신중성은 보호와 예방의 원칙을 중심으로 비가역성, 생태계 영향, 새로운 기술의 부작용 등을 고려하는 정치적, 사회적, 기술적 결정 과정이다.

안전성은 물리적 안전뿐 아니라 인권이나 민주적 참여 권한 등 권리의 침해

방지도 포함한다.

3 유엔 지속가능발전목표

2015년 UN 총회에서 2030년까지 달성하기로 결의한 의제인 지속가능발전목표(Sustainable Development Goals: SDGs)는 기존 새천년개발목표(Millennium Development Goals: MDGs)가 추구하던 빈곤퇴치에서 나아가 환경, 사회발전, 사회적 불평등, 경제발전 등을 고루 포함하고 있다.

[그림 3-4] 17개 지속가능발전목표(UN SDGs), UN

UN SDGs 2030은 17개의 목표(Goals)와 169개의 세부목표(Targets)로 구성되어 있다. 169개 세부목표는 목표달성을 위한 전략이라고 볼 수 있는데, 193개국이 모두 참여한 것이라 17개 목표별로 각국의 발전 단계에 따른 세부목표가 서로 다를 수 있다.

SDGs의 목표연도는 2030년이며, 2016부터 2030년까지 각국은 매년 7월 유엔에 SDGs 이행상황을 보고해야 하며, 4년에 한 번씩은 각국 정상회담을 통해 이행체계를 점검하기로 되어 있다. 이를 위해 232여 개의 평가지표(Indicators)를 마련하고 있다. 지금까지 2019년 문재인 대통령이 참석한 첫 번째 SDGs 유엔정상회의와 2023년 윤석열 대통령이 참석한 두 번째 정상회의가 열렸다.

SDGs는 사람, 번영, 지구환경, 평화, 파트너십의 5P(people, prosperity, planet, peace, partnership)로 구분하여 구성하고 있다.

[그림 3-5] SDGs의 다섯 가지 구성요소

출처 : KOICA, KoFID, 2016

〈표 3-2〉 UN 지속가능발전목표(SDGs) 내용

구분	UN 지속가능발전목표	주요 내용
Goal 1.	No Poverty	모든 국가에서 모든 형태의 빈곤 종식
Goal 2.	Zero Hunger	기아의 종식, 식량안보 확보, 영양상태 개선 및 지속가능 농업 증진
Goal 3.	Good Health and Well-being	모든 사람의 건강한 삶을 보장하고 웰빙을 증진
Goal 4.	Quality Education	모든 사람을 위한 포용적이고 형평성 있는 양질의 교육 보장 및 평생교육 기회 증진
Goal 5.	Gender Equality	성평등 달성 및 여성·여아의 역량 강화
Goal 6.	Clean water and Sanitation	모두를 위한 식수와 위생시설 접근성 및 지속가능한 관리 확립
Goal 7.	Affordable and Clean energy	모두에게 지속가능한 에너지 보장
Goal 8.	Decent Work and Economic Growth	지속적·포괄적·지속가능한 경제성장 및 생산적 완전고용과 양질의 일자리 증진
Goal 9.	Industry, Innovation and Infrastructure	건실한 인프라구축(빈칸삭제), 포용적이고 지속가능한 산업화 진흥 및 혁신
Goal 10.	Reduced Inequalities	국가 내·국가 간 불평등 완화
Goal 11.	Sustainable cities and Communities	포용적인·안전한·회복력 있는·지속가능한 도시와 거주지 조성
Goal 12.	Responsible Consumption and Production	지속가능한 소비 및 생산 패턴 확립
Goal 13.	Climate Action	기후변화와 그 영향을 대처하는 긴급 조치 시행
Goal 14.	Life Below Water	지속가능발전을 위한 해양·바다·해양자원 보존과 지속가능한 사용
Goal 15.	Life on Land	육지생태계 보호와 복구 및 지속가능한 수준에서의 사용 증진 및 산림의 지속가능한 관리, 사막화 대처, 토지 황폐화 중단 및 회복, 생물다양성 손실 중단
Goal 16.	Peace, Justice and Strong Institution	지속가능발전을 위한 평화적이고 포괄적인 사회 증진과 모두가 접근할 수 있는 사법제도, 모든 수준에서 효과적·책무성 있는·포용적인 제도 구축
Goal 17.	Partnership for the Goals	이행수단 강화 및 지속가능발전을 위한 글로벌 파트너십 재활성화

출처: UN.

4 전환을 위한 전략 제안

유엔에서 발간한 2023 글로벌 지속가능발전보고서는 세계적 관점에서 SDGs를 향한 전환을 위한 6개의 진입 지점(Entry points)과 5개의 이행수단(Levers)을 제안하였다. 2019년에 비해 이행수단에 '역량강화'을 추가하였다. 이들 진입 지점은 개별 목표나 세부 목표로의 진입이 아니라 기본 시스템으로 진입을 의미하며, 동시에 이들 진입 지점들에 내재한 상호연계성을 고려하고 있다. 2023년 글로벌 지속가능발전 보고서에서 세계는 SDGs 실현을 위한 궤도에 진입하지 못한 상태이며, 기후변화 대응전략의 목적으로 탄소제로 기술 적용 등 일부 진전이 있기는 했다고 평가한다. 또한, 코로나19, 인플레이션, 생활비 상승, 분쟁과 자연재해 등 각종 위기가 동시에 발생하여 여러 분야에서 진전이 보이지 않고 있다.

〈표 3-3〉 6개의 진입지점

- 사회복지와 역량강화(Human well-being and capabilities)
- 지속가능하고 공정한 경제(Sustainable and just economy)
- 푸드시스템과 영양 패턴(Food systems and nutrition pattern)
- 에너지 탈탄소와 보편적 접근(Energy decarbonization with universal access)
- 도시와 교외의 발전(Urban and peri-urban development)
- 지구환경(Global environmental commons)

출처: 2023 글로벌 지속가능발전보고서(GSDR), UN

5개의 이행수단(Levers)은 웰빙의 달성과 사회환경적 비용 사이의 균형을 위해 진입 지점에 적용할 수 있는 수단이다.

〈표 3-4〉 5개의 이행수단

- 거버넌스(Governance)
- 경제와 금융(Economy and finance)
- 개인적, 집단적 행동(Individual and collective action)
- 과학과 기술(Science and technology)
- 역량강화(Capacity Building)

출처: 2023 글로벌 지속가능발전보고서(GSDR), UN

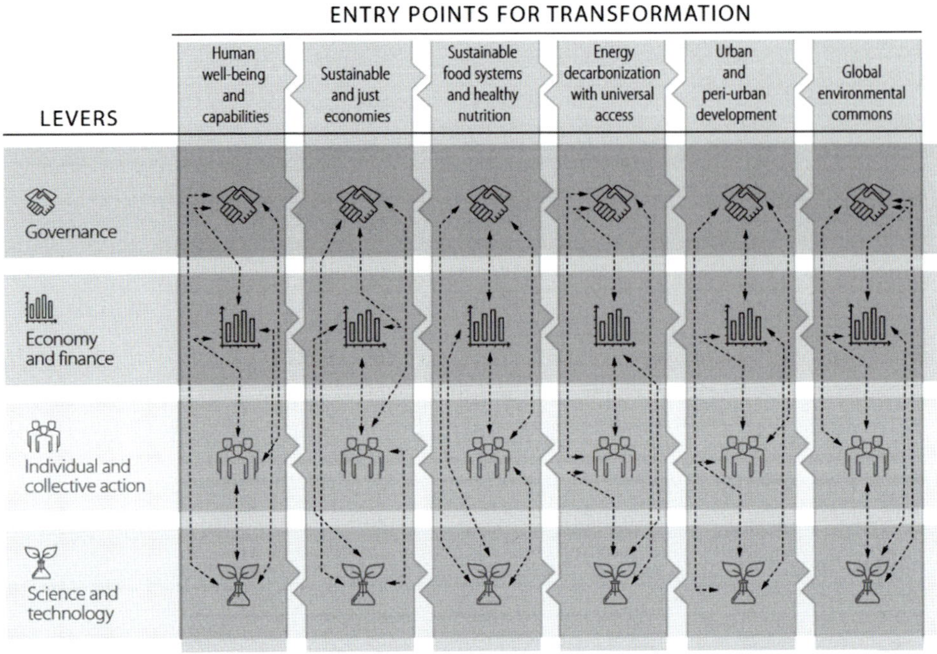

[그림 3-6] SDGs를 향한 6개의 진입지점(Entry points)과 5개의 이행수단(Levers)

출처: 2023 글로벌 지속가능발전보고서(GSDR), UN.

04
CHAPTER

한국 SDGs 추진현황

1 중앙정부의 지속가능발전 추진현황

1) 문민정부

1992년 유엔 리우회의에서 의제21을 채택한 이후 우리나라도 본격적인 후속 대책 추진에 나선다. 정부는 1994년 경제기획원이 주관하고 국무총리가 주재하는 '지구환경관계장관대책회의'를 개최하여 리우회의 후속조치로서 「의제21 국가실천계획」을 작성하기로 한다.

후속조치가 논의되는 과정에서 1996년 3월 21일 김영삼 대통령은 우리나라 환경사에서 획기적이라고 평가할 '환경대통령'을 선언하며 「녹색환경국가 건설」을 발표했다. 김 대통령은 "나는 세계적으로 모범이 되는 '녹색 환경의 나라'를 만드는 데 솔선수범하는 '환경대통령'이 될 것을 엄숙히 선언한다"라고 천명했다. 김 대통령은 "21세기는 '환경의 세기'가 될 것이며 환경의 세기에 한 나라의 환경보존 수준은 바로 그 나라의 국가경쟁력과 삶의 질을 평가하는 잣대가 될 것"이라면서 "우리나라가 21세기 세계중심에 선 일류국가가 되려면 우선 환경모범국가가 돼야 한다"고 강조했다. 특히 김 대통령은 "지구 환경시대에 모범이 되는 환경공동체의 건설은 삶의 질을 높이는데 가장 핵심적 과제"라고 전제하고 5대 원칙과 시책을 밝혔다.

녹색환경국가 건설 선언(1996.3.21.)

- 비전
  - 지구환경시대에 모범이 되는 환경공동체의 건설
  - * 환경공동체: 자연과 인간의 조화와 연대를 회복하여 쾌적하고 안전한 환경 속에서 높은 삶의 질을 누리는 공동체

- 5대 원칙
  - 정부수범
  - 환경과 경제의 통합

- 공동책임과 생활속의 실천
- 사전예방 및 오염자 부담
- 남북한 환경협력과 전지구적 공동노력

• 7대 기본시책
- 생산과 소비의 녹색화
- 환경자치체제 확대
- 환경교육 강화
- 환경기준 선진화
- 환경기초시설 완비
- 환경관리기능강화
- 환경외교 강화

출처 : 녹색환경국가 건설 선언 대통령 연설문

정부는 1996년 관련부처가 지속가능발전 정책으로 시행 또는 계획 중인 정책을 취합하여 「의제21 국가실천계획」을 국무회의 의결을 거쳐 발표하였다. 이 계획은 국내에서 처음으로 마련한 지속가능발전 관련 계획으로 리우회의 이후 5년 동안의 성과를 점검하는 1997년 소위 '리우+5 회의'를 대비해 국가실천계획으로 작성하여 UN에 제출한 것이었다. 이 보고서는 구체적인 실행방안, 실행을 점검할 추진체계나 평가체계 등 면에서 미흡한 수준이었고 이것은 당시 국제적인 지속가능발전 논의 수준을 반영한 측면이 있으며, 우리나라뿐만 아니라 대부분 국가가 비슷한 형편이었다.

그런데도 환경단체를 중심으로 시민사회단체들은 전국적으로 리우회의의 결과를 확산시키기 위한 실천활동을 꾸준히 전개하면서, 지속가능발전에 대한 우리 사회의 이해를 넓히는 노력을 계속해왔다. 그러한 노력의 결과로 우리나라에서 국가 정책에 실질적으로 지속가능발전 정책을 도입하기 시작한 것은 2000년대에 들어서라고 할 수 있다.

2) 국민의 정부

2000년 6월 5일 환경의 날에 김대중 대통령은 인간과 자연이 더불어 사는 생명공동체(生命共同體) 구현이라는 목표로 「새 천년 국가환경 비전」을 선언하였다. 특히 환경보전과 개발이 조화되는 「환경적으로 건전하고 지속가능한 발전」 전략을 기반으로 새천년에 걸 맞는 선진 환경정책 패러다임(Paradigm)을 제시했다. 이때 경제 5단체의 지속가능한 발전을 위한 경제계 환경경영헌장, 시민·환경단체의 민간환경선언 2000도 함께 발표되었다. 「새 천년 국가환경 비전」 선언은 2000년 9월 대통령소속 지속가능발전위원회(이하 지속위) 출범으로 구체화하여 우리나라의 지속가능발전 제도화를 시작하는 중요한 계기가 되었다.

이후 「새 천년 국가환경비전」을 구체적으로 정책에 반영하기 위하여 재정경제부·건설교통부 등 관계부처와 협의, 추진계획을 마련하였고, 국가환경비전 추진계획은 당시 국민의 정부 제2기 국정운영 과제로 확정·추진되었다.

지속위의 출범은 그동안 명확한 주체가 없이 수립 추진되었던 의제21 실천계획 수립 등 지속가능한 국가발전에 관한 업무를 대통령령에 근거하여 지속위가 총괄하여 맡게 되었다는 것을 의미한다. 법령에 따라 체계적인 대응과 준비를 할 수 있도록 제도를 갖추기 시작한 것이다. 이로써 우리나라의 지속가능발전은 본격적으로 체계적인 논의와 실천이 진행되는 궤도에 들어서게 된 것이다.

새 천년 국가환경 비전 선언(2000.6.5.)

- 비전
  - 인간과 자연이 더불어 사는 생명공동체(生命共同體)

- 4대 원칙
  - 사후처리에서 사전예방 중심으로 전환
  - 시장경제와 민주주의에 입각한 환경행정
  - 환경정책과 경제정책의 통합운영
  - 지구환경 보전을 위한 공동노력

• 7대 정책부문
- 환경윤리 정착 및 환경교육 강화
- 경제·산업 부문의 녹색화
- 환경친화적·계획적인 국토관리
- 기초생활환경 개선기반 확립
- 환경과학기술의 발전
- 지구환경보전에 적극 참여
- 녹색정부체계의 구현

출처: 환경부

국민의 정부에서 출범한 제1기 지속위는 「의제21 국가실천계획」을 보완하고 국가의 지속가능한 발전을 위하여 실질적인 목표와 정책방향을 제시할 수 있는 전략을 우선적으로 마련하기로 하였다. 이에 따라 2000년 12월, '국가지속가능발전전략 수립'을 장기 정책과제로 선정하였고, 2002년 9월 '10개 정책분야별 국가지속가능발전전략'으로 정리되어 확정하였다. 이 국가전략은 사회분야가 빠져있어 '국가지속가능발전전략'이란 명칭이 아닌 '10개 정책분야'에 국한된 미완의 전략이라는 한계를 갖고 있었다.

3) 참여정부

2003년 2월 출범한 참여정부는 대통령직 인수위원회에서 '지속가능한 발전과 쾌적한 환경조성'을 향후 정부가 추진해야 할 중요한 과제로 선정하고, 참여정부 출범과 함께 100대 국정과제의 하나로 '지속가능발전전략 수립'을 포함하여 지속위에 과제수행 임무를 부여하였다.

노무현 대통령은 2005년 2월 시대적 요청과 국내외의 요구를 고려하여 '국가지속가능발전 비전' 선언 준비를 지시하였다. 지속위는 비전에서 제시할 정책내용과 연설문에 대한 사전토론 및 협의를 여러 형태로 진행하였다. 우선 '지속가능발전 비전선언'을 위한 연구팀을 구성하고, 연설문 초안에 대한 환경단체의 의견수렴, 지속위 자문회의, 부처 쟁점사항 조정 등을 거쳐 2005년 6월 1일 국정과제조정회의에서 대통령에게 보고되었다. 이렇게 확정된 "경제 · 사회 · 환경이 균형 있게 발전하는 선진국가"를 향한 '국가지속가능발전 비전'은 6월 4일 대통령이 선언하였고, 자연자원의 지속가능한 관리 등 4대 정책목표와 개발 · 보전의 통합적 국토관리, 환경친화적 경제구조 정착 등 9개 핵심 정책과제와 함께 제시하였다.

국가지속가능발전비전 선언(2005.6.4.)

- 비전
  - 경제와 사회, 환경이 균형있게 발전하는 선진국가

- 4대 정책목표
  - 자연자원의 지속가능한 관리
  - 참여와 대화를 통한 사회통합
  - 지속가능한 경제발전과 삶의 질 향상
  - 기후변화 대응과 지구환경 보전

- 9대 핵심정책
  - 개발과 보전의 통합성 강화
  - 맑은 물의 안정적 공급
  - 연안·해양의 통합관리
  - 갈등관리체계 구축
  - 편리하고 쾌적한 교통
  - 환경친화적 조세체계 전환
  - 지속가능한 소비와 생산
  - 기후변화 대응과 에너지
  - 지속가능발전을 위한 대외협력

출처: 대통령자문 지속가능발전위원회

정부는 국가지속가능발전 비전선언의 후속조치로 2006년 10월 국무회의를 거쳐 최초의 [국가지속가능발전전략 및 이행계획 '06~'10]을 수립하고 국가지속가능성지표를 확정하였다. 제1차 국가지속가능발전전략 및 이행계획은 국가지속가능발전 비전을 구체화하고 실천하기 위하여 관계부처와 함께 지속가능발전 이행과제를 마련한 것이다. 중앙정부 22개 부처가 공동 참여하여 5대 핵심

정책분야, 48개 이행과제, 229개 세부과제를 수립·확정하였다.

또한, 우리나라의 지속가능발전 정도를 평가하기 위하여 2006년 10월 3개 분야별 77개 '국가지속가능성지표(Sustainable Development Indicator)'를 확정하였다.

지속가능발전 추진을 시스템으로 안착시키기 위하여 오랜 논의와 사회적 합의를 거쳐 2007년 8월 지속가능발전 기본법을 제정하여 제도를 완성했다.

4) 이명박 정부

이명박 정부에서는 2008년 8월 15일 광복절 경축사를 통해 새로운 60년 비전의 하나로 저탄소 녹색성장을 제시하였다. 이명박 대통령은 "우리가 처음 자동차를 만들 때 선진국과의 기술격차는 50년 이상 길었고 반도체는 20년 이상이었지만 지금 한국은 자동차 세계 5위-반도체 1위의 기술국가로 성장했으므로, 먼저 행동에 나선다면 녹색성장을 이끌고 새 문명을 주도할 수 있다"라고 밝혔다. 녹색성장을 통해 다음 세대가 10년, 20년 먹고 살 거리를 만들어내겠다는 것이다. 이를 위해 이 대통령은 "5% 남짓한 에너지 자주개발률을 임기 중에 18%, 2050년에는 50% 이상으로 끌어올려 에너지 안보를 다지겠다"라고 했다. 아울러 "신재생 에너지 사용비율도 현재의 2%에서 2030년에는 11% 이상, 2050년에는 20% 이상으로 높이겠다"라고 밝혔다. 이와 더불어 "연구개발 투자를 2배 이상 확대하여, 2020년이면 3000조 원에 달할 녹색기술 시장의 선도국이 되겠다"라고 주장했다.

정부는 2009년 7월 녹색성장 국가전략과 제1차 녹색성장 5개년 계획을 수립하였다. 국가전략은 장기('09~'50)전략으로 비전, 3대 전략, 10대 정책방향, 50대 실천과제를 제시하였고, 국가전략 실행을 위한 중기('09~'13)전략으로 387개 세부과제로 구성하였다.

녹색성장을 안정적으로 뒷받침하기 위하여 2010년 1월 저탄소녹색성장기본법을 제정하고, 지속가능발전기본법은 지속가능발전법으로 개정하였다. 이에 따라 지속가능발전 기본계획 수립근거, 기본원칙 등 주요 조문은 녹색성장법으로 이관하고, 지속위 위상이 대통령소속에서 환경부장관소속 위원회로 변경되었다.

지속가능발전기본법을 지속가능발전법, 즉 기본법에서 일반법으로 개정하면서 녹색성장을 지속가능발전보다 상위 개념으로 두는 법률 위계의 역전을 둘러싼 논란이 일었다. 이러한 오랜 논란은 결국 [지속가능발전을 위한 핵심 키워드 녹색성장]이라는 관계로 정리되었다. 그러나 법률체계는 여전히 역전된 상태로 남아있어, 지속가능발전법이 아닌 저탄소녹색성장기본법에 따라 제2차 국가지속가능발전기본계획('11~'15)을 수립하였다. 제2차 기본계획은 4개 전략, 25개 이행과제, 48개 세부 이행과제로 구성되었다.

5) 박근혜 정부

박근혜 정부에서는 2015년 제3차 국가지속가능발전기본계획('16~'35)을 수립하였으며, 지속가능발전목표 이행에 대한 1차 자발적 국가보고서(Voluntary National Reviews: VNRs)를 UN에 제출하였다. 유엔의 지속가능발전목표 이행과 모니터링은 각국의 자발적 국가보고서에 기반한다. 이를 토대로 매년 유엔경제사회이사회(UNECOSOC)가 주최하는 '유엔고위급정치포럼(High-Level Political Forum: HLPF)'이 검토하고 있다. 유엔 경제사회국(UN DESA)는 2016년~2021년까지 제출된 총 247건의 VNR을 검토하여 우수사례집을 2022년 발간했다. OECD 국가들은 한국과 미국을 제외하고 대부분 2회 이상 제출했다. 참고로 북한은 2021년 1차 VNR을 제출하였다.

정부의 움직임이 눈에 띄지 않았지만, 제19대 국회는 지속가능발전특별위원회를 설치하여 운영하였다. 국회 지속가능발전특별위원회는 지속가능발전기본법의 복원에 원칙적으로 합의하며, 지속가능발전과 녹색성장의 법률 통합 필요성에 공감하였다. 그러나 1년 만에 특위 활동을 종결하면서 큰 성과를 내지 못하고 마무리하였다.

6) 문재인 정부

문재인 정부에서는 국정과제로 지속가능발전위원회 위상 강화를 제시하였다. 이에 따라 경제, 사회 전반의 지속가능성 제고 등 범정부 콘트롤타워 임무를 수행하기 위한 지속가능발전기본법 복원을 추진하였다.

아울러 UN SDGs에 따라 한국형 SDGs 수립 이행을 추진하였다. 지속가능발전기본법의 복원이 지체되면서 우선 행정계획인 제3차 국가지속가능발전기본계획('16~'35)을 변경하는 방법으로 국가지속가능발전목표(K-SDGs)를 수립하였다. K-SDGs의 법적 공식 명칭이 '제3차 국가지속가능발전기본계획('16~'35) 변경계획'인 이유다. 국가지속가능발전목표는 23개 관계부처가 참여하고, 민관학 공동작업반을 운영하면서 이해관계자 그룹과 사회적 공론화를 진행하면서 추진하였다. 17개 목표, 122개 세부목표, 214개 지표를 도출하였다.

정부는 제3차 기본계획 후 5년이 경과함에 따라 저탄소녹색성장기본법 제50조 제1항에 근거하여 K-SDGs를 토대로 2020년 12월 제4차 국가지속가능발전기본계획을 수립하였다. 2019년 집중포럼, 대토론회 등 사회적 공론화를 진행하였으며, 목표부합성, 측정가능성 등에 대해 심층 검토를 통해 17개 목표, 119개 세부목표, 236개 지표를 갖췄다.

구분	세부목표	지표	비고
UN SDGs(2016~2030)	169	232(중복제외)	
3차 국가지속가능발전기본계획 변경계획(2015~2035)	122	214	
제4차 국가지속가능발전기본계획(2021~2040)	119	236	

*1차~2차 국가전략 및 계획은 2012년 WSSD 계획에 따른 체계로 구성이 다름
*2022년 7월부터 국가지속가능발전기본전략이 명칭 변경

출처: 제3차 국가지속가능발전기본계획 변경계획(2018) 및 제4차 기본계획(2020)

비전	포용과 혁신을 통한 지속가능 국가 실현			
전략	**사람** 사람이 사람답게 살 수 있는 포용사회	**번영** 혁신적 성장을 통한 국민의 삶의 질 향상	**환경** 미래 세대가 함께 누리는 깨끗한 환경	**평화·협력** 지구촌 평화와 협력 강화
K-SDGs 17개 목표	[목표1] 빈곤층 감소와 사회안전망 강화 [목표2] 식량안보 및 지속 가능한 농업 강화 [목표3] 건강하고 행복한 삶 보장 [목표4] 모두를 위한 양질의 교육 [목표5] 성평등 보장 [목표11] 지속가능한 도시와 주거지	[목표8] 좋은 일자리 확대와 경제성장 [목표9] 산업의 성장과 혁신 활성화 및 사회기반시설 구축 [목표10] 모든 종류의 불평등 해소 [목표12] 지속가능한 생산과 소비	[목표6] 건강하고 안전한 물관리 [목표7] 에너지의 친환경적 생산과 소비 [목표13] 기후변화와 대응 [목표14] 해양생태계 보전 [목표15] 육상생태계 보전	[목표16] 평화·정의·포용 [목표17] 지구촌 협력 강화

출처: 제4차 국가지속가능발전기본계획(2020)

정부는 2021년 9월 기후위기대응을 위한 탄소중립·녹색성장기본법을 제정하고, 2022년 1월 지속가능발전기본법을 다시 제정함으로써 지속가능발전의 확산을 위한 가장 중요한 두 개 법률을 완비하였다. 두 법률의 실질적 시행은 다음 정부로 넘어갔다.

7) 윤석열 정부

2022년 5월 출범한 윤석열 정부는 2022년 7월 지속가능발전기본법을 시행하면서 지속가능발전 업무를 기존의 환경부에서 국무조정실로 이관하였다. 또한, 지속위를 대통령소속으로 격상하였다. 2023년 제1차 국가탄소중립녹색성장기본계획을 수립하였으며, 2024년부터 지속가능발전목표에 관한 제2차 자발적 국가보고서 제출을 추진할 것으로 전망된다. 2026년부터 시행할 제5차 국가지속가능발전기본전략 구상을 준비할 예정이다.

〈표 4-1〉 정부별 지속가능발전 주요 정책

정부수반	주요 선언	주요 조치
김영삼 대통령	녹색환경국가건설 선언 환경대통령 선언(1996)	총 4부 40장의 「의제21」 국가실천계획 작성 및 UN제출
김대중 대통령	새천년 국가환경비전 선언 (2000)	대통령소속 지속가능발전위원회 출범
노무현 대통령	국가지속가능발전비전 선언 (2005)	지속가능발전기본법 제정 제1차 국가지속가능발전전략 및 이행계획 수립('06~'10), 국가지속가능발전지표 확정 UNOSD 설치 추진
이명박 대통령	저탄소녹색성장 선언 (2008)	저탄소녹색성장기본법 제정 UNOOSD 설립(인천) 녹색성장국가전략('09~'50) 및 제1차 녹색성장5개년 수립('09~'13) 제2차 국가지속가능발전기본계획 및 이행계획 수립('16~'35)
박근혜 대통령	자발적 국가보고서 UN제출(2016)	제3차 국가지속가능발전 기본계획수립('16~'35) * 국회 지속가능발전특별위원회: 지속법의 기본법 복원과 지속가능발전-녹색성장법 통합 필요성에 동의
문재인 대통령	국가지속가능발전목표 수립 (2018)	국가지속가능발전목표(K-SDGs, 제3차 계획의 변경계획) 최초 수립(2018) 국가지속가능발전목표(K-SDGs, 제4차 계획) 수립('21~'40) 탄소중립기본법 제정(2021.9) 및 지속가능발전기본법 제정(복원)(2022.1)
윤석열 대통령	지속가능발전기본법 시행 (2022)	지속가능발전기본법 시행(2022.7) 국가지속가능발전위원회 대통령소속으로 격상 지속가능발전 업무를 환경부에서 국무조정실로 이관 제1차 탄소중립녹색성장기본계획 수립(2023)

출처: 자체정리.

8) 국가지속가능성보고서

정부는 지속가능발전법에 따라서 2년마다 지속가능성을 평가하여 국가지속가능성보고서를 발간하였다. 최근에는 2020년, 2022년 보고서를 발간하였다. 정부의 지속가능성보고서는 지속가능발전목표와 추진계획에 대하여 지표평가와 추진현황을 점검하는 것이다. 정확히는 지속가능발전기본전략 및 추진계획에 대한 이행점검보고서의 성격이다. ESG 중심의 기업 지속가능성보고서와 성격이 다른 점이다.

2020년 국가지속가능성 평가를 요약하면 214개 지표 중 공식통계 활용 가능한 99개 지표에 대한 정량평가를 시행하였다. K-SDGs 수립 시 시민사회단체의 의견을 수렴하여 미래 지향적인 목표 관리를 위하여 물질발자국, 1인당 플라스틱 소비량 등 현재 통계자료가 없는 도전적인 지표도 포함했기 때문에 평가대상이 제한적이었다. 평가는 2018년도를 기준년도로 당시 최근 5년간 연평균 성장률을 분석하여, 2030년 목표치 달성 가능성(목표순항도)을 4단계(맑음-맑거나흐림-흐림-뇌우)로 평가하였다.

2022년 국가지속가능성 평가는 K-SDGs 체계(4대 전략, 17개 목표, 119개 세부목표)의 국가지속가능성을 모니터링하기 위한 236개 지표를 검토하였다. 236개 지표 중 국가승인 통계를 이용하여 정량평가가 가능한 155개 지표를 대상으로 지속가능성 평가를 수행하였다. 본 보고서는 2020년 발생한 코로나 19 팬데믹의 영향이 처음으로 드러나는 국가지속가능성 보고서이다. 2022년 기준 최신 5년 가용 통계를 기준으로 연평균 성장률을 분석하여 2040 목표치 달성 가능성에 대한 정량평가를 수행하였다. 2020년과 2022년 보고서의 가장 큰 차이는 목표연도를 2030년에서 2040년으로 바뀐 것이다. 평가결과 요약은 표로 요약하였다.

평가결과	의미	2020년 평가 지표 수 (214개중 99개)	2022년 평가 지표 수 (236개중 155개)
맑음	현 추세면 2030/2040 목표 달성 가능	44(44%)	88(57%)
맑거나 흐림	현 추세로 2030/2040 목표 달성은 곤란하나, 목표방향으로 진행 중	21(21%)	22(14%)
흐림	정체 상태	25(25%)	20(13%)
뇌우	최근 추세가 목표 반대 방향으로 진행	9(9%)	25(16%)

출처: 국가지속가능성보고서(2020, 2022)로 자체정리.

2 지방정부의 지속가능발전 추진현황

1) 지방지속가능발전로드맵

정부는 2005년 국가지속가능발전비전 선포 이후 국가균형발전 등 지역개발 과정에서 예상되는 난개발 문제를 예방하고 원활한 정책 집행을 위하여 사전에 지역의 발전방향을 합의하는 제도와 정책 기반의 조성이 필요하다고 판단하였다.

당시까지 지방의 지속가능발전을 위한 노력이 단기적이고 부분적인 성과에 그치는 한계가 있었던 만큼 지방의 지속가능발전로드맵 마련을 통해 체계적이고 종합적으로 추진할 필요가 있었다.

이에 따라 지방의 지속가능발전로드맵 기본구상 준비 회의를 거쳐 각계 전문가 등으로 '지방지속가능발전 로드맵' TF팀을 구성하여 2006년 5월부터 1년간 활동하였다.

'지방지속가능발전 로드맵(안)'을 마련하여 공론화를 진행하였다. 지역단체·지방공무원 간담회 및 지방의제21추진기구 전국 총·처장 회의('06.8), 지속가능발전강원대회('06.9.6) 등에서 공론화를 진행했다. 이후에도 지방의제21전국대회 심포지움(전남 순천, '06.10), 전문가 및 전국 지방의제21 사무국장단 간담회('06.11), 관계부처 의견수렴('06.11~12) 및 광역지방자치단체 정책기획관 의견수렴('06.12) 등 중앙부처, 지방자치단체, 시민사회, 학계 등 공론화를 거쳤다.

이를 통해 비전과 추진전략은 다음과 같이 마련하여 대통령에게 보고하고 후속조치를 진행하였다. 이 로드맵으로 2012년(리우+20년)까지 모든 지방자치단체로 지속가능발전을 확산하기로 했으나, 2024년 현재까지 진행중에 있다. 2022년 지속가능발전기본법이 다시 제정(복원)되면서 전국 지자체에 빠르게 확산하고 있다.

지방지속가능발전로드맵(2006)

- **비전: 분권과 자율에 기반한 지방의 지속가능발전 실현**
- **추진전략**
  - 지방 지속가능발전을 위한 비전과 전략 수립 유도
  - 지방의 지속가능발전 추진을 위한 법·제도적 토대 마련
  - 선도 지자체 선정·육성을 통한 지원 및 단계적 확산
- **4대 분야 7대 중점 과제**

4대 분야	7대 중점 과제
Ⅰ. 비전 확립	1. 지방지속가능발전 비전선언 및 협약 체결
	2. 지방지속가능발전 기본전략 수립
Ⅱ. 추진 체계 구축	3. 지속가능발전 기본조례 제정 및 지속위 설치·운영 강화
	4. 지속가능발전을 위한 지방행정 혁신
Ⅲ. 실천 역량 강화	5. 지속가능발전 선도지자체 선정 및 육성
	6. 지방의 지속가능발전 교육 내실화
Ⅳ. 평가 체계 운영	7. 지방지속가능발전 지표개발 및 평가체계 구축

출처: 지방지속가능발전로드맵 대통령 보고자료, 2006.

2) 지속가능발전기본법 재제정 이후 지방정부의 제도화

2022년 7월 지속가능발전기본법(이하 기본법)의 재시행에 따라 2024년 2월 1일 기준으로 전국 243개 지방정부(광역 17, 기초 226) 중에서 199개 지방정부에

서 지속가능발전기본조례를 제정하였다. 전국 지방정부의 82%에 이른다. 구체적으로 보면 광역지방정부는 마지막 남았던 울산광역시가 2023년 11월 30일자로 제정함으로써 17곳 모두 완비하였고, 기초지방정부는 226개 중에서 182곳에서 제정하여 81%를 넘어섰다.

〈표 4-2〉 지방정부 지속가능발전 기본조례 제정 현황

전국 지방정부	지속가능발전 기본조례 제정	지속가능발전 기본조례 미제정
243개	199개(광역 17, 기초 182)	44개
100%	82%	18%

출처: 법제처, 국가법령정보센터(2024.2.1. 기준)

기본조례를 제정한 지방정부 중에서 80%는 2022년 7월 기본법이 재시행된 이후였다.

〈표 4-3〉 지속가능발전 기본법 재시행 전후 기본조례 제정 현황

제정 지방정부	기본법 재시행 이전(2022.7. 이전)	기본법 재시행 이후(2022.7 이후)
199개	40개	159개
100%	20%	80%

출처: 법제처, 국가법령정보센터(2024.2.1. 기준)

지방정부에서 지속가능발전을 담당하는 소관부서는 주로 기획(예산)담당부서, 미래전략부서, 환경부서, 기타부서(소통, 행정지원, 평가 등)로 구분할 수 있다. 199개 지방정부 중에서 대다수인 83%(165곳)는 기획(예산)부서에서 담당하고, 8%는 환경부서에서, 기타 미래전략부서와 소통, 행정지원부서에서 담당하고 있는 것으로 나타났다. 현재 담당부서 이관작업을 진행 중인 곳을 포함하면 2025년 이후에는 90% 이상이 기획(예산)부서에서 담당할 것으로 전망한다.

중앙정부는 최초로 기본법을 제정하면서 경제, 사회, 환경정책을 조정하여 지속가능발전 정책과 비전을 만들어가야 한다는 취지에서 기획(예산)부서가 주관할 것을 권장하였다. 다만, 획일적으로 기획예산부서로 정하기보다는 지역의 상황과 여건을 고려하여 지역사회 내에서 합의를 존중한다는 입장이었다.

〈표 4-4〉 지방정부 지속가능발전 담당 부서 분석 현황

지방정부 계	기획부서	미래전략부서	환경부서	기타(소통, 행정지원 등)
199개	165개	7개	16개	11개
100.0%	83%	4%	8%	6%

분석자료: 199개 지방정부 기본조례 소관부서(2024.2.1. 기준)

3) 제도화에 따른 지방정부의 역할

기본법과 기본조례에 따라서 지방정부의 역할은 명확하다. 20년을 단위로 5년마다 지방의 기본전략과 추진계획을 수립하고, 평가지표를 설정하여 2년마다 평가하고, 조례와 행정계획의 지속가능성을 검토하는 것이다. 중요한 것은 이러한 과정을 기존의 방식, 즉 일부 소수의 전문가나 이해관계자들이 추진하는 것을 방지하기 위하여 숙의공론화장을 법률에 명시했다는 점이다.

기본법을 제정하면서 가장 역점을 둔 것 중의 하나는 제14조(법령 제·개정에 따른 통보 등) 조항이다. 지방기본전략 등은 장기적인 방향과 비전을 담고 있어서 현안 정책과 사업에 직접 영향을 주기는 쉽지 않기 때문이다. 이를 보완하고 지역의 지속가능성을 높이기 위하여 행정계획의 수립과 변경 시, 조례의 제정과 개정시 지속가능성을 저해할 수 있는 부분을 사전에 걸러내기 위한 장치를 둔 것이다. 이는 장기간을 준비하는 지방기본전략에 비해 상대적으로 단기간에 정책효과가 나타나기 때문이다.

1) '지속가능발전 기본법' 시행대비 제1차 시도공무원 워크숍(2007.12.6), 시도공무원을 위한 지속가능발전 업무매뉴얼(2008).

〈표 4-5〉 지속가능발전 기본법상 지방정부의 핵심역할

구분	법조문	주요 내용
제2장 지속가능 발전기본 전략 및 추진계획	제8조(지속가능발전 지방기본전략)	한 세대(20년) 단위로 국가기본전략과 조화를 이루며 5년마다 수립
	제9조(추진계획의 수립·이행)	5년마다 추진계획을 수립 이행 * 지방추진계획을 대통령령에 따라 수립하도록 하고 있음. (이는 1차 기본법 제정시 있었던 오류가 수정되지 않고 다시 제정된 결과임. 다른 조문처럼 "조례에 따라" 수립하도록 하는 것이 맞음)
	제11조(추진상황의 점검)	2년마다 점검
	제14조(법령 제·개정에 따른 통보 등)	지속가능발전에 영향을 주는 법령(지방은 조례) 제정 또는 개정, 중장기행정계획의 수립 또는 변경시 지속위가 지속가능성을 검토 함(통상 30일 기한으로 시행령이나 조례에서 정함)
제3장 지속가능성 평가	제15조(지속가능발전지표 및 지속가능성 평가)	지속가능발전지표 개발 및 보급 2년마다 지속가능성 평가
	제16조(지속가능성보고서)	2년마다 추진계획 점검과 지속가능성 평가를 포함하여 보고서 작성
제4장 지속가능 발전 위원회	제20조(지속가능발전 지방위원회의 구성 등)	지자체장 소속으로 설치하되 세부 운영사항은 조례로 정함. 임의규정으로 두었으나 지속가능발전을 추진하려면 기본전략 등을 심의해야 하므로 사실상 강행규정임
제6장 보칙	제28조(지속가능발전 실천의 교육·홍보)	지속가능발전 교육, 실천, 홍보, 인증제도, 조사연구, 공익광고 등 근거조항
	제29조(국민 의견의 수렴 등)	지속가능발전목표 추진과정에서 다양한 이해관계자들이 참여하는 숙의공론화장 마련 근거

출처: 지속가능발전기본법

4) 광역 지방정부 지속가능발전 추진현황

2023년 11월, 우리나라 17개 광역 지방정부 모두 지속가능발전기본조례 제정을 완료하였기 때문에 지방정부의 지속가능발전 추진도 확산할 전망이다. 일부의 추진사례를 간단히 살펴보면 다음과 같다.

(1) 서울시

지방지속가능발전로드맵을 기반으로 가장 먼저 지속가능발전을 본격적으로 추진한 지방정부는 서울시였다. 서울시는 1992년 리우정상회담 개최 후 1995년

녹색서울시민위원회 설치하였고, 2009년 서울시 지속가능발전 기본조례를 최초로 제정하였다. 그러나 정부가 저탄소녹색성장기본법을 제정함으로써 2011년 서울시 지속가능발전기본조례를 폐지하고 서울시 저탄소녹색성장기본조례를 제정하였다.

2013년 서울시는 서울특별시 지속가능발전위원회 설치운영조례를 제정하여 지속가능발전위원회 설치 등 지속가능한 도시를 구현하기 위하여 선도적인 노력을 기울여왔다. 서울시 제1기 지속가능발전위원회(2013~2015)는 2015년 제1차 서울시 지속가능발전 기본계획을 수립하고 지속가능발전지표 체계에 따라 서울시의 지속가능성을 평가하였다. 이를 바탕으로 2015년 시작한 제2기 서울시 지속가능발전위원회(2015~2017)는 지속가능발전 기본계획의 실질적인 이행 확보를 가장 중요한 과업으로 추진하였다. 이를 위하여 서울시 지속가능발전위원회는 지속가능발전기본조례를 다시 제정하고 지속가능발전기본계획의 실행력을 확보하기 위한 이행계획을 수립한 후, 성과평가와 연계된 평가체계를 구축하였다.

2017년 발표한 '서울지속가능발전목표 2030'은 유엔의 지속가능발전목표 수립 정신을 따라 최대한 시민들의 의견을 반영하는 상향식으로 수립하였다. 서울시의 지속가능발전을 위한 2030년까지의 목표와 세부목표를 제시하였고, 이를 점검하고 성과를 평가하여 서울시의 지속가능발전을 추진하고 있다. 또한, 중장기 행정계획에 대한 지속가능성을 검토하고 있다. 현재는 제2차 서울특별시 지속가능발전기본계획(2020~2024년)이 시행 중이며, 2025년부터는 제3차 서울특별시 지속가능발전기본전략을 시행할 예정이다.

출처: 서울시, 서울지속가능발전목표2030

(2) 충청남도

충청남도는 2018년 1월 전국 광역도 중 처음으로 UNSDGs 체계에 따라 '충남 지속가능발전목표(SDGs) 2030'을 수립하였다. 17개 목표, 62개의 전략과 지속가능발전지표를 담고 2030년을 목표로 3단계로 추진하고 있다. 3명의 도지사를 거치면서도 안정적으로 추진하고 확산하고 있다.

이후 충남 지속가능발전 기본조례를 제정하고, 충남도 지속가능성보고서를 2차례 발간하였다. 2024년 현재, 충남도는 지속가능발전 관련 중장기행정계획 43개와 관련 조례에 대하여 지속가능성 검토를 시행하고 있다. 특히 조례의 제정과 개정시 지속가능성 검토를 시행하는 것은 전국 최초의 사례이기도 하다.

(3) 경상남도

경상남도는 지역전문가, 중간지원조직, 이해관계자 등 56명이 6개 그룹으로 모여 12번의 숙의공론 과정을 거쳐 2022년 상반기에 '경남 지속가능발전기본전략 및 추진계획'을 수립하였다. 17개 목표, 중점이행과제 34개, 중점단위사업 68개를 갖추고, 목표지표 17개, 시군견인지표 17개, 성과지표 140개로 구성하였다. 시군견인지표가 있다는 것이 특이한 부분이다. 이후 민선 8기가 출범 후 수정보완을 거쳐 추진하고 있다.

(4) 광주광역시

광주광역시는 2018년 10월 복지, 여성, 건강, 교육, 에너지, 일자리, 공동체, 환경, 기후변화, 생물다양성, 인권, 거버넌스 등을 주요 목표로 설정하여 '광주 지속가능발전목표(SDGs) 2030 선포식'을 진행하였다. 2030년까지 17개 목표, 66개 세부목표, 104개 지표 구성을 추진하고 있다.

(5) 경기도

경기도는 2016년 경기도 SDGs 지표 우선순위 및 공동사업 선정 시범사업을 진행하였다. 2017년 지표 초안 작성, 의견수렴 과정을 거쳐 17대 목표, 70개 세부목표, 155개 지표를 도출하였다. 2018년 경기도는 17대 목표, 68개 세부목표, 138개 지표를 확정하고 2019년 1월 민관 공동으로 '경기도 지속가능발전목표(G-SDGs)'를 선포하였다.

5) 기초 지방정부 지속가능발전 추진현황

기본법 제정 이전부터 전남 담양군 등은 지속가능발전을 추진해왔으며, 지방로드맵에 따라 본격적으로 시작한 곳은 인천광역시 부평구였다. 이후 서울 도봉구를 비롯하여 수원시, 당진시, 광명시, 원주시 등 전국 대부분의 지방정부들이 활발하게 추진하고 있다. 다만, 기초 지방정부의 경우 법정 사무임에도 불구하고 자치단체장에 따라 정책추진의 영향을 많이 받고 있었다.

(1) 인천 부평구

인천 부평구는 지속가능발전의 방향으로 혁신하는 조직개편과 직급별 부서별 공무원 교육을 통해 2011년 11월 행정의 지속가능발전전략 및 이행계획을 수립하였다.

2012년 1월 부평구는 [지속가능발전위원회 설치 및 운영에 관한 조례]를 제정하였다. 이에 근거하여 거버넌스 구축을 위해 각 분야의 전문가와 시민단체 구성원들을 중심으로 지속가능발전위원회를 구성하여 2012년 3월 20일 전국 227개 기초 지방정부 중 최초로 "지속가능발전 비전 선포식"을 통해 그 의지를 대내외에 공표하였다.

부평구는 지속가능발전을 위해 '더불어 사는 따뜻한 부평 지속가능한 부평'을 비전으로 문화가 함께하는 부평 등 5대 핵심전략과 17개 이행과제, 57개 단위과제, 57개 지속가능발전지표를 선정하여 추진하였다. 2012년부터 최근 2024년까지 매년 지속가능발전이행계획을 수립하고 추진하고 있으며, 2년마다 지속가능성보고서를 작성하고 있다.

(2) 광명시

광명시는 2020년 광명시 지속가능발전기본계획 및 이행계획을 수립하고 비전선포를 하였다. 2022년 UN대학 지속가능발전교육거점도시(RCE) 인증을 획득하였고, 2023년에는 지속가능성 보고서를 작성하면서 시민참여형 지속가능성 평가를 진행하였다. 각계 시민, 지역전문가 등 28명으로 구성된 시민평가단은 4개 그룹으로 나누어 환경, 경제, 사회, 제도 분야에서 집중논의를 거친 후 거버넌스 과정을 통해 평가보고서를 완성하였다.

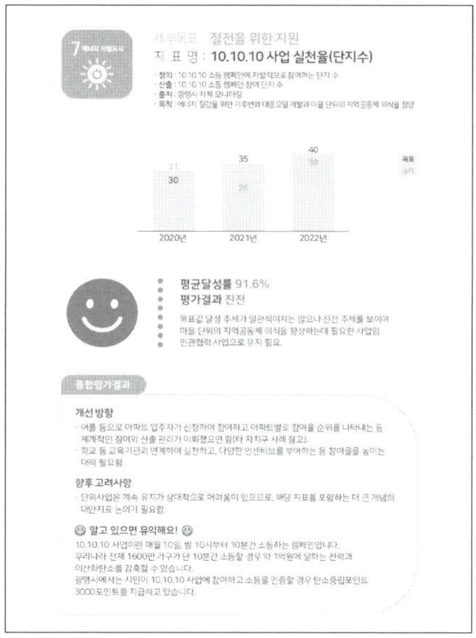

출처: 광명시, 광명시 SDGs 시민평가 보고서, 2023

(3) 당진시

당진시는 2017년 '2035 당진시 지속가능발전 기본계획'을 수립하였다. 2018년 지속가능발전 이행계획 고도화 및 달성도 향상을 위한 평가지표를 구축하였다. 당진시 지속가능발전 기본계획은 17개 목표, 57개 전략, 88개 지표로 구성되었고, 이행계획은 중점과제 108개, 단위사업 112개, 성과지표 124개로 구성하였다. 시민참여형으로 지속가능성보고서를 발간했다.

지속가능발전기본법 재시행 이후 2023년 지속가능발전기본전략 및 추진계획을 재수립하였다. 처음으로 청소년의 참여를 통해 SDGs를 확정했다는 점이 특이한 사항이다.

출처: 당진시, 17개 2035 당진시 지속가능발전목표

(4) 원주시

원주시는 2022년 1월 2040 지속가능발전기본계획을 수립하였다. 각계각층의 지역 리더를 중심으로 시민숙의위원회를 구성하여 연인원 202명이 참여하는 18회의 숙의공론을 펼친 대표적인 사례이다. 17개 목표, 34개 단위사업, 114개 세부사업, 목표지표 17개, 성과지표 125개를 갖추고 있다. 민선 8기가 출범한 이후 2024년 일부를 조정하여 추진하고 있다.

(5) 서울 도봉구, 강북구, 종로구

서울 도봉구는 2015년 행정 전 분야의 지속가능발전 추진을 위한 전담조직을 신설하고 지속가능발전 조례를 제정하였다. 2017년 '사람과 자연이 어우러진 모두가 살고 싶은 도봉'을 비전으로 기후환경 등 5대 전략, 17개 이행과제, 47개 단위과제가 담긴 '제1차 도봉구 지속가능발전 기본계획(2017~2021)'을 수립하고 지속가능발전지표를 설정하였다. 2022년 '제2차 도봉구 지속가능발전 기본계획(2022~2026)'을 수립하여 추진하고 있다. 2021년에는 UN대학 지속가능발전교육거점도시(RCE) 인증을 획득하였다.

서울 강북구는 2018년 주민참여단을 구성하여 지속가능발전위원회, 행정이 참여하여 비전 및 목표를 도출한 사례다. 50개 전략, 93개 이행과제, 327개 단위사업이 담긴 기본전략 및 추진계획을 수립하였다. 2020년 지속가능발전위원회를 중심으로 지속가능발전지표를 확정하였다.

서울 종로구는 2019년 지속가능종로 정책참여단, 지속가능발전위원회, 행정이 참여하여 비전·목표를 도출하고, 지속가능발전목표 17개, 세부목표 55개, 단위사업 169개가 담긴 기본계획 및 이행계획을 수립하였다. 종로구는 지속가능발전목표를 4P(환경, 사회, 경제, 제도·거버넌스) 축으로 배치하였다.

(6) 서울 은평구, 강서구, 구로구 등

서울 은평구는 코로나19 발생 이후 수립한 모델이다. 2020년 은평구 지속가능발전 관련 주요 위원회, 주요 이해관계자 그룹(은평-MGoS), 행정의 참여와 의견수렴을 통해 2030년 지속가능발전을 위한 전환목표를 설정하였다. 은평구 지속가능발전목표(17대)와 중점과제(17개), 단위사업(45개), 성과지표(54개)로 핵심과제 중심으로 구성하였다. 지속가능발전지표로 경제 분야(10개), 사회 분야(10개), 환경 분야(10개), 행정협치 분야(10개) 총 40개 지표를 별도로 작성하였다.

서울 강서구도 코로나19 발생 이후 수립한 모델로 2021년 '2030 강서구 지속가능발전 기본계획'을 수립하였다. 민관산 참여와 숙의공론, 이해관계자의 거버넌스를 통해 목표를 설정하고 전 부서 행정의 참여를 통해 공동의 과제를 도출하였다. 지속가능발전목표 17개, 이행 중점과제 17개, 중점단위사업 34개, 성과지표 45개와 강서지속가능발전지표는 총 40개 지표를 설정하고 있다. 2023년 지속가능성 평가를 진행하였다.

서울 구로구는 지속가능발전기본법이 다시 제정된 이후 2023년 서울에서 처음으로 수립한 사례이다. 17개 SDGs 별로 구의원, 시민사회단체, 중간조직, 주민자치회 등 지역 리더 등 다양한 이해관계자 56명이 5개 그룹으로 숙의공론을 진행하였다. Goal 별로 지속가능발전목표 후보안 3개씩 마련하였고, 2045년의 주역이 될 구로구 아동·청소년위원회의 숙의공론과 의견수렴을 통해 최종안을 마련하였다. 17개 목표, 단위사업 40개, 세부사업 84개, 목표지표 17개, 성과지표 83개로 구성되어 있다.

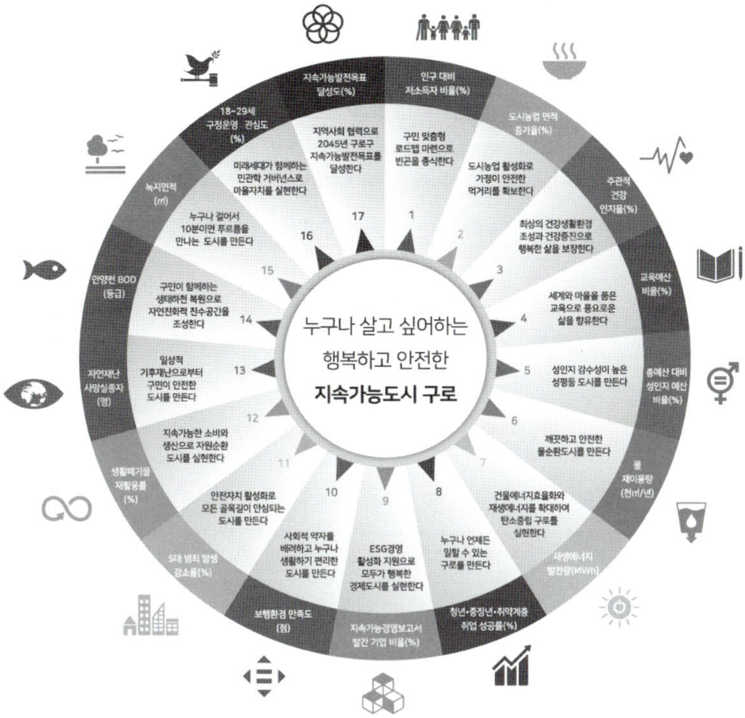

출처 : 서울 구로구 지속가능발전기본전략 및 이행계획(2023)

3 산업계의 지속가능발전 추진현황

지속가능발전을 향한 우리나라 산업계의 노력을 살펴보자.

1990년대 이미 녹색경영, 친환경경영이 확산하고 있었다. 삼성은 1992년 유엔 리우회의를 계기로 '삼성 환경방침'을 선언하며, 1993년 삼성지구환경연구소를 설립하였다. 삼성은 모든 경영활동에 21세기 녹색기업이 되고자 '삼성 녹색경영'을 대내외에 선포하였다. 1995년 포스코는 처음으로 환경보고서를 발간했다.

2000년대 들어서 녹색경영, 환경경영이 지속가능경영으로 확산하였다. 2003년 기아자동차가 사회·환경보고서를 발간하면서 지속가능경영을 보고서에 싣기 시작하였다. 첫 '지속가능경영보고서'는 2004년 삼성SDI가 발간하였다. 이후 주요 대기업들을 중심으로 지속가능경영을 도입하고 지속가능경영보고서를 대거 발간하였다.

2010년대 들어서 잠시 혼란이 생겼다. 정부가 저탄소녹색성장기본법에 '녹색경영'을 명시하였기 때문이다. '지속가능경영'을 다시 '녹색경영'으로 명명하는 일이 있었지만, 국제적인 용어로 정착한 지속가능경영보고서는 확산하고 있었다.

2020년대에는 지속가능경영이 주목을 받으며 ESG 경영으로 구체화하고 확산하고 있다. ESG는 기업을 벗어나 다양한 기관으로 확산하여 정착하고 있는 양상이다.

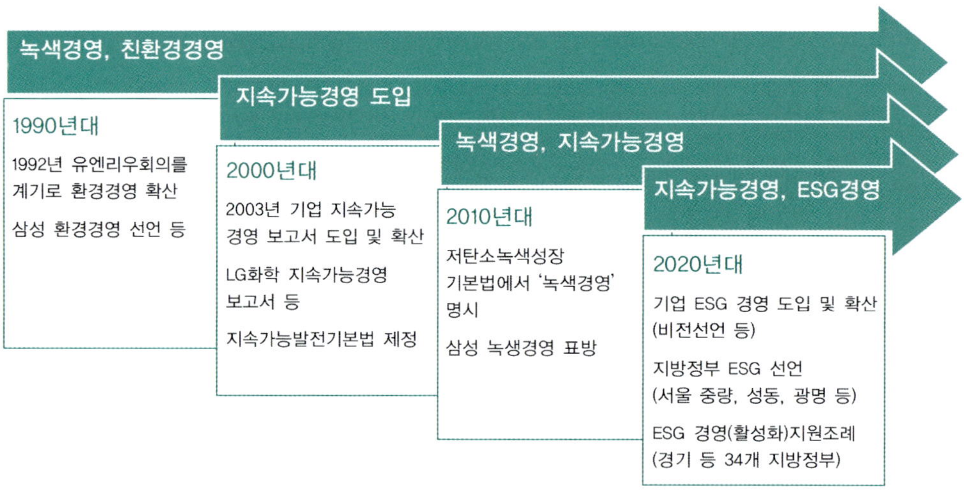

[그림 4-1] 지속가능발전을 위한 우리나라 산업계의 노력

출처: 자체정리

우리나라 산업계에서 지속가능발전을 위한 노력은 크게 2개 갈래로 이루어져 왔다. 대기업 집단으로 구성된 전국경제인연합회(이하 전경련, 현재 한국경제인협회의 전신)를 주축으로 한 지속가능발전기업협의회와 전국적인 종합경제단체를 표방하는 대한상공회의소(이하 대한상의)를 주축으로 한 지속가능경영원 등 두 개 기관의 역사와 함께하고 있다.

1990년대 후반과 2000년대 초반, 시기적으로는 동강댐건설, 새만금 간척사업, 백두대간 개발 등 환경과 경제를 둘러싼 갈등, 보전과 개발을 둘러싼 갈등이

사회적 문제가 되고 있었을 때이다.

정부는 2000년 대통령직속기구로 지속가능발전위원회를 출범시키고, 전경련은 2002년 지속가능발전기업협의회를 설립하였고, 대한상의는 2005년 지속가능경영원을 설립하는 등 지속가능한 사회를 위하여 민관산이 각 섹터에서 노력하였다.

1) 지속가능발전기업협의회(KBCSD)

지속가능발전기업협의회(Korea Business Council for Sustainable Development: KBCSD)는 2002년 설립한 전경련 내 경제, 환경, 사회의 조화로운 발전을 추구하는 국내 대기업 및 외국기업 최고경영자 협의체이다. 2000년 6월 전경련에서 선포한 '환경경영헌장'을 구현하고 지속가능발전을 위한 범 세계적인 노력에 동참하여 궁극적으로 지속가능한 사회를 이룩하는 데 기여하고자 설립한 기관이다. 세계지속가능발전기업협의회(WBCSD)의 한국협력기구이기도 하다. 전경련 기구로 있다가 2005년 법인독립을 하였다.

KBCSD는 그동안 지속가능경영전략 수립 및 실천을 통해 기업경쟁력을 강화하고, 지속가능경영 아카데미 및 세미나 개최, 지속가능경영보고서 및 우수사례 홍보를 통한 지속가능경영 마인드 확산과 지속가능경영을 선도해왔다.

허동수 GS칼텍스 회장이 초대 회장을 맡아 선도적으로 매년 CEO를 대상으로 지속가능경영 아카데미를 개최하면서 대기업 CEO들의 지속가능경영을 촉진하는 역할을 하였다. 지속가능발전이 생소한 개념이었던 시기에 우리나라 대기업의 지속가능경영보고서 발간과 확산에 큰 역할을 하였다.

KBCSD는 출범 초기부터 현재까지 중앙정부 차원의 지속가능발전위원회나 녹색성장위원회의 산업계 파트너로서 역할을 안정적으로 수행해왔다. 2010년 제16차 기후변화당사국총회(COP16)에 산업계참관단을 파견하기도 하고, 정관계 인사와 회원단체의 간담회를 개최하며 대응을 해왔다. 2012년에는 세계지속가능발전기업협의회(WBCSD) 연례총회를 서울에서 개최하는 성과를 거두기도 했다. 2015년 산업계의 지속가능발전 중장기 마스터플랜인 Sustainable Korea 2030을 공표하였다.

현재까지 지속가능발전을 위한 국내외 CEO 라운드테이블을 비롯하여 기업의 기후위기 대응, ESG 글로벌 공시 대응 등 ESG 경쟁력과 비즈니스 기회를 모색하기 위하여 [Sustainable Business Innovation Forum]을 개최하며 현안 대응에 나서고 있다. 회원사와 정부 간의 정책간담회 또는 환경정책협의회 등 우리나라 산업계의 글로벌 대응력을 높이기 위한 노력을 추진해왔다.

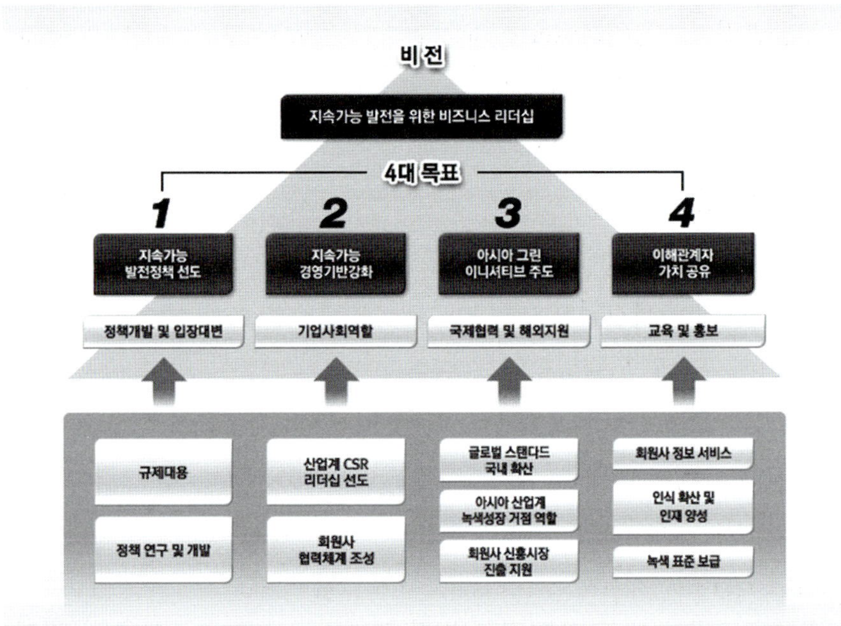

출처: KBCSD 웹사이트, KBCSD 비전과 목표

2) 지속가능경영원

지속가능경영원은 2005년 6월 현판식을 했으며, 우리나라 최대의 종합경제단체인 대한상공회의소가 설립한 기관이다. 환경보전, 경제성장, 사회발전의 총체적 조화를 통해 '삶의 질'을 향상하자는 차원에서 출범하였다. 기업의 지속가능경영 확산과 지속가능한 산업발전을 목적으로 하고 있다. 출범 당시 지속가능경영원 이사장을 대한상의 박용성 회장이 직접 맡았다. 현재는 ESG 경영, 그린에너지 지원, 기업의 탄소중립을 위해 노력해 오고 있다.

지속가능경영원은 법인의 소관부서를 환경부가 아닌 산업자원부로 하여 산업부와 산업계 내에서 환경 이슈에 적극적으로 대응하고자 하였다. 이를 위하여 지속가능한 경영을 글로벌화해서 전 세계적인 수준으로 끌어올리고 선도하는 산업계 대표 기관이 되겠다는 비전을 밝혔다. 핵심 추진전략으로서 세 가지 접근 방향을 제시하였다. 첫 번째는 기존의 패러다임을 벗어나는 새로운 지식을 바탕으로 접근하겠다는 것이다. 두 번째는 기업 협력적 파트너십 다시 말해서 기존의 갈등, 투쟁, 단절 이런 개념이 아니라 서로 협력하는 측면에서 새로운 가치관과 환경관을 정립하면서 나아가는 것이다. 세 번째로는 모든 이해관계자의 자발적 참여가 중요하기 때문에, 특히 산업계와 이해관계자들의 참여를 바탕으로 접근하겠다고 밝혔다.

지속가능경영원은 지속가능경영을 촉진하기 위해서 전략, 기법, 대기업과 중소기업 간의 협력 체계를 위하여 노력해왔다. 그리고 중점을 두며 활동해온 것이 이해관계자와 파트너십이다. 정부, 시민단체, 기업의 친환경 협력적 거버넌스를 구축해왔다. 산업 현장에서 무엇이 필요한지 현장 방문을 통해서 조사하고 필요한 경우는 학계, NGO와 같이 조사하는 노력으로 문제를 해결하려는 접근을 시도하였다. 출범 때 밝힌 중요한 사항 중 하나는 비판적 환경 주장에 대해서 겸허히 수렴하지만, 산업계가 주장해야 할 바를 피하지는 않겠다는 입장을 보였다.

지속가능경영원 이병욱 초대원장은 전 세계적으로 환경정책은 곧 경제정책이 되고 있다고 규정하였다. 이 문제를 해결하기 위해서 지속가능발전의 핵심 주체로서 산업계의 역할을 재정립하고 또한 산업계의 정책 개발 프로세스 참여 확대를 밝혔다. 그전까지는 산업계는 단순 건의만 해왔기 때문이다. 건의의 피동체가 아니라 중심체로서 정책 개발에 참여하는 주체로서의 역할을 재정립하겠다는 것이다. 또한, 국내외 환경 규제 정책에 대해서 산업계가 정책 개발 단계부터 참여해서 필요한 주장을 하고 또 때에 따라서는 서로 양보하고 타협하는 과정을 거침으로써 정책의 실효성을 높이는 데 기여하고자 했다.

지속가능경영원은 대한상의를 중심으로 지속가능발전을 위한 경영을 확산하기 위하여 각종 세미나, 포럼, 회원단체 교육 등을 해왔다. 학계나 정부, NGO 등과 정책 세미나 개최를 통해서 이견 조율도 지속하고 있다. 2021년부터는 대한상의 차원에서 ESG 경영포럼을 개최해 오고 있다.

05
CHAPTER

ESG와 지속가능발전

1 SDGs와 ESG를 둘러싼 오해

1) 지속가능발전목표는 ESG로 수렴한다?

이것은 지속가능발전목표 17개와 ESG 3개 영역을 표현한 그림에서 비롯된 오해다. 약간의 차이가 있긴 하지만 아래 그림과 같은 각종 도식화는 ESG의 3개 영역에 17개 SDGs가 들어가는 모습이다. 그러나 이것은 SDGs와 ESG가 서로 밀접하게 연관되어 있다는 것을 보여주는 것이다. ESG 하위에 SDGs가 들어가 있는 것이 아니라 E, S, G 각 영역에서 노력하면 궁극적으로 SDGs 달성에 기여하는 것으로 해석하는 것이 정확한 표현이다. 지속가능발전과 ESG 개념의 맥락과 내용을 이해한다면 지속가능발전은 목표가 되고 ESG는 수단이 된다는 것을 이해할 것이다.

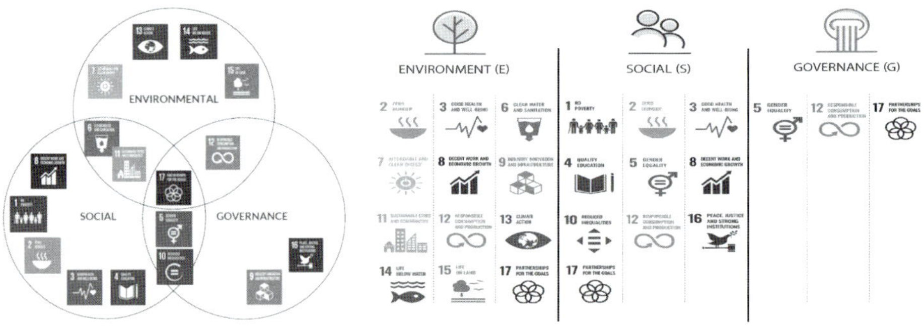

[그림 5-1] 다양한 모습의 ESG와 SDGs 관계도[1)]
출처: SDG Knowledge Hub, Jack Curis, Jacques Sheehan, Khaled, Heba Ali 등

2) 환경중심에서 나왔던 지속가능발전 어젠다가 ESG로 발전되었다?

최근 일부 지방정부에서 "환경문제에 대한 대응에서 시작된 '지속가능발전'

1) ESG와 SDGs 관계도는 국내외를 막론하고 다양한 형태로 다양한 항목으로 나타나고 있다.

어젠다가 기업 경영 및 사회적 측면까지 아우르는 ESG로 확장"이라고 오해하고 있다. 이 경우는 '지속가능발전'의 개념을 완전히 이해하지 못하고 있기 때문이다. 지속가능발전은 경제, 사회, 환경 3축의 조화와 균형을 맞추기 위한 미래지향적인 가치이며, 현실에서 3축 중에서 상대적으로 가장 미흡했던 환경에 관심을 가지면서 환경중심이라고 받아들여지기도 한다. 이는 시대와 국가적 여건에 따라 달리 적용된다.

또한, 유엔 차원의 ESG의 본격적인 출발지를 찾아보면 금세 풀리는 오해다. 유엔의 가장 큰 임무인 지속가능발전의 추구에서 큰 걸림돌이 탄소 경제에 의존해 지속해서 성장하고 있는 산업계였다. 결국은 탄소중심 경제로 인해 생긴 기후위기 등은 이제는 환경문제가 아니라 인류의 생존문제, 사회문제, 경제문제로 나타났기 때문이다. 따라서 지속가능발전의 실현에 가장 미진했던 부분을 달성하기 위해 ESG가 등장하였고 ESG의 확산을 가속하고 있다. 산업계가 이윤추구만을 위하여 일부 부도덕한 행태를 자행할 것이 아니라 사회적 책임을 다하도록 유도하고 결국 지속가능발전에 기여하도록 하는 것이다.

3) 지속가능발전목표에서 ESG로 진화되었다?

이는 등장에서부터 주목을 받는 시기의 착시현상에서 비롯되었다. SDGs는 2015년 유엔총회를 통해 채택하였고, ESG는 2020년 이후에 전 세계적으로 불어 닥친 시류를 반영한 것이다. 맥락을 짚어본다면, 유엔은 1987년 「우리 공동의 미래」라는 보고서를 통해 지속가능발전을 공식적으로 정의하고 원칙을 제안하였으며 인류의 방향으로 제시하였다. 이후 1992년 유엔 리우회의에서 '환경적으로 건전하고 지속가능한 발전(ESSD)'으로 구체화하며 인류 공동의 어젠다로 의제21을 채택하였다. 2002년 유엔 요하네스버그 정상회의에서 채택한 요하네스버그 이행계획을 통해 경제, 사회, 환경의 조화로운 발전을 위해 각 국가는 지속가능발전전략의 수립에 합의하여 발전시켰다. 결국, 새천년개발목표를 대체하는 진화를 통해 2015년 지속가능발전목표(SDGs)로 합의했던 사항이다. 반면, ESG는 2004년 유엔글로벌컴팩트(UNGC)와 20여 개의 금융기관이 작성한 [Who cares wins] 보고서에서 처음 제안하였다. 2006년 코피 아난 유엔사무총장 주도로 유엔책임투자원칙(UNPRI)에 ESG를 공식적으로 채택하면서 공식화되었다. 즉 유엔은 지속가능발전을 추구하기 위한 많은 방법과 수단을 고려하는 과정에서 ESG 이슈를 공론화했다는 점이다. 이후 2020년 1월 세계최대 투자사 블랙록의 공동창업자인 래리 핑크 회장이 연례 서신을 통해 '환경 지속가능성을 향후 회사 운용의 핵심전략'으로 삼겠다고 공개하면서 'ESG 우선주의'를 천명한 것이 확산의 결정적 계기였다. 따라서 지속가능발전목표가 ESG로 진화한 것이 아니라 지속가능발전을 실현하기 위한 중요한 수단으로 ESG가 등장한 것이다.

4) 지속가능발전목표 지표보다 ESG 지표가 더 넓다?

일각에서 ESG 지표가 3개 영역이지만 세부지표가 매우 포괄적이고 많아서 SDGs를 포함한다는 이야기를 한다. 그렇게 본다면 SDGs는 공식적으로 5개 영역(사람, 번영, 지구, 평화, 파트너십), 17개 목표, 169개 세부목표, 244개의 글로벌지표(중복제외 시 232개)를 가지고 있는 방대한 체계다. 각 국가와 지방정부가 추구해야 할 핵심목표를 모두 포괄하고 있기 때문이다. 실제로는 국가와 지방정부마다 실정에 맞는 다양한 영역과 내용으로 평가지표를 가지고 있다. 현재 운용 중인 우리나라 지속가능발전목표인 [제4차 국가지속가능발전기본계획(2021~2040)]에서는 119개 세부목표, 236개 지표를 운용하고 있다.

반면 ESG는 국제표준으로 정립된 항목이나 지표가 있는 것은 아니지만, 2022년 세계은행(World Bank) ESG 데이터 포털에는 71개 지표가 있다. K-ESG 가이드라인은 4개 영역, 27개 범주, 61개 기본진단 항목을 갖추고 있다. 국민연금관리공단은 3개 영역 52개의 평가지표를 운용하고 있다. MSCI의 경우 3개 영역, 10대 테마, 37개 핵심 이슈별로 세부 평가항목이 있다. 다우존스지속가능경영지수는 61개 산업 분류에 따라 80~120문항이 있다. 평가기관마다 제각각 다양한 지표를 관리하고 있다. 공식적으로 영역과 목표, 지표의 면에서 SDGs가

ESG를 압도하고 있다. 제9장을 참고하면 된다.

5) 지속가능발전전략을 ESG 전략으로 통합하여 수립하면 된다?

기업에서는 두 개의 전략을 통합하여 ESG 전략 또는 지속가능경영 전략으로 수립하는 것이 맞다. 그러나 국가나 지방정부의 경우에는 두 개의 전략을 통합하는 것이 취지를 왜곡시켜 문제를 발생시킬 수 있다.

기업은 지속가능발전에 기여하기 위하여 지속가능경영, ESG 경영을 추구하는 것이기 때문에 하나의 전략으로 수립해야 한다. 반면, 정부의 경우 법정계획인 지속가능발전전략을 ESG로 통합하는 것은 운용의 문제를 일으킨다. 그 이유는 우선 앞에서 설명하였지만 담고 있는 범주가 명확히 차이가 나기 때문이다. 지방정부의 지속가능발전전략은 ESG 전략을 하나의 부분으로 포함하고 있기 때문이다. ESG 전략을 포함하여 지속가능발전전략을 수립할 수는 있어도 그 반대는 어렵다는 것이다.

지속가능발전기본법에 따라 정부는 지속가능발전목표(기본전략)를 바탕으로 지표평가와 지속가능성보고서를 작성한다. 특히 지속가능성 검토의 경우, 국가지속가능발전위원회는 탄소중립녹색성장기본계획 등 환경, 경제, 사회, 거버넌스 분야 중앙정부의 198개의 행정계획에 대한 지속가능성 검토를 실시한다. 지방정부는 시도, 또는 시군구에 따라서 편차가 있지만 대체로 40~80여 개의 중장기 행정계획을 지속가능성 검토의 대상으로 본다. 지속가능발전이라는 비전과 목표를 달성하기 위하여 (가칭)ESG기본계획을 포함하여 수많은 행정계획을 지속가능성에 맞춰 정합성을 높여야 하기 때문이다. 따라서 지속가능성의 검토는 해당 지역의 지속가능발전목표를 기준으로 삼는다. 지속가능발전목표-기본전략-추진계획 체계로 되어 있는 것을 ESG 전략으로 통합한다면 지속가능성 검토에서 ESG 잣대로 ESG와 연관성이 높지 않은 계획의 지속가능성 검토를 해야 하는 왜곡이 발생할 수 있기 때문이다.

2 SDGs와 ESG의 관계

지속가능발전목표와 ESG는 현재 지속가능한 발전을 위한 글로벌 노력의 두 핵심 개념이다. 이 두 개념은 비슷한 맥락에서 이어졌고 지속가능한 미래를 향한 공통된 목표를 향해 상호 보완적인 관계를 맺고 있다.

앞서 SDGs와 ESG에 대한 오해를 짚어 봤다. 그렇다면 이 둘의 관계를 어떻게 봐야 할 것인가? 이것은 현재 시행되고 있는 법률과 제정을 준비 중인 법률안, 조례 등 법제도의 관점과 내용 관점에서 살펴보자.

1) 법제도 관점에서 ESG와 SDGs 관계

법제도는 이해관계자의 다양한 의견수렴과 사회적 합의의 최종 결과물이기 때문에 중요하다. 현재 ESG 관련 내용은 지속가능발전기본법과 산업발전법이 직접 규정하고 있다.

우선, 지속가능발전기본법은 제1조 목적과 제2조 정의, 제3조 기본원칙, 제5조 국민과 사업자의 책무에 ESG가 추구해야 하는 방향, 즉 지속가능성과 지속가능경영을 규정하고 있다.

제3조 기본원칙은 1987년 유엔의 「우리 공동의 미래」에서 천명한 지속가능발전의 원칙을 준거로 축조하였다. 제5조에서는 '사업자는 기업활동을 함에 있어 제3조에 따른 지속가능발전의 기본원칙과 지속가능경영에 기초하여 환경적·사회적·윤리적 책임을 다하여야 한다.'고 명시하고 있다.

지속가능발전기본법

제2조(정의) 이 법에서 사용하는 용어의 뜻은 다음과 같다.(이하 생략)
제3조(기본원칙) 지속가능발전은 다음 각 호의 기본원칙에 따라 추진되어야 한다. (이하생략)
제5조(국민과 사업자의 책무) ① 생략
② 사업자는 기업활동을 함에 있어 제3조에 따른 지속가능발전의 기본원칙과 지속가능경영에 기초하여 환경적·사회적·윤리적 책임을 다하여야 한다.

산업발전법은 현재 ESG를 구현하기 위한 구체적 주체와 방법, 근거를 규정하고 있다. 이에 따라서 2003년 윤리경영 실태조사, 2009년 지속가능경영(KoBex SM), 2013년 KoBEX SM 확대 개편, 2019년 지속가능경영 기초연구, 2020년 K-ESG 가이드라인을 마련하였다.

산업발전법

제18조(지속가능한 산업발전의 평가기준 및 지표) ① 산업통상자원부장관은 지속가능한 산업발전을 위하여 산업의 지속가능성을 측정·평가하기 위한 평가기준 및 지표를 설정하여 운영할 수 있다.
② 산업통상자원부장관은 제1항에 따른 평가기준과 지표를 활용하여 산업의 지속가능성을 측정·평가하고 그 결과를 산업발전시책에 반영하도록 노력하여야 한다.
제19조(지속가능경영 종합시책) ① 정부는 기업이 경제적 수익성, 환경적 건전성, 사회적 책임성을 함께 고려하는 지속가능한 경영(이하 "지속가능경영"이라 한다) 활동을 추진할 수 있도록 5년마다 종합시책을 수립·시행하여야 한다.
② ~ ④ 생략
⑤ 산업통상자원부장관은 기업의 지속가능경영을 효율적으로 촉진하기 위하여 기업 지원 관련 기관이나 단체를 지속가능경영 지원센터로 지정할 수 있다.

산업발전법에 따라 운영하는 지속가능경영지원센터에서는 "ESG의 개념을 포함하는 지속가능성에 대한 논의는 1987년 UNEP(유엔환경계획)와 WCED(세계환경개발위원회)가 공동으로 채택한 '우리 공동의 미래(Our Common Future)'(일명 브룬트란트 보고서)에서 제시됨"이라고 명시하고 있다.

현재 지방정부는 ESG 관련 조례를 제정하고 있다. 광역 지방정부에서 제정한 ESG 조례에서 ESG의 정의를 보면 대체로 다음과 같다. 대부분 ESG는 지속가능발전을 위한 철학 또는 경영으로 정의하고 있다.

〈부산, 대구, 경기, 경북 ESG 지원 조례〉 등에서 ESG 정의

"ESG (경영)"이란 (기업 등의) 지속가능한 발전을 위해 환경, 사회, 거버넌스등 비재무적 요소를 중시하는 철학(경영)을 말한다.

ESG 관련 법률안은 21대 국회에서 처음으로 2건이 제출되었다. 제출된 법안명은 [기업 등의 지속가능경영 지원을 위한 환경 · 사회 · 거버넌스 기본법안]과 [환경 · 사회 · 지배구조 경영 촉진법안]이다.

우선 [기업 등의 지속가능경영 지원을 위한 환경 · 사회 · 거버넌스 기본법안]을 살펴보면 제2조 정의를 통해 지속가능한 사회실현에 동참하기 위하여 지속가능성을 추구하는 경영을 지속가능경영이라 정의한다. 그리고 ESG는 지속가능경영의 핵심 경영요소 및 전략이 규정하고 있다.

기업 등의 지속가능경영 지원을 위한 환경·사회·거버넌스 기본법안

제2조(정의)
2. "지속가능경영"이란 기업등의 운영에서 지속가능한 사회 실현에 동참하며 경제적 수익성과 환경 및 사회적 영향을 함께 고려하여 지속가능성을 추구하는 경영을 말한다.
3. "환경(Environmental)·사회(Social)·거버넌스(Governance)"란 기업 등이 지속가능경영과 투자를 위해 실행해야 하는 핵심 경영 요소 및 전략을 말한다.

다음으로 [환경 · 사회 · 지배구조 경영 촉진법안]을 살펴보면, 제3조 책무에서 기업은 ESG 경영을 지속가능한 발전요소로 인식한다고 명확히 규정하고 있다.

〈환경·사회·지배구조 경영 촉진법안〉

제3조(국가 등의 책무) ① 생략
② 기업은 환경·사회·지배구조 경영을 지속 가능한 발전요소로 인식하여 환경·사회·지배구조 경영에 필요한 노력을 하여야 한다.
③ 이하 생략

2) 내용 관점에서 ESG와 SDGs 관계

SDGs와 ESG가 가지고 있는 내용, 지향점을 보면 상호 보완적임을 알 수 있다. SDGs와 ESG는 서로 다른 관점에서 지속가능한 발전을 추구한다. SDGs는 모든 차원에서 사회적, 환경적, 경제적 발전을 도모하는 반면, ESG는 기업 차원에서의 지속 가능한 경영을 강조했기 때문이다. 이 두 개념은 지속가능한 미래를 위한 포괄적인 접근 방식에서 서로 보완적인 역할을 한다.

우선 전략적 유사성이 있다. SDGs의 목표 중 많은 부분이 ESG 기준과 연결된다. 예를 들어, SDGs의 '기후변화 대응'은 ESG의 '환경' 부문과 맞닿아 있으며, '성평등'과 '양질의 교육'은 ESG의 '사회' 부문과 연관된다. 이처럼 ESG는 기업이 SDGs라는 글로벌 목표를 달성하는 데 중요한 역할을 한다.

기업의 역할을 강조한다. ESG는 기업이 사회적, 환경적 책임을 감당하고 지속가능한 발전에 기여하는 방식을 강조한다. 이는 SDGs 달성을 위한 중요한 수단으로, 기업이 지속가능한 경영전략을 수립하고 실행하는 데 있어 중요한 기준이 된다.

투자와 자본의 역할 측면에서도 차이를 볼 수 있다. 근래에 ESG 기준을 충족하는 기업에 대한 투자가 증가하는 추세다. 이러한 투자는 기업이 SDGs에 부합하는 방식으로 운영될 수 있도록 장려하는 역할을 한다. 즉, ESG는 지속가능발전을 위한 자본의 흐름을 유도하는 중요한 메커니즘이기 때문이다

마지막으로 정책 및 규제와의 연계 측면이다. 정부의 지속가능발전 정책과 규제는 기업의 ESG 관행을 촉진하며, 이는 SDGs 달성에 기여한다. 탄소중립을 위한 규제는 기업이 '환경' 기준을 준수하도록 유도하며, 이는 궁극적으로 SDGs의 관련 목표를 달성하는 데 도움이 되기 때문이다.

3) 결론

한국 사회에서 다양한 이해관계자들의 논의를 거쳐서 제정하는 법률과 조례, 그리고 현재 국회에 제출된 ESG 관련 법안을 보면 ESG는 지속가능발전을 위한 핵심 요소 또는 전략이나 수단으로 보고 있다는 점이다.

- 지속가능발전목표는 지향해야 할 인류 공동의 **'목표, 목적지'**
- ESG는 지속가능발전목표를 달성하도록 기여하는 **'핵심수단, 전략'**

결론적으로 지속가능발전목표는 우리 인류가 공동으로 달성해야 할 목표이며, 지향점이다. ESG는 지속가능발전목표를 달성하기 위한 핵심수단이나 전략으로 보는 것이 바람직하다. ESG를 SDGs보다 상위에 두거나 포괄적으로 두려는 것은 수단과 목표를 뒤바꾸는 혼돈을 겪게 할 것이다.

SDGs와 ESG는 지속가능발전을 위한 글로벌 노력에서 상호 보완적인 역할을 한다. SDGs는 광범위한 글로벌 목표를 설정하는 반면, ESG는 기업 차원에서의 책임과 지속가능한 관행에 초점을 맞춘다. 이 두 개념은 함께 작용하여 지속가능한 미래를 향한 더 포괄적이고 효과적인 접근을 가능하게 한다. 지속가능발전을 위한 글로벌 노력에 있어 목표로서 SDGs와 수단으로 ESG의 중요성은 계속해서 증가할 것으로 예상한다.

3 ESG를 통한 SDGs 이행방안

ESG는 인류 공동의 목표인 지속가능발전목표를 이행하는데 핵심수단으로 역할을 하고 있다.

SDGs 달성에 ESG가 어떻게 작용해야 하는지 우선 법제도의 관점에서 살펴보자. 지속가능발전기본법은 지속가능발전목표를 이행하기 위한 기준이 되는 법률이지만, 산업계에 관한 규정은 책무에서 지속가능경영을 선언적으로 언급한 것 외에는 별도로 두고 있지 않다. 즉 기후위기의 원인이 되는 탄소중심 경제에서 벗어나는 전환의 핵심인 산업계 영역이 빠져있다. 이 법은 제정 당시부터 산업계를 규율하기 위한 법률이 아니고 중앙정부와 지방정부를 중심으로 지속가능발전 행정을 도입하고 인식을 확산하고자 했기 때문이다. 이를 통해 산업계에서도 지속가능경영을 확산할 것으로 기대했다. 그러나 직접 산업계를 규정하지 않아 지속가능발전목표 달성에 한계가 있었다.

반면, 현재 제출된 ESG기본법안은 주요 내용 대부분 적용대상이 기업 등 산업계와 기관으로 되어 있다. 이러한 기업을 지원하기 위한 정부의 역할을 명시하여 지속가능경영과 ESG를 정착시키는 것이다.

따라서 ESG기본법안과 지속가능발전기본법은 보충성의 원칙이 작동한다. ESG기본법안은 지속가능발전기본법에서 담고 있지 않은 부분을 핵심적으로 규정하고 있다. 이러한 면에서 ESG기본법이 제정된다는 자체가 우리 사회의 지속가능성에서 어려움을 겪고 있는 큰 축, 산업계의 지속가능성을 높여 결국은 지속가능발전목표 달성에 기여한다.

〈표 5-1〉 ESG기본법안 및 지속가능발전기본법 비교

구 분	ESG기본법안 (2023년 11월 제출안)	지속가능발전기본법 (2022년 7월 시행)
지속가능 발전관계	지속가능발전을 위한 핵심 수단	지속가능발전을 포괄적으로 규정
적용주체	중앙정부, 지방정부, 기업 등	중앙정부와 지방정부
산업계 규정	법률의 주요내용 전체의 적용대상이 기업 등 산업계임	없음 (책무에서 지속가능경영을 선언적 언급)
핵심주제	환경, 사회, 거버넌스	지속가능발전목표 17개(SDGs) 경제, 사회, 환경, 평화, 파트너십
핵심내용	사회전반에 ESG의 실현을 위한 구체적, 세부적 내용의 규정	사회전반에 정책의 지속가능성을 도입하기 위한 정부 정책수립 및 추진 중심의 규정

출처: 자체정리.

SDGs는 중앙정부 또는 지방정부가 중심이 되어서 추진해야 하고, ESG는 산업계와 공공기관 등 기업을 중심으로 추진하되 결국 우리 사회의 지속가능발전목표 달성에 기여하도록 해야 한다.

다음으로 정부 행정계획의 실행 측면에서 살펴보자. 중앙정부 또는 지방정부의 경우는 지속가능발전목표를 이행하기 위한 경제, 사회, 환경, 거버넌스 분야에는 많은 행정계획이 존재한다. 이 중에서도 E, S, G 각 분야의 행정계획의 지속가능성을 높이도록 계획을 수립하고 사업을 추진할 필요가 있다. 이는 결국 지속가능발전목표와 정합성을 맞추며 국가나 지방의 지속가능성을 높이기 위한 것이기 때문이다.

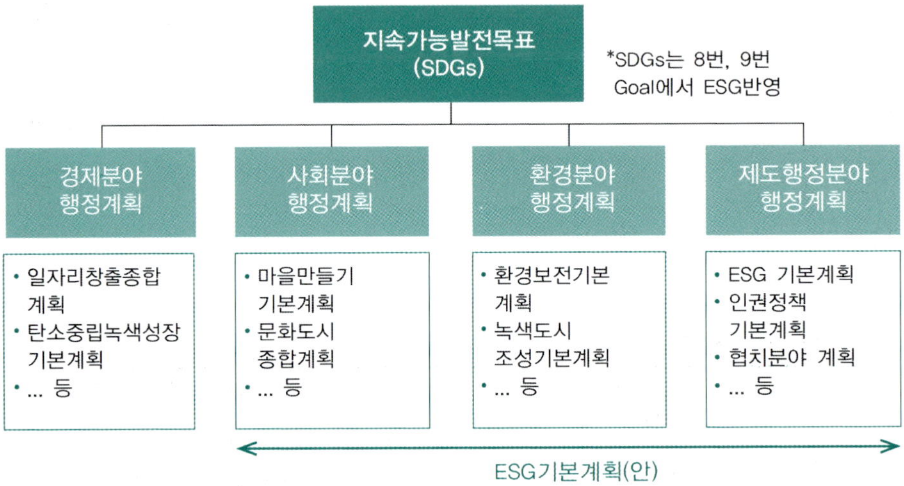

출처: 자체정리

기업의 경우는 미래의 경쟁력을 갖추기 위해서도 지속가능경영을 추구해야만 한다. 2020년 블랙록의 CFO 연례 서신에서 "지속가능성을 투자의 최우선 순위로 삼겠다. 기후변화를 고려해 투자 포트폴리오를 바꾸겠다"라고 밝힌 후 많은 기업이 팬데믹 상황에서도 사회적 불평등 해결에 나섰다. RE100 가입 등 기후위기 대응에 본격적으로 나섰고, 이해관계자들의 참여를 위해 노력하는 분위기로 바뀌었다. 2021년 연례 서신에서는 블랙록의 넷제로 실천계획 5가지를 밝히면서 가속화되는 상황이다.

마지막으로, ESG 경영의 지원이라는 측면에서 살펴보자. 정부는 ESG 경영을 적극 지원하는 원칙을 통해 SDGs 이행에 기여해야 한다. RE100 달성 등 기업(공공기관 포함)의 ESG 경영은 우리나라 지속가능발전목표 달성에서 중요한 수단이다. 기업이 ESG를 비용부담으로 여기는 상황에서 'ESG기본법안'은 규제로 작동하기보다는 기업 ESG를 적극 지원하는 수단으로 작동되도록 정부가 운용할 필요가 있다. 특히, 대기업보다는 중견기업과 중소기업의 지원에 초점을 맞출 필요가 있다.

기업은 지속가능성을 높이도록 ESG 확산을 위하여 많은 노력이 필요하다. 우선 기업의 성격에 맞는 명확한 ESG의 목표와 전략을 설정할 필요가 있다. 목표를 설정했으면 ESG 목표를 이해관계자들에게 보고하고, 달성하기 위한 과정과 성과를 이해관계자들에게 투명하게 공개할 필요가 있다. 마지막으로 기업으로서 목표를 달성하기 위한 노력과 가치를 재정적 목표에도 반영하여 공개하고 추진하는 것이 필요하다.

결국, 정부가 법제도를 통해 ESG 경영을 지원하고 추진하는 것은 SDGs 달성을 앞당기는 성과를 거둘 것이다.

4 시사점

지속가능발전목표(SDGs)를 중심으로 중앙정부, 지방정부, 산업계의 역할과 ESG(환경, 사회, 거버넌스)와 관계, ESG를 통한 SDGs 이행방안에 대해 살펴보았다. 이를 통해 몇가지 시사점을 도출할 수 있다.

우선 SDGs와 ESG의 관계를 명확히 이해하고 접근해야 한다. 현재의 법제도와 국제적인 흐름 등을 살펴보면 SDGs는 공동의 목표가 되고, 이를 실현하는 핵심수단이 ESG라는 것이다. 이러한 관계를 뒤바꿔서 이해한다면 과거 지속가능발전과 녹색성장의 관계 정립에 애먹었던 경험을 다시 반복할 수 있다. 이러한 관계 정립은 향후 법률과 행정계획의 운용에서 매우 중요한 부분이 되기 때문이다.

ESG와 SDGs에 대해서 통합적 접근이 중요하다. SDGs 달성을 위해서는 중앙정부, 지방정부, 산업계, 그리고 개별 기업이 각자의 역할을 인식하고 협력하는 통합적 접근이 필수적이다. ESG를 통해 지속가능발전을 추구하는 것이 단지 윤리적 책임을 넘어서 경제적 이익으로도 이어지지만 결국은 SDGs의 달성에 기여한다는 것이다. 그런 측면에서 정부는 스스로 ESG 정책을 추진하면서도 기업의 ESG 지원에 적극 나서야 한다.

법제도적 지원을 우선으로 하면서 규제와 균형을 맞출 필요가 있다. 법제도적 노력은 SDGs 달성을 위한 기업의 ESG 경영 활동을 지원하고 촉진해야 한다. 동시에, 지속가능발전을 저해하는 활동에 대한 규제와 감독도 강화해야 한다. 예를 들어, 재생가능 에너지 사용을 촉진하기 위한 의무화를 비롯한 다양한 법적, 재정적 인센티브를 제공하고 강화하는 노력도 필요하다.

다양한 영역에서 교육과 인식 증진이 필요하다. SDGs와 ESG의 중요성에 대한 국민의 인식을 높이기 위한 교육과 캠페인은 필수적이다. 국민들이 지속가능발전을 이해하고, 지속가능경영을 추구하는 ESG를 개별 기관, 기업이 도입할 수 있도록 요구하고, 일상생활에서 실천하도록 동기부여가 필요하다.

지속가능성을 위한 기술 혁신의 지원이 중요하다. 기술 혁신은 기업이 ESG를 추구하면서 결국 SDGs 달성을 위한 핵심 동력이다. 특히, 친환경 기술, 에너지 효율성, 자원 재활용 같은 분야에서의 혁신은 환경적 지속가능성을 크게 개선할 수 있다. 정부와 산업계는 이러한 혁신을 지원하고 촉진해야 한다.

지역 사회와 연계하고 지역의 책임성을 강화해야 한다. 지속가능발전은 결국 지역 사회 수준에서 실천하고 이루어지는 것이 필요하기 때문이다. 지방정부들이 선도적으로 ESG 활성화를 지원하는 조례를 만드는 것은 고무적이다. 기업과 중앙정부도 지역 사회와 협력하여 지역적 요구와 문제를 해결하는 데 기여할 수 있는 프로젝트를 개발하고 지원해야 한다.

국제 협력의 중요성과 국제기준을 충족하려는 노력이 필요하다. 지속가능발전목표는 지구촌 전체의 문제이다. 어느 정도 국가와 지역 자율성도 있다. 반면 ESG는 국내적인 기준보다는 공급망 실사 등 국제적인 기준에 맞춰 대응하지 않으면 안 된다. 우리나라는 국제사회와 협력을 통해 SDGs 달성을 위한 노력을 강화하고 있지만, 국제사회의 기대에 부응하는 정부, 산업계, 시민 각 주체의 노력이 중요하다. 이는 기술, 지식, 자원의 공유를 통해 더 효과적인 결과를 가져올 수 있기 때문이다.

이러한 시사점들은 향후 우리나라가 ESG를 통해서 SDGs를 달성하기 위하여 고려해야 할 사항들이다. 지속가능한 미래를 향한 길을 모색하는데 ESG가 중요한 기여를 할 수 있기 때문이다.

06
CHAPTER

ESG 행정

1 ESG 행정 의미와 과제[1)]

개인은 국가의 운명을 벗어날 수 없으며, 국가는 시대의 운명을 벗어날 수 없다. 이것은 상당 부분 기업에도 해당된다. 글로벌 경제 의존도가 높은 우리나라 현실에서는 개인과 기업, 국가는 서로 밀접하게 연결되어 있으며, 시대의 흐름에 따라 개인과 기업, 국가 모두 서로 영향을 주고받는다. 따라서 패러다임이 변화하는 시기에 글로벌 ESG 상황에 적응하고 새로운 기회를 모색하기 위해서는 개인과 기업, 국가는 협력해야 한다.

1) ESG의 중요성과 정부의 역할

ESG는 새로운 트렌드로서 기업들의 변화를 이끌고 있다. 기업이 재무적 이익만을 추구하는 시대에서 이제는 탄소 배출량 줄이기 등 환경 이슈, 직원 인권과 안전, 지역사회 공헌 등 사회적 이슈, 그리고 투명성과 공정성, 리스크 관리 등 거버넌스 이슈를 관리하지 않으면 성공하기 어려운 시대에 이르렀다. ESG와 관련하여 개인은 새로운 기술과 지식을 습득하고, 창의적인 아이디어를 발현함으로써 기업과 국가의 발전에 기여할 수 있다.

기업은 글로벌 환경 속에서 새로운 ESG 규제와 제도를 이해하고 적응하면서 환경, 사회, 거버넌스 관련 리스크 요인을 선제적으로 대비해야 한다. 그리고 ESG 관련 사업기회를 만들기 위해 친환경 기술과 비즈니스 모델을 개발하고, 글로벌 시장에서 경쟁력을 확보함으로써 국가의 경제발전에 기여할 수 있다.

국가는 ESG 제도와 규제, 진흥시책을 통하여 기업의 ESG 실천과 비즈니스 기회 개발, 인재양성, 해외진출 관련 ESG 장벽 등을 지원함으로써 기업의 성장을 돕고, 일자리 창출과 경제발전을 촉진할 수 있다.

1) 제6장은 심보균 익산시도시관리공단 이사장(前 행정안전부차관) 집필함

기업의 어려운 점을 국가가 도와주는 것은 국가의 발전을 위한 투자라고 할 수 있다. 기업이 성장하면 일자리 창출과 경제발전으로 이어지기 때문이다. 또한, 기업이 글로벌 경쟁에서 살아남기 위해서는 지속적인 혁신과 투자가 필요하다. 국가의 지원은 기업의 혁신과 투자를 촉진함으로써 국가의 경쟁력을 강화하는 데 도움이 된다.

2) 행정과 기업의 ESG 실천과 상호협력

산업기술과 경영 패러다임이 변화하는 시기에 개인과 기업, 국가는 협력하여 새로운 기회를 모색하고, 시대의 운명을 개척해 나가야 한다.

개인과 기업, 국가가 협력하여 새로운 패러다임을 주도한다면, 보다 나은 미래를 만들어 나갈 수 있을 것이다. 글로벌 ESG 규제의 증가 추이에 대응하여 우리나라도 이에 대한 준비와 리스크 관리, 비즈니스 기회창출 노력이 필요하다. 한편으로는 앞서가는 대기업과 중소기업간 ESG 격차 큰 국내 현실을 들여다보면서, 수도권과 지방 간, 부처 간, 지자체 간, 공공기관 간, 대기업과 중소기업 간 ESG 실천 격차를 해소하고 이에 맞추어 사회 각 분야의 준비와 대응이 필요하다.

ESG, 즉 환경(E), 사회(S), 그리고 거버넌스(G)를 아우르는 통합적 전략은 기업 영역을 넘어 정부와 지방자치단체, 공공기관 등 공공의 영역에서도 필수적이다. 공공 차원에서의 지원과 선도적 실천은 사회 전반에 ESG 원칙이 뿌리내리는 데 견고한 기반이 된다. 공공 영역의 기관들은 사회 전체가 참여하는 효과적이며 포괄적인 ESG 실천을 촉진하는 데 앞장서야 한다. 특히 지역단위에서도 글로벌 ESG 추세에 소외되지 않도록 행정 및 공공기관은 시민과 기업들에게 ESG 원칙을 인식시키고 구체적인 이행을 촉진하는 데 주도적인 역할을 해야 한다.

정부와 지방자치단체는 스스로 ESG를 실천할 수 있는 방법을 찾아가고, 시민들이 ESG 실천 의식을 일깨울 수 있도록 이끌어야 기업들도 모든 사회주체들과 함께 한다는 생각으로 더욱더 실천력을 강화해 나갈 수 있다.

기업이 단독으로 ESG 경영을 추진하는 것은 비용과 자금 조달의 어려움, 업무 부담의 증가, 시장 경쟁력에 대한 우려뿐만 아니라, 정보력 부족으로 인한 ESG 경영 기법의 미숙함과 같은 다양한 도전에 직면하게 된다. 이런 상황에서 기업의 이윤추구와 당장의 생존 문제를 고려할 때, 정부와 지방자치단체의 적극적인 ESG 원칙 도입 및 발전, 그리고 지역사회, 특히 시민들의 관심과 지원은 더욱 중요해진다. 이렇게 여러 주체가 함께 노력하고 협력함으로써 기업들은 자신들의 실행 능력을 효과적으로 강화하고, ESG 경영을 더욱 성공적으로 실천해 나갈 수 있다.

ESG는 기재부와 환경부, 산업부, 중기부, 행안부 등 일부 부처의 노력만으로 이루어질 수 있는 것은 아니다. 모든 부처와 지방자치단체가 글로벌 ESG 규제와 흐름에 맞추어 기업의 ESG 실행과 대응을 도와줄 수 있는 여건을 조성하는 노력이 이루어져야 한다.

기업이 ESG 관련 경영전략과 실행체계, 공급망 실사대비 체계와 보고서 작성, 공시와 소통체계를 갖출 수 있도록 정부와 지방자치단체는 교육과 안내, 컨설팅 등을 지원할 수 있는 법적 근거를 마련하고, 조례 제정, 세제와 금융 지원 등을 위해 노력해야 한다.

기업의 친환경 기술과 신재생 에너지 전환에 따른 경제적 부담을 덜어줄 지원 시스템이 필요하다. 이에 따라, 정부와 지방자치단체는 녹색 금융과 녹색기술의 성장을 촉진하고, 불필요한 규제와 행정적 장벽을 줄여 기업의 경영 혁신과 민간 부문의 전환을 촉진할 수 있는 환경을 조성해야 한다.

정부와 지방자치단체가 직접 ESG 원칙을 적용함으로써 기업의 도전과제를 깊이 이해하고, 이를 통해 기업과 더욱 긴밀히 협력할 수 있는 기반을 마련하게 된다.

미래 세대를 대상으로 한 ESG 교육과 체험을 강화함으로써 견고한 ESG 실천체계를 구축해야 한다. 또한, 정부와 지방자치단체의 노력을 평가지표에 반영해 지속적으로 모니터링하고 평가함으로써, 효과적인 ESG 실천체계를 확립할 수 있다.

정부와 지방자치단체는 개인과 기업이 ESG를 효과적으로 추진할 수 있도록 지원하는 데 주력해야 한다. 이를 위해 기업과 행정기관의 ESG 담당자를 위한 전문 교육, 훈련 프로그램 및 연구개발을 지원하고, 기업의 해외 진출 및 글로벌 경쟁력 강화를 위해 ESG 규제 대응 및 비즈니스 기회를 창출하도록 지원해야 한다. 더 나아가, 세제 혜택, 금융 지원 및 규제 개선을 통해 기업의 ESG 경영 혁신과 투자를 장려해야 한다. 이 모든 노력은 ESG 실천 지원을 위한 기본법이나 지방자치단체 조례와 같은 견고한 제도적 토대 위에서 촉진될 수 있다.

3) 행정기관과 기업의 ESG 경영 추진체계 강화

새로운 패러다임으로 변화하는 시기에 맞추어 체질을 바꾸고 변화와 혁신을 하는 과정에는 많은 장애요인이 있다. 행정기관 및 기업 내부에서부터 저항과 애로가 따른다.

(1) 전사적(Corporate) ESG 실천노력 강화

행정기관, 기업, 공공기관에서 ESG를 도입하는 과정에서, CEO부터 직원들까지 종종 이를 ESG 전담팀의 역할로만 여기는 경향이 있다. 이런 태도는 ESG에 대한 이해 부족과 개별 업무 영역 내에서의 ESG 책임을 인지하지 못하는 데 기인한다.

ESG 관련 중요 사항들을 이사회, 간부회의, 혹은 CEO의 검토 의제로 상정하는 것이 중요하다. 그러나 실제로는 이들 사항이 ESG 팀 내부에서만 처리되는 경향이 있다. 감사팀이나 리스크 관리팀과 같은 다른 부서들이 ESG 팀과 함께 통합적인 분석과 대응에 소극적일 때, 조직 전반에 걸친 ESG 실행의 시너지 효과가 저하될 위험이 있다. 이러한 문제를 해결하기 위해, 행정기관, 공공기관, 기업 등의 주요 이해관계자들이 리더십을 발휘해 이 분야에 더욱 관심을 기울이고 적극적으로 지원해야 한다.

(2) 글로벌 기준과 지역 현실 격차 해소를 위한 제도기반 마련

글로벌 ESG 규제 강화에 대응하여 교육, 지침, 컨설팅과 같은 방법을 적용할 수 있다. 하지만 ESG 실행을 보다 확고히 하고 명확한 지침 및 방향을 제공하기 위해서는 법적 근거 설정이 중요하다. 법적 기반 확립 시 지방자치단체의 조례 제정이나 지역경제 기관 및 단체의 활동에 대해 합법적이고 객관적인 기준을 제공하게 되며, 이는 지역사회 전반에 긍정적인 파급효과를 가져올 것이다.

(3) 미래 경쟁력 확보를 위한 지역 ESG 실천 강화

기후위기, 저출생 및 저성장, 지방소멸의 위협 속에서 국가, 지역, 기업, 공공기관은 ESG 실천으로 사회의 경쟁력을 크게 향상시킨다. 이러한 실천은 친환경 산업을 발전시키고, 협력적 공동체를 강화하며, 갈등을 효과적으로 관리하고, 투명하고 신뢰받는 지역사회를 구축하는 데 기여한다.

특히 미래 세대는 자신들의 미래를 위해 ESG 실천에 큰 관심을 보이고 있다. 저출생 및 고령화가 예상보다 빠르게 진행되는 상황에서, 사회 전반의 변화와 혁신을 이끌어내기 위해서는 ESG 실천이 중요하다. ESG를 통해 친환경 경쟁력을 강화하고, 상호존중과 배려가 기반인 인권 사회 및 안전한 사회를 구축하며, 투명하고 책임 있는 지배구조와 경영을 확립해야 한다. 이를 위해, 국가와 지역의 현안을 ESG와 연계하여 변화와 혁신의 실천 방안을 모색하고 적용해야 한다.

(4) 다양한 ESG 주체 간 협력 촉진 및 실행 시스템 강화

지역사회에서 기업, 지방자치단체, 공기업, 시민단체, 대학, 연구소 등이 ESG 활동을 지원하고 추진하기 위한 상호협력은 필수적이다. 이 협력은 ESG 관련 전문 인력 양성, 공시 및 평가, 검증 및 인증 등의 활동을 포함한다. 그럼에도 불구하고, 이들 주체 간의 유기적 연결과 협력을 통해 지역혁신체계 및 ESG 실행을 위한 견고한 체계 구축에 대한 노력은 부족한 상태이다. 이에 따라, 이 분야에서의 개선은 시급한 과제이다.

(5) 공시 규정 강화로 대외 홍보와 과시용 허위 ESG 실천 차단

기업과 공공기관은 ESG 평가 또는 관련업무 인증[2] 등에서 높은 점수를 얻기 위해 형식적인 ESG 실적을 만드는 경향이 있으며, 이는 대외적인 평판을 위한 실적 부풀리기로 볼 수 있다는 비판이 제기되고 있다. 또한, CEO와 조직의 구성원 대부분이 ESG의 진정한 가치와 필요성에 대해 충분히 공감하지 못하고 있다는 지적도 있다. 이런 상황에서 ESG 관련 리스크 관리가 소홀히 다뤄지면서, 발생하는 사건이나 사고를 감추거나 축소하려는 태도가 문제를 더욱 악화시킬 수 있다. 따라서 ESG 공시제도를 철저히 정비하여, 초기 단계에서부터 리스크를 관리하고 혁신의 기회로 활용할 수 있도록 해야 한다.

(6) ESG 행정의 실효성 강화

정부나 지방자치단체가 ESG 기본법을 제정하더라도, 이를 실행하는 주체들의 적극적인 관심과 실천이 없다면 그 효과는 제한적일 수 있다. 따라서 정부, 지방자치단체, 공공기관, 민간기업 등 모든 ESG 관련 실행 주체는 실질적인 ESG 실행력과 이행력을 보장하는 방안을 마련해야 한다.

특히 ESG 활동을 주도할 전문인력의 확보 및 배치는 아직 충분하지 않은 상태다. ESG 체계가 초기 단계에 있기 때문에, 전문인력이 충분히 확보되지 않아 민간기업과 공공기관, 행정기관 모두에서 ESG 업무를 효율적이고 책임감 있게 추진하는 데 어려움을 겪고 있다.

ESG 실행 주체의 인식 제고와 실천 능력 향상을 위해 교육을 실시하고 전문인력을 양성해야 한다. 또한, ESG 실행과정의 모니터링과 심사평가를 통해 다양한 인센티브와 지원을 제공함으로써 ESG 행정이 단순한 형식적 계획에 그치지 않고 현장에서 실질적인 효과를 발휘하도록 다양한 정책수단과 방안을 모색해야 한다.

2) ISO 14001(환경 관리 시스템), ISO 45001(직업 건강 및 안전 관리 시스템), KOSHA 18001(한국산업안전보건공단 안전보건경영시스템), 소비자 중심경영(CCM) 인증 등

(7) 지역 기반 ESG 실천 역량 강화

2023년, 중앙정부는 기획재정부 차관을 중심으로 민간 전문가들과 관련 정부 부처의 고위 공무원들이 참여하는 '민관합동 ESG 정책 협의회'를 설립해 운영해 왔다. 그럼에도 불구하고, 지방자치단체와 교육기관에 대한 ESG 지휘부 역할을 맡아야 할 중앙부처에는 아직 명확한 주도 체계가 갖춰져 있지 않아 보인다. 국가 공공기관, 지방공기업, 출자 출연기관 등에서도 ESG 실천에 대한 표준화된 접근방식이 부재하며, 실행방식에 큰 차이를 보이고 있다.

한편, 243개 지방자치단체 중 62개에서만 ESG 경영지원 및 실천 조례가 마련되어 있으며, 대부분의 지방자치단체는 이와 관련된 준비가 부족한 상황으로 보인다. 2024년 2월 15일 기준, 국가법령정보시스템에는 62개 지방자치단체의 65개의 ESG 조례가 등록되어 있으나, 이 중 제주, 경기, 경북 각 지역에는 2개씩 제정되어 있다.

이러한 상황은 전국 어디에서나 기관, 단체, 기업들이 ESG 역량을 구축할 수 있도록 제도화와 효율적인 추진체계의 확립이 절실히 필요함을 시사한다.

토론과제

1. 정부와 지방자치단체가 ESG 실천을 위해 취할 수 있는 효과적인 조치는 무엇이며, 이러한 조치들이 기업의 ESG 실천에 어떠한 영향을 미칠 수 있는가?
2. 중앙정부와 지방정부, 기업 간의 협력을 통해 ESG 가치를 내재화하고 실천하기 위해 필요한 조건과 장애물은 무엇이라고 생각하는가?
3. 기업이 ESG 관련 경영전략과 실행체계를 갖추는 데 있어 정부와 지자체의 역할은 어떠해야 한다고 보는가? 구체적인 지원 방안에는 어떤 것들이 있을까?
4. 지역사회에서 ESG 실천 분위기를 조성하기 위한 가장 효과적인 방법은 무엇인가? 그리고 이를 위해 지역사회의 다양한 주체들은 어떻게 기여할 수 있을까?
5. ESG 행정의 실효성을 강화하기 위해 정부와 지자체가 취할 수 있는 가장 중요한 조치는 무엇인가? 특히, 전문인력 확보와 교육에 대한 접근 방식에 대해 어떻게 생각하는지?
6. ESG 관련 법률 및 조례 제정이 지역사회 및 기업에 미치는 영향에 대해 어떻게 생각하는가? 법적 근거가 ESG 실천을 강화하는 데 어떻게 기여할 수 있을까?
7. 지역단위에서 ESG 실행력을 강화하기 위한 전략은 무엇이 있을까? 또한, 지역별 ESG 실행력 차이를 줄이기 위한 중앙정부의 역할은 어떻게 정의될 수 있는가?

2 글로벌 ESG 환경

1) ESG 규제 급증: 지속가능성을 위한 필수 조건

(1) 배경

기후변화, 사회적 불평등, 자원 고갈 등 글로벌 문제는 우리 사회에 심각한 위협이다. 지속 가능한 발전을 위한 노력은 그 어느 때보다 중요해졌고, 이러한 상황 속에서 기업의 ESG 경영은 단순한 선택이 아닌 필수적인 전략으로 자리 잡았다. 투자자, 소비자, 정부 등 다양한 이해관계자들은 기업의 ESG 정보 공개 및 투명성을 강력히 요구하고 있다.

2022년에 이어 2023년에도 미국을 중심으로 ESG에 대한 정치적 논쟁과 부정적 시각이 지속적으로 제기되고 있다. 하지만 실제 비즈니스 의사결정 과정에서 지속가능성 및 ESG에 대한 요구는 더욱 강화될 것으로 보인다. 기업들은 ESG 경영을 통해 장기적인 경쟁력을 확보하고 미래 사회의 책임 있는 구성원으로서 역할을 수행해야 할 것이다.

(2) 주요 EU 규제[3]

기업의 환경, 사회, 지배구조(ESG) 정보 공개 의무화를 위한 지속가능성 보고지침(CSRD)은 2024년부터 유럽 각국에서 법제화되고, 2025년부터 기업 규모에 따라 순차적으로 공시가 시작될 예정이다.

CSRD에 따라 기업이 공개해야 하는 ESG 정보의 구체적인 내용 규정으로서 지속가능성 공시기준(ESRS)은 2024년 6월에 채택되어 2025년부터 적용될 예정이다.

2023년 5월, 제품의 전 주기에 걸친 탄소배출량을 확인하여 보고하도록 하는

3) 법률신문(2024.2.16.), "주요 글로벌 ESG 규제 동향과 2024년 전망", https://www.lawtimes.co.kr/LawFirm-NewsLetter/195210

탄소국경조정제도(Carbon Border Adjustment Mechanism: CBAM)가 발효되었다. 2023년 10월부터 전환기간(준비기간)이 시작되어, 적용대상 기업은 2023년 10월–12월에 대한 분기보고서를 2024년 1월 말까지 제출하고 전환기간 내 분기별로 보고서를 제출하여야 한다. 전환기간이 종료되는 2026년 1월부터는 본격 시행된다, CBAM 신고서 제출과 연 1회 이상 현장검증 및 신고, 검증보고서 제출, CBAM 인증서 제출이 의무화된다.

기업의 ESG 정보 공개 신뢰도 확보를 위한 실사지침으로서 지속가능성 실사지침(CS3D)도 2024년 입법을 앞두고 있다. EU 집행위원회는 2022년 2월 기업이 공급망 전체에 걸쳐 인권 및 환경에 대한 실사를 수행하고 관련 정보를 공개해야 하며 실질적·잠재적 영향을 예방·제거·최소화하도록 하는 지속가능성 실사 지침을 제안하였다. 피해자에 대한 구제절차를 마련해야 하는 의무를 부담하도록 하고 이와 함께, 그 의무를 위반할 경우 벌금 및 민사상 책임을 부담하도록 하고 있다. 2023년 내 입법될 것으로 예상되었던 지속가능성 실사지침은 다소 논의가 지연되었으나 2023년 12월 잠정적 합의가 이루어져, 2024년 공식적 채택 및 입법을 앞두고 있다. 다만, 2024년 2월 독일이 그 지속가능성 실사지침(CS3D)에 대한 지지 보류를 표명하여 2024년에 법안이 공식 완성이 될지는 변수로 작용될 전망이다.[4)]

2) 주요 EU의 규제 및 영향

EU는 기후변화 대응과 지속 가능한 성장을 위해 탄소국경조정제(CBAM), 기업 지속가능성 보고지침(CSRD), 지속가능성 실사지침(CS3D) 등 다양한 ESG 규제를 도입하고 있다. 이러한 규제는 우리나라 기업에도 영향을 미칠 것으로 예상된다.

4) Guy Chazan in Berlin and Alice Hancock in Brussels(2024.2.16.), “EU partners lose trust in Berlin after policy U-turns”, Financial Tiomes.

탄소국경조정제(CBAM)는 EU 시장 진출 제품에 대한 탄소 배출 비용을 부과하여 탄소 유출을 방지하는 목적이지만, 우리나라 수출 기업의 생산 비용 증가를 초래할 것이다. 특히 철강, 알루미늄, 시멘트 등 EU 거래가 많은 관련 기업의 에너지 효율 개선 및 탈탄소 투자가 필요하여 자칫하면 경쟁력 약화가 우려된다.

기업 지속가능성 보고지침(CSRD)은 기업의 지속가능성 경영 실천 정보공시 의무화가 목적으로서 대기업의 ESG 경영시스템 구축 및 운영비용 증가가 예상된다. 반면에 잘 대응하면 투자 유치 및 시장 경쟁력 강화 기회도 될 수 있다.

공급망 지속가능성 실사지침(CS3D)는 기업의 공급망 내 인권 및 환경 침해 방지 노력을 강화하는 목적이지만, 기업의 공급망 관리 및 감시 비용을 증가시킬 것이다. 공급망 내 지속가능성 위험 관리 시스템 구축이 필요하다. 반면에 기업 이미지 및 브랜드 가치 향상 기회로 삼을 수도 있다.

EU의 ESG 규제는 우리나라 기업에 새로운 기회인 동시에 도전과 리스크이다. 정부와 지자체, 대학과 연구기관, 기업이 상호협력하고 적극적으로 대응하여 변화를 기회로 삼아야 한다.

3) 강화된 ESG 행정 대응

급증하는 ESG 규제를 효과적으로 시행하고 기업의 ESG 경영을 촉진하기 위해서는 강화된 ESG 행정이 필요하다.

(1) 정보 공유와 공개, 국제협력

개별 기업들은 최신 규제 및 동향 파악이 어렵다. EU CSRD, CBAM 등 규제 변화 속도가 빠르고 복잡하여, 기업들이 적응하고 대응하는 데 어려움이 있다. 기업 규모 및 산업별 규제 준수 요건이 복잡하고, 정보 접근 및 이해에 어려움이 있다. 변화되는 새로운 ESG 정보를 기업과 공공기관, 시민이 이해하도록 ESG 정보를 공개하고, 공유하고, 정부와 지자체는 글로벌 사회와 국제협력을 강화하여 국제적 흐름에 뒤처지지 않도록 해나가야 한다.

(2) 중소기업을 위한 ESG 평가 기준 다양성 대응 전략

다양한 평가기관 및 기준으로 인해 중소기업들은 ESG 평가 비교 및 분석에 어려움을 겪고 있다. 특히, 전문인력 및 자원 부족은 체계적인 분석을 더욱 어렵게 만든다. 따라서 정부 및 관련 기관은 중소기업의 특성을 고려한 맞춤형 ESG 평가지표 및 기준 개발을 지원해야 한다.

(3) 표준화된 ESG 정보공시 시스템 개발[5)]

기업의 투명성을 확보하기 위해 표준화된 공시 시스템 및 지표 개발이 필요하다.

표준화된 공시 시스템은 기업의 투명성을 높여 이해관계자의 신뢰를 구축하는 데 기여할 것이다.

(4) 전문인력 양성을 통한 ESG 경영 강화

최근 환경(Environment), 사회(Social), 지배구조(Governance), 즉 ESG 경영에 주목하는 기업들이 급증하면서, 해당 분야의 전문인력 수요가 증가하는 추세다. 기업들은 ESG 사업에 더 많은 예산과 인력을 배정하고 있다. 특히, ESG 경험이 풍부한 인력 확보는 중요한 과제로 부상하였다. 2022년 조사 결과에 따르면, 전년 대비 ESG 사업 규모를 확대할 계획이라고 응답한 기업의 비율이 81.4%에 달하지만, 전문인력 확보는 여전히 어려운 과제로 남아 있다.

ESG의 핵심 요소 중 하나인 '환경' 부문에서는 탄소배출 감축, 신재생에너지 활용, 친환경 기술 개발 등을 우선시하고 있다. '사회'적 측면에서는 안전 및 보건 관리, 공급망 내 ESG 리스크 관리, 인권경영, 노사관계 등이 중요한 과제로

5) 금융위원회는 22년12월 한국지속가능성기준위원회(KSSB)를 한국회계기준원 내에 설립하여 ESG(환경·사회·지배구조) 공시기준 관련 업무를 전담하게 하고 있음. 2023.8월 이한상 KSSB 위원장은 지난 6월 언론 기고를 통해 위원회의 목표 두 가지를 밝혔음. "비교 가능한 고품질 지속가능성 정보 제공으로 투자자가 기업 ESG 활동 촉진을 통해 한국 경제의 지속가능성에 기여한다."와 "기업의 현실적 전환 속도와 공시 부담을 합리적으로 고려해 한국의 산업 경쟁력을 보호한다."

부각되고 있다. ‘지배구조’ 측면에서는 투명한 경영, 공정한 의사결정, 이사회 구성 및 역할 강화, 리스크 대비와 새로운 비즈니스 기회 창출 등을 통해 지속 가능한 기업 가치를 증대시켜야 한다.

그러나 현재 시장에서는 ESG 분야의 필요를 충족시킬 수 있는 전문인력 부족으로 ESG 사업추진에 애로가 많다. ESG 전문가 채용 비용이 높고, 대학에서 제공되는 ESG 관련 교육 프로그램의 부족으로 전문가 발굴에 어려움을 겪고 있다. 또한, ESG 경영이 본격화된 지 얼마 되지 않아 관련 지식과 경험이 부족한 것도 문제다.

이 문제를 해결하기 위해서는 체계적인 ESG 교육 프로그램 개발과 공신력 있는 ESG 자격증 시스템 구축이 필요하다. 이는 ESG 전문인력 양성을 촉진하고, 기업들이 필요로 하는 전문가를 공급하는 데 도움이 될 것이다. 또한 이러한 시스템은 ESG 경영의 효과적인 실행을 지원하고, 지속 가능한 발전을 위한 기업의 노력을 강화하는 데 기여할 수 있다.

환경부와 한국환경산업기술원은 2023년부터 2025년까지 약 1,000명의 ESG 전문인력을 양성할 계획이다.[6] 이를 통해 ESG 관련 규제대응, 공시 및 보고서 검증 등의 교육을 실시하여, 기업의 지속 가능한 경영과 사회적 책임 이행에 필요한 전문인력을 배출할 예정이다. 이러한 노력은 ESG 경영의 효과적인 실행과 기업의 ESG 가치 구현에 기여할 수 있다.

(5) 제도 및 프로세스 혁신을 통한 ESG 경영 강화

기업들이 ESG(환경, 사회, 지배구조) 경영을 추진하는 과정에서 기존 행정 제도와 프로세스의 충돌은 주요 장애물이다. 이러한 충돌을 극복하고 ESG 경영의 효과적인 추진을 위해 제도와 거버넌스의 혁신이 필수적이다.

첫째로, 글로벌 ESG규제 준수와 이행을 위한 ESG 경영의 법적 기반이 중요하다. ESG 기본법을 제정하여 ESG 경영의 중요성을 명시하고, 추진 방향과 관

6) 이유범(2023.6.21), “환경부·환경산업기술원, "ESG 전문인력 양성한다”, 파이낸셜뉴스, https://www.fnnews.com/news/202306211337512733

련 주체의 역할 및 책임을 규정한다. 다양한 글로벌 ESG 규제가 늘어나고 있는 만큼, 기존 법령을 ESG 가치를 반영하여 개정하면서, ESG 기본법 등 새로운 법령을 제정할 필요가 있다.

둘째로, 정보 공개 제도의 강화가 요구된다. 기업의 ESG 정보공시를 의무화하여 경영 활동의 투명성을 높이고, ESG 평가 및 인증 시스템을 구축하여 투자자와 소비자가 정보를 쉽게 활용할 수 있도록 한다.

셋째로, 기업의 ESG(환경, 사회, 지배구조) 경영을 추진함에 있어, 기존 행정제도와 프로세스의 충돌은 주요한 장애가 된다.

이를 극복하고 ESG 경영을 효과적으로 추진하기 위해서는 제도와 거버넌스의 혁신이 필수적이다.[7)]

첫째, ESG 경영의 법적 기반 확립이 중요하다. 글로벌 ESG 규제 준수를 위한 법적 기반이 마련되어야 하며, ESG의 중요성과 추진 방향, 관련 주체의 역할 및 책임을 명시하는 ESG 기본법 제정이 필요하다.

둘째, 정보 공개 제도를 강화해야 한다. 기업의 ESG 정보공시를 의무화하여 경영활동의 투명성을 높이고, ESG 평가 및 인증 시스템을 구축해 투자자와 소비자가 해당 정보를 쉽게 접하고 활용할 수 있도록 해야 한다.

셋째, 지방자치단체의 역할 강화가 중요하다. 지방자치단체는 ESG 조례 제정과 지원사업 확대를 통해 지역 기업의 ESG 경영을 촉진해야 하며, 시민들이 ESG 가치를 이해하고 일상에서 실천할 수 있도록 독려해야 한다. 이를 위해 지방자치단체는 ESG 가치의 홍보와 전파에 앞장서야 하며, 플라스틱 사용 감소, 재생에너지 사용 증대 등 시민참여가 필요한 활동을 적극적으로 알려야 한다. 또한, 글로벌 ESG 이슈가 지역사회에 미치는 영향을 시민들이 이해하고 학습할 수 있는 환경을 조성해야 한다.

---

7) 예컨대, EU 에너지위원회는 최근 재생에너지 허가 기간을 단축하는 패스트트랙 제도를 확정, 2023년부터 시행하고 있음. 이에 따라 EU는 재생에너지 확대를 가속화하기 위해 태양광 설비 설치 허가 및 승인 절차가 3개월을 초과하지 않도록 하는 규정을 만들어 운영하고 있음(류태웅, 2022.12.25., "신재생 규제 푸는 EU, 태양광·풍력 진출 가속", 전자신문, https://www.etnews.com/20221223000119)

넷째, 신기술의 활용으로 ESG 관련 데이터의 분석과 관리 효율성을 높여야 한다. 인공지능, 빅데이터, 블록체인 등의 기술을 활용해 ESG 시스템을 구축하는 것이 중요하다.

다섯째, ESG 경영전략 및 목표 설정과 평가, 공시는 필수적이다. 이는 단기 목표 설정으로 인한 성과 추적의 어려움을 극복하고, 명확한 목표달성을 위한 기반을 마련한다.

마지막으로, 거버넌스 구축은 ESG 경영의 핵심이다. ESG 관련 정책과 사업을 총괄하는 정부 부처를 지정하고, 다양한 이해관계자의 참여와 협력 체계를 구축해야 한다.

이러한 혁신적 접근은 ESG 경영의 효율성과 효과성을 높이고, 지속 가능한 사회발전에 기여한다. 결국, 이는 기업뿐만 아니라 사회 전반에 긍정적인 변화를 가져온다.

(6) 강화된 ESG 행정의 기대 효과

강화된 ESG 행정은 기업과 사회 전반에 걸쳐 긍정적인 변화를 가져올 수 있다. 이러한 변화는 지속 가능한 발전의 새로운 기준을 설정하고, 궁극적으로는 더 나은 미래를 향한 길을 열어준다.

먼저, 강화된 ESG 행정은 기업의 ESG 경영 참여를 유도하며, 이는 지속 가능한 경영 문화의 확산으로 이어진다. 기업들이 환경보호, 사회적 책임, 투명한 지배구조를 중시함으로써, 경영의 선순환 구조가 구축된다. 이는 기업뿐만 아니라 사회 전체에 긍정적인 영향을 미치며, 지속 가능한 발전을 촉진한다.

투자자 신뢰 증대 역시 중요한 기대 효과다. 투명한 ESG 정보의 공개는 투자자들이 기업의 지속가능성을 더 명확히 평가할 수 있게 해주며, 이는 투자자의 신뢰를 증대시키고 투자 활성화로 이어진다. 이는 기업에게 재정적 안정성을 가져다주며, 장기적으로는 경제 전반의 성장을 촉진한다.

기후변화 대응 강화는 또 다른 중요한 효과다. 기업들이 ESG 노력을 통해 온실가스 배출을 줄이고 환경보호에 앞장섬으로써, 지구온난화와 같은 글로벌 문제에 대응하고 지속 가능한 발전목표를 달성할 수 있다. 이는 미래 세대를 위한 건강한 지구를 보전하는 데 필수적이다.

국가경쟁력 강화도 예상되는 효과 중 하나다. ESG 경영을 선도하는 국가는 국제사회에서 높은 평가를 받게 되며, 이는 국제 경쟁력을 확보하는 데 기여한다. 지속 가능한 발전을 위한 국제적 노력에 적극적으로 참여함으로써, 해당 국가는 글로벌 리더십을 발휘할 수 있다.

파트너십 구축을 통한 지속 가능한 미래 추구는 강화된 ESG 행정의 중요한 기대 효과다. 다양한 이해관계자들 간의 협력은 지속 가능한 발전목표를 달성하기 위한 공동의 노력을 강화한다. 이러한 파트너십은 지역사회, 국가, 심지어 국제사회 전반에 걸쳐 지속 가능한 미래를 위한 혁신적인 해결책을 찾는 데 도움을 준다.

ESG 행정은 지역사회에도 긍정적인 변화를 가져올 수 있다. 이 변화는 에너지 비용의 절감, 폐기물 순환을 통한 환경 개선, 주민들을 위한 살기 좋은 환경 조성, 기업 및 공공기관의 사회적 공헌 확대, 그리고 투명하고 책임감 있는 거버넌스의 정착을 포함한다. 이러한 변화들은 지역사회 발전에 크게 기여할 수 있다.

에너지 비용 절감은 지역사회에 큰 혜택을 제공한다. 지속 가능한 에너지 소비와 효율적인 자원 관리를 통해 지역사회의 에너지 비용을 줄일 수 있으며, 이는 주민들의 생활비 절감으로 이어진다. 또한, 폐기물의 순환 활용을 통해 환경을 개선하고, 지역사회의 삶의 질을 높이는 데 기여한다.

지역사회 주민들에게 살기 좋은 환경을 제공하는 것은 ESG 경영의 중요한 목표 중 하나다. 청정하고 안전한 환경은 주민들의 건강과 웰빙에 직접적인 영향을 미치며, 이는 지역사회의 전반적인 만족도와 삶의 질을 향상시킨다.

기업이나 행정, 공공기관의 사회적 공헌 활동 확대는 지역사회 발전에 중요한 역할을 한다. 이러한 기관들이 지역사회에서 활발히 활동하고 기여함으로써, 교육, 건강, 인프라 개선 등의 분야에서 실질적인 발전을 이룰 수 있다. 이는 지역사회의 지속 가능한 성장을 촉진하고, 주민들의 삶의 질을 높이는 데 기여한다.

마지막으로, 투명하고 책임감 있는 거버넌스의 정착은 지역사회에 신뢰와 안정성을 제공한다. 이는 지역사회의 의사결정 과정에 주민들의 참여를 증대시키고, 지역사회의 요구와 우선순위를 반영하는 정책과 프로그램의 개발을 촉진한다.

이처럼 강화된 ESG 행정은 다양한 방면에서 긍정적인 변화를 가져오며, 이는 지속 가능한 발전을 위한 튼튼한 기반을 마련한다. 기업, 사회, 지역, 국가가 함께 협력하여 이러한 변화를 이끌어 내는 것은 더 나은 미래로 가는 길을 열어주는 중요한 단계다.

토론과제

1. 기업의 ESG 경영 참여를 높이는 가장 효과적인 방법은 무엇이라고 생각하나요?
   – 정부의 규제 강화가 필요할까요? 아니면 기업의 자발적인 참여를 유도하는 것이 더 효과적일까요? 기업들에게 어떤 인센티브를 제공할 수 있을까요?
2. 강화된 ESG 행정을 위한 구체적인 정책 방안은 무엇이라고 생각하나요?
3. ESG 경영과 단기적인 성과 추구 사이의 균형을 어떻게 유지할 수 있을까요?
4. 지역사회의 ESG 경영 참여를 높이는 방법은 무엇이라고 생각하나요?
5. 우리는 성공적인 ESG 경영의 미래를 위해 어떤 노력을 해야 할까요?

3 늦은 ESG 출발과 기업의 인식실태

1) 늦은 출발

21세기 초, 지속 가능한 경영에 대한 인식이 확대되면서 금융 시장에 새로운 패러다임이 도입되기 시작했다. 2004년에 발표된 'Who Cares Wins' 보고서는 ESG(환경, 사회, 거버넌스)라는 용어를 처음으로 소개하며 비즈니스 실천에 있어 지속가능성의 중요성을 널리 알렸다.

2006년 4월, 코피 아난(Kofi Atta Annan) 전 유엔 사무총장의 주도로 책임투자원칙(PRI)이 20명의 투자기관장들과 1년간의 작업 끝에 수립되었다. 급격한 변화가 세계 금융 시장에 미칠 부정적인 영향을 고려하여, 참여자들은 ESG 투자를 점진적으로 확대하고 15년 후인 2020년에 PRI를 본격화하기로 약속했다.

2019년 비즈니스라운드테이블은 또 다른 중대한 변화의 순간이었다. 미국의 200대 대기업으로 구성된 이 협의체는 1997년부터 이어진 "회사는 주주를 위해 존재한다"는 원칙을 삭제하고, 8월에 기업의 사회적 책임을 강조하는 새로운 성명을 발표했다. 이는 이해관계자 자본주의로의 전환을 의미하는 것이었다.

그러나 우리나라는 이러한 글로벌 표준에 다소 늦게 동참하였다. 문재인 대통령은 2021년을 ESG 경영 확산의 원년으로 선언하며, 국제 ESG 기준에 부합하기 위한 출발을 알렸다.

이러한 변화는 기업의 사회적 책임과 윤리를 요구하는 추세에 발맞추어 지속가능한 사회발전을 위한 기업의 책임 있는 역할과 실천을 반영한다. 기업경영의 성공은 환경보호, 사회적 책임, 윤리적 거버넌스와 깊이 연결되어 있다는 인식이다. 세계적 수준의 많은 기업들이 ESG 원칙을 채택하겠다고 약속하고 있으며, 지속 가능하고 공정한 미래를 향한 로드맵을 제시하고 있다. 이러한 움직임에 우리나라도 가세하였지만, 조금 더딘 속도로 동참하고 있어 ESG 행정을 통한 공공의 역할과 지원, 성공적 ESG 실천을 위한 민간기업과 공공기관, 시민, 글로벌 사회와의 긴밀한 파트너십과 협력이 필요한 때이다.

2) 기업의 ESG 인식상황

대한상공회의소의 2023년 2월 조사[8]에 따르면, 공급망 실사에 대응해야 하는 원청기업의 48.2%, 협력업체의 47%가 별다른 대응 조치 없이 상황을 지켜보고 있는 것으로 나타났다. 이는 거의 절반에 달하는 기업들이 공급망 실사에 필

8) 대한상공회의소(2023.2.6.), "수출장벽? ESG 공급망 실사법", 2023년 ESG 주요 현안과 정책과제 조사

요한 준비를 하지 않고 있다는 것을 의미한다.

별도의 대응 조치를 취하지 않은 기업들은 47%에 달하며, 이는 공급망 실사에 대한 인식 부족이나 대응의 필요성을 느끼지 못하는 기업들이 많다는 것을 보여준다. 반면, 진단 및 평가를 시행한 기업은 26.2%에 불과했다. 실사 준비를 위한 첫걸음을 뗀 기업들도 적지 않지만 여전히 부족한 상태임을 나타낸다.

▷실사대응 관련 원청기업 48.2%, 협력업체 47.0%가 별다른 대응조치 없는 상황 (대한상의 조사, '23.2)

별도조치 없음	진단/평가 시행	대응조직 구성	진단평가 후 컨설팅
47.0%	26.2%	13.7%	13.1%

대응 조직을 구성한 기업은 13.7%에 그쳤으며, 이는 공급망 실사에 대응하기 위해 전담조직을 마련한 기업이 소수에 불과함을 보여준다. 또한, 진단 및 평가 이후 컨설팅을 받은 기업은 13.1%로, 실사 준비를 위한 전문적인 조언이나 지원을 받은 기업도 많지 않다.

이러한 상황은 우리나라 기업들이 공급망 실사에 대한 준비와 대응에 있어 늦은 출발을 하고 있음을 보여준다. 공급망 실사는 기업의 지속가능성과 사회적 책임을 평가하는 중요한 기준이 되고 있으며, 국제적으로도 그 중요성이 점점 더 강조되고 있다. 따라서 국내 기업들은 공급망 실사에 대한 인식을 높이고, 체계적인 준비와 대응 전략을 마련할 필요가 있다.

이를 위해서는 공급망 실사의 중요성에 대한 교육과 인식 제고 활동이 필수적이며, 전문가의 조언을 통한 진단 및 평가, 대응 조직의 구성과 같은 구체적인 조치가 요구된다. 또한, 협력업체와의 긴밀한 소통과 협력을 통해 공급망 전반의 준비 상태를 강화해야 한다. 우리나라 기업들이 이러한 노력을 통해 공급망 실사에 효과적으로 대응한다면, 지속 가능한 경영을 실천하고 국제적인 경쟁력을 강화하는 데 기여할 수 있을 것이다.

3) 지방공기업의 ESG 경영 인식 수준

지방공기업평가원의 2022년 지방공기업의 ESG 경영 인식수준 실태조사 결과, 시설관리공단을 중심으로 살펴볼 때, ESG 경영 인지 수준이 높은 편이라는 것이 밝혀졌다. ESG 경영 인지여부를 묻는 항목에서 41개 시설관리공단 임직원 97% 이상이 ESG 경영에 대해 알고 있다고 응답했다. 이는 시설관리공단 등 지방공기업이 ESG 경영의 중요성을 인지하고 있다는 긍정적인 신호로 볼 수 있다.

응답	전혀 모른다	대체로 모른다	대체로 알고 있다	잘 알고 있다	합계
빈도	0	1	18	22	41
비율(%)	0	2.44	43.9	53.66	100

4) 지방공기업의 ESG 경영 도입 현황

그러나 실제 ESG 경영 도입 수준은 아직 초기 단계에 머물고 있다. 92% 이상의 시설관리공단이 초기 준비 단계 또는 도입 단계에 있으며, 비전 선포나 전담조직 설치, 중장기 목표 수립 등의 기본적인 단계까지만 진행된 상황이다. 부서별 핵심성과지표(KPI) 설정, 보고 환류체계 구축, ESG 경영보고서 작성 등 심화된 단계는 아직 미흡하다.

5) 지방공기업의 ESG 경영 도입 애로사항

실태조사에서 지방공기업이 ESG 경영 도입 시 다음과 같은 애로사항을 주로 겪고 있는 것으로 나타났다.

응답	비용(예산) 부담	대응 전문인력 부족	가이드라인 부재	경영전략과 연계의 어려움	인센티브 부족	도입 필요성에 대한 확신 부족
빈도	11	21	19	16	10	4
비율(%)	28.21	53.85	48.72	41.03	25.64	10.26

- 대응 전문인력 부족: ESG 경영 전문인력 부족은 지방공기업이 ESG 경영을 효과적으로 추진하는 데 있어 가장 큰 걸림돌이다. 관련 지식과 경험을 갖춘 인력이 부족해 정책 수립, 전략 실행, 평가 등의 과정에서 어려움을 겪고 있다.
- 가이드라인 부재: 지방공기업의 ESG 경영 도입을 위한 명확하고 구체적인 가이드라인이 부족하다. 기존 가이드라인은 대기업 중심으로 작성되어 있어 지방공기업의 특성을 반영하지 못하고 있다.
- 경영 전략과 연계 어려움: ESG 경영을 기존 경영 전략과 연계하는 데 어려움을 겪고 있다. ESG 경영을 단순히 규정 준수 또는 이미지 제고 차원에서만 접근하는 경우, 지속 가능한 경영으로 이어지기 어렵다.
- 회의적 시각: 일부 지방공기업에서는 ESG 경영의 효과에 대해 회의적인 의견을 나타내고 있다. ESG 경영이 추가적인 업무 부담으로만 인식될 경우, 적극적인 참여를 유도하기 어렵다.

6) 지방공기업의 ESG 경영 성공을 위한 개선 방안

지방공기업의 ESG 경영 성공을 위해서는 다음과 같은 개선 방안이 필요하다.

- 전문인력 양성: ESG 경영 전문인력 양성 프로그램을 개발하고 운영해 지속 가능한 경영을 위한 전문성을 강화해야 한다.
- 맞춤형 가이드라인 개발: 지방공기업의 특성을 반영한 맞춤형 ESG 경영 가이드라인을 개발해 실질적인 도입을 지원해야 한다.
- 경영전략과 연계 강화: ESG 경영을 기존 경영전략과 유기적으로 연계해 지속

가능한 성장을 위한 토대를 마련해야 한다.

- **인센티브 제공:** ESG 경영목표 달성에 대한 인센티브를 제공해 참여 동기를 부여하고, 성과를 관리해야 한다.
- **사회적 책임 강화:** 지역사회와의 소통 및 협력을 통해 지역사회 발전에 기여하고, 사회적 책임을 강화해야 한다.
- **정부지원 확대:** 정부와 지자체는 지방공기업의 ESG 경영 도입을 위한 예산, 교육 프로그램, 컨설팅 서비스 제공 등 다양한 지원을 확대해야 한다.
- **성과평가 및 개선:** 정부와 지자체는 ESG 경영 성과를 지속적으로 평가하고 개선하여 지속 가능한 경영시스템을 구축해야 한다.

요약하면, 지방공기업의 ESG 경영 도입은 초기 단계이지만 지속 가능한 경영을 위한 중요한 전략이다. 전문인력 양성, 맞춤형 가이드라인 개발, 경영전략과 연계, 인센티브 제공, 사회적 책임 강화 등을 통해 ESG 경영을 성공적으로 도입하고 지속 가능한 성장을 이루어낼 수 있다.

토론과제

1. 지속 가능한 경영과 국제 경쟁력 확보를 위한 기업의 ESG 대응 전략의 중요성에 대해 토론하고, 기업들이 ESG를 도입하면서 겪을 수 있는 잠재적인 도전과 기회에 대해 논의하시오.
2. 공급망 실사 대응에 있어서 기업들이 취해야 할 조치에는 어떤 것들이 있는지 토론하고, 이를 효과적으로 수행하기 위한 구체적인 방안을 제안하시오.
3. 글로벌 ESG 기준에 대응하기 위해 정부, 민간기업, 시민사회가 어떻게 협력할 수 있을지, 이러한 협력이 왜 중요한 지에 대해 논의하시오.
4. ESG 경영을 확산시키기 위한 공공의 역할과 지원에 대해 토론하고, 교육과 인식 제고 활동이 왜 필요한 지에 대해 논의하시오.
5. 지방공기업의 ESG 경영 도입에 대한 주요 애로사항과 해결 방안은 무엇인가?
6. 지방공기업의 ESG 경영 성공을 위한 구체적인 실행 방안은 무엇인가?
7. 지방공기업에 ESG 경영 전문인력 양성 프로그램이 왜 필요한지, 그리고 이 프로그램이 어떤 구성 요소를 포함해야 하는지 토론하시오.
8. ESG 경영 목표를 기존의 경영전략과 어떻게 유기적으로 연계할 수 있을지 구체적인 방안을 제시하고 토론하시오.
9. 정부와 지자체가 지방공기업의 ESG 경영을 지원하기 위해 제공할 수 있는 예산 지원, 교육 프로그램, 컨설팅 서비스 등에 대해 논의하시오.
10. 정부와 지자체는 공공기관의 ESG 경영 성과를 어떻게 평가하고 개선해야 한다고 생각하는지, 그리고 이를 위한 구체적인 기준과 방법에 대해 논의하시오.

4 외국의 ESG 동향

1) 경쟁적인 그린산업 육성

EU의 급격히 증가하는 ESG 규제는 '제2절 글로벌 ESG 환경'에서 이미 다룬 바와 같다. 또한, 최근 미국과 유럽연합(EU)은 친환경 산업과 기술 시장의 선두주자가 되기 위해 글로벌 경쟁에 적극적으로 뛰어들고 있다. 이러한 움직임은 ESG(환경, 사회, 지배구조) 경영의 전 세계적 확산과 중요성을 인식하고, 지속 가능한 발전을 촉진하기 위해 대담한 투자와 정책을 추진하는 추세를 반영한다.

미국에서 2022년 9월에 발효된 인플레이션 감축법(IRA)은 그린 산업에 대한 투자를 핵심 내용으로 하고 있다. 이 법은 재생에너지, 전기차, 수소 등 그린 산업 분야에 약 3,690억 달러를 향후 10년 동안 투자하는 내용을 담고 있으며, 이를 통해 미국 내에서 관련 생산 체제를 강화하고 미래 산업의 국내화를 추진한다.

미국의 인플레이션 감축법(IRA)에 대응하여 유럽연합 집행위원회는 2023년 2월 1일 그린딜 산업 계획을 제안했다. 이 계획은 규제 개선, 자금 조달을 원활하게 하기 위한 국부펀드 신설, 숙련 인력 강화, 교역 활성화 등이 포함되어 있어 친환경 산업발전을 촉진하려는 것이다.

이러한 글로벌 동향은 우리나라에도 중요한 시사점을 제공한다. 미국과 EU의 움직임은 그린 산업에 대한 투자 확대뿐만 아니라 국가 경제의 전략적 재편과 미래 산업 경쟁력 강화를 목표로 하고 있다. 우리나라도 이 같은 배경을 이해하고, 경각심과 함께 적극적인 대응 전략을 수립할 필요가 있다.

2) 재생에너지 3배 확대 추진[9)]

재생에너지의 확대는 지구온난화에 대응하고 지속 가능한 미래를 위한 필수적인 단계다. 2023년 12월 COP28 회의(제28차 유엔기후변화협약 당사국총회)[10)]에서 재생에너지 발전용량을 3배로 확대하는 서약이 발표되었다. 이 서약은 글로벌 재생에너지 및 에너지 효율화를 위한 서약으로 알려져 있으며 2030년까지 세계 재생에너지 발전용량을 11TW로 늘리고, 에너지 효율 개선율을 2배로 확대하는 내용을 담고 있다.

한국을 포함한 123개국이 이 서약에 서명했으며, 이는 지구온난화 대응과 환경보호에 큰 도움이 될 것으로 기대된다.

2030년까지 현재 대비 재생에너지 발전용량을 3배로 증가시키는 것을 목표로 하는 COP28 합의에는 태양광, 풍력, 수력, 지열 등 다양한 재생에너지원이 포함된다. 더 나아가, 2050년까지 재생에너지를 주력 에너지원으로 전환함으로써 탄소 중립을 달성하려는 큰 그림을 그리고 있다.

이는 끊임없는 혁신과 연구개발을 통해 가능하며, 이러한 노력은 재생에너지 산업을 촉진하고, 새로운 일자리를 창출하며, 궁극적으로 경제 성장에 기여할 것으로 기대된다. 더불어, 지구온난화 방지, 에너지 자립, 환경보호와 같은 긍정적 효과를 가져올 것이다.

하지만, 이러한 변화를 이끌어내기 위해서는 높은 투자비용, 지속적인 기술개

9) IRENA(국제재생에너지기구) 웹사이트, "NDCs and renewable energy targets in 2023: Tripling renewable power by 2030", https://www.irena.org/Publications/2023/Dec/NDCs-and-renewable-energy-targets-in-2023-Tripling-renewable-power-by-2030

10) 김현경(2023.12.18), "COP28이 남긴 과제…"2035 NDC · 격년 투명성 보고서 준비해야", ESG경제, https://www.esgeconomy.com/news/articleView.html?idxno=5453
'COP 28 결과': 2024년 말까지 제출할 제1차 NDC 이행 보고서(격년 투명성 보고서) 작성 필요. 2021년 글래스고에서 개최된 COP26에서 당사국들은 매 5년마다 차기 NDC를 갱신해 제출하기로 합의했었음. 따라서 정부는 2035년 NDC를 내년인 2025년까지 제출해야 함. 격년 투명성 보고서(BTR)는 국가의 온실가스 배출량과 흡수량, 감축목표 이행과 달성 현황 등의 정보를 담은 보고서로, 기후변화협약 당사국은 2024년부터 2년마다 유엔에 보고서를 제출해야 함.

발, 정책 지원, 국제협력 등 여러 과제를 해결해야만 가능하다.

이는 각국이 자국 이익 추구뿐 아니라 지구적 차원의 이익을 위해 협력해야 함을 의미한다. 지속 가능한 미래를 향해 나아가기 위해서는 모든 국가의 노력과 협력이 필수적이다.

3) EU, 2030년 재생에너지 22%→42.5% 확대[11)]

2023년 9월 12일, 유럽연합(EU)은 2030년까지 재생에너지 사용 비율을 22%에서 42.5%로 상향 조정하는 목표를 유럽의회에서 통과시켰다. 이는 기존 목표치인 32%를 훨씬 뛰어넘는 것으로, 재생에너지 사용을 현재의 두 배 수준으로 확대하겠다는 포부를 담고 있다. 이는 '핏 포 55 패키지(Fit for 55 package)'의 일환으로, 2030년까지 온실가스를 55% 감축하겠다는 EU의 포괄적인 추진방안 중 하나다.

재생에너지 발전 시설에 대한 승인 절차는 행정적 효율성을 높이기 위해, 환경에 해를 끼치지 않는 지역은 최대 12개월로, 그 외 지역은 최대 24개월로 단축되었다. 이러한 조치는 재생에너지 기반 시설의 확충을 가속화하고자 하는 EU의 의지를 담고 있다.

교통 분야에서는 바이오 연료와 수소 사용을 촉진하여 2030년까지 탄소 배출량을 14.5% 감소시키는 목표를 설정하였다. 이는 운송 부문 온실가스 배출 감축에 중요한 역할을 할 것으로 기대된다.

이와 같은 EU의 정책은 재생에너지 활용 증대와 온실가스 배출 감소라는 글로벌 환경 목표를 달성하고, 지속 가능한 에너지 시스템으로의 전환을 추구한다. 이는 장기적으로 지속 가능한 발전을 도모하고, 에너지 분야에서의 글로벌 리더십을 확립하는 데 기여할 것으로 기대된다.

---

11) 정빛나(2023.9.13.), "EU, 2030년 재생에너지 22%→42.5% 확대… 원자력도 제한적 인정", 연합뉴스, https://www.yna.co.kr/view/AKR20230912167200098

4) 카타르 태양광 투자[12)]

중동은 연간 총 전력 생산에서 재생에너지 비중이 1%에 불과했다. 특히 카타르는 2020년까지 태양열을 통한 전력생산은 0.1% 미만으로 미미했다. 하지만 2021년에 비해 2023년 재생에너지 생산 비중을 10.3%나 증가시키며 포스트 석유 시대에 대비한 투자를 확대하고 있다.

세계 2위 천연가스 수출국인 카타르는 '카타르 비전 2030'에 따라 에너지 분야에서 대대적인 변화를 추구하고 있다. 대표적인 사례로, 2030년까지 전체 전력 생산량의 30%를 태양광 발전에서 얻겠다는 계획을 제시했다. 사우디는 2030년까지 재생에너지 비율을 50%, UAE는 2050년까지 44%로 올리겠다고 밝혔다.

5) 토론토시 사례

캐나다 토론토시 정부는 2020년 11월 캐나다 최초로 첫 ESG 보고서[13)]를 발간했다. 이는 세계적으로도 드문 사례이다. 토론토시는 매년 정기적으로 ESG 보고서를 발간하며 지속 가능한 발전의 길을 선도하는 도시로 거듭나고 있다.

이 보고서는 토론토시가 ESG 정책과 관련된 기회와 위험을 어떻게 식별하고, 이를 전략적 우선순위, 지속 가능한 재정, 사회경제적 결과와 어떻게 연계시키고 있는지를 개괄적으로 설명하고 있다.

토론토시는 환경 부문에서 TransformTO 프로젝트를 통해 온실가스 배출을 줄이는 것을 목표로 하고 있다. 그 결과 1990년 대비 2018년까지 토론토의 온실가스 배출량을 30% 감소시키는 획기적인 성과를 이루었으며, 이는 2020년 목

12) 심은지(2023.12.27.), "카타르, 축구장 1400개 규모 태양광 내년 가동…5100兆 시장 뜬다", 한국경제신문, https://www.hankyung.com/article/2023122759491; 문수아(도하무역관)(2022.11.25.), '태양광 에너지 강국으로 도약하는 카타르', KOTRA 해외시장뉴스

13) https://www.toronto.ca/legdocs/mmis/2021/ex/bgrd/backgroundfile-159902.pdf

표치를 2년 앞당겨 달성한 것이다.

사회 부문에서는 HousingTO 2020~2030 주택계획이 주목할 만하다. 이 계획은 홈리스부터 노인, 주택 소유자, 세입자에 이르기까지 모든 시민의 주거 요구를 해결하기 위한 포괄적인 접근 방식을 제시한다.

지배구조 부문에서 토론토시는 개방성과 투명성을 유지하기 위해 다양한 조치를 취하고 있다. 시는 감사원장, 청렴위원, 로비스트 등록창구 설치와 옴부즈만 고용을 통해 책임 있는 거버넌스를 실현하고 있다. 또한, 위험 관리, 재정 지속가능성, 디지털 혁신, 책임 있는 조달 및 명확한 성과지표를 설정하여 유엔의 지속 가능한 발전목표와 일치하는 균형 잡힌 거버넌스 모델을 구축하려고 노력하고 있다.

이 보고서는 토론토시가 환경보호, 사회적 평등, 강력한 거버넌스를 우선시하며 서비스를 제공하고 방식을 투명하게 공개한다. 매년 발간되는 이 보고서를 통해 토론토시는 혁신을 포용하고 변화를 주도함으로써 살기 좋은 도시를 만들기 위해 지속적으로 노력하고 있다.

보고서의 전체 내용은 토론토시의 공식 웹사이트에서 확인할 수 있다. 시민들과 전 세계 이해관계자들은 이곳에서 토론토시가 지속 가능한 발전을 위해 어떤 노력을 기울이고 있는지, 그리고 이러한 노력이 어떤 성과를 거두고 있는지에 대한 정보를 얻을 수 있다. 보고서 주요내용을 정리하면 아래 내용과 같다.

토론토시의 E, S, G 각 항목별 목표와 성과 정리

- E: 토론토 시의 기후변화 전략인 TransformTO프로젝트를 통해 온실가스 배출량을 줄이는 것을 목표로 함
  → 그 결과, 1990년부터 2018년까지 토론토의 온실가스 배출량이 30% 감소하여 2020년까지의 목표치를 2년 일찍 달성
- S: 2020-2030 주택계획인 HousingTO를 통해 홈리스/노숙자부터 노인, 주택소유자, 세입자에 걸친 주택계획을 발표
- G: 감사원장(auditor general), 청렴위원(integrity commissioner), 로비스트 등록창구(lobbyist registrar) 설치 및 옴부즈만(ombudsman)을 고용해 시 정부 개방성과 투명성을 유지

6) 스웨덴과 덴마크의 ESG 추진

스웨덴과 덴마크는 환경, 사회, 지배구조(ESG) 원칙을 정책에 적극 도입함으로써 지속가능성과 책임 있는 거버넌스를 선도하는 국가로 인정받고 있다.

스웨덴[14)]은 환경보호, 성 평등, 반부패 조치에 중점을 둔 다각적인 ESG 접근 방식을 취하고 있다. 스웨덴은 2040년까지 100% 재생에너지 사용과, 2045년까지 탄소 중립 달성을 목표로 하고 있다. 스웨덴은 음식물 쓰레기의 99% 이상을 재활용률을 자랑하며 세계 최고 수준의 환경 선두주자로 주목받고 있다. 성 평등 분야에서도 두각을 나타내, 2023년 세계 성 격차 보고서에서는 146개국 중 5위를 차지하며 성평등 실현을 위한 끊임없는 노력과 강력한 의지를 보여주고 있다. 또한, 스웨덴은 부패방지에 있어서도 탁월한 성과를 거두고 있으며, 이는 2022년 국제투명성기구의 국가별 부패 인식 지수에서 스웨덴이 세계에서 다섯 번째로 부패가 가장 적은 국가로 평가된 것으로도 입증된다. 스웨덴은 또한 빈곤 감소와 지속 가능한 사업 촉진의 중요성을 강조하며, 국영기업들에게 경제협력개발기구(OECD) 지침과 글로벌보고이니셔티브(GRI)[15)]에 따라 지속가능성 보고서를 만들어 내도록 요구한다.

덴마크[16)]는 특히 풍력 에너지 분야에서 세계적인 선도 국가이다. 덴마크 정부는 재생에너지 개발을 위한 다양한 정책과 투자를 지원하고 있다. 고품질의 노동 환경을 제공하고 사회 안전망 구축과 사회적 포용에 대한 지원을 확대한다. 덴마크 정부는 강력한 반부패 시스템을 구축한 결과 국제투명성기구의 2022년 국가별 부패 인식 지수에서 핀란드, 뉴질랜드, 노르웨이와 함께 가장 부패가 적

14) Swedish Environmental Protection Agency, 2020, 'Agenda 2030 and the Global Goals for Sustainable Development', Swedish Environmental Protection Agency , Stockholm, Sweden, accessed 13 June 2020; https://sweden.se/climate/sustainability/sweden-and-sustainability

15) 한국표준협회(2017.9.26.), "GRI G4.0 가이드라인에 따른 지속가능성 보고 원칙", https://m.blog.naver.com/ksagma/221105428700; 조혜진(2023.8.3.), "GRI보고 기본 원리 담은 지침서 GRI 1", 데일리임팩트, https://www.dailyimpact.co.kr/news/articleView.html?idxno=101563

16) https://stateofgreen.com/en; KOTRA & KOTRA 해외시장뉴스(2021.8.31.), 덴마크 ESG 정책과 기업 현황; https://www.designdb.com/?menuno=1280&bbsno=6554&siteno=15&act=view&ztag

은 국가로 랭크되었다. 투명한 지배구조를 선도하는 덴마크는 모든 정부 정보를 온라인에서 공개하고 있다. 덴마크의 ESG 원칙 실천과 접근방식은 다른 국가들이 비슷한 ESG 관행 도입에 모델로 활용된다.

스웨덴과 덴마크는 환경보호, 사회적 책임, 투명한 지배구조의 통합을 통해 지속 가능한 발전과 시민의 삶의 질 향상에 크게 기여하는 국가로 주목받고 있다.

스웨덴과 덴마크의 ESG 추진사례는 경제적 성장과 지속 가능한 발전이 서로 상충 되지 않음을 보여주며, 다른 국가들에게 ESG 원칙의 중요성과 실행 가능성을 제시한다. 이 두 국가의 성공은 지구 환경보호와 사회적 평등 증진뿐만 아니라 국민의 삶의 질 개선에도 큰 기여를 하고 있다. 이러한 접근법은 다른 국가들이 자체 ESG 정책을 개발하고 실행하는 데 중요한 참고 자료가 될 수 있다.

토론과제

1. 미국과 EU의 그린산업 투자 확대에 대응하여 우리가 한국이 경쟁적인 그린산업 생태계를 구축하기 위해 필요한 노력은 무엇인가?
2. COP28에서 합의된 재생에너지 3배 확대 목표 달성을 위해 필요한 정책과 투자는 무엇인가?
3. EU의 재생에너지 확대 목표가 한국에 미치는 영향은 무엇인가?
4. 중동 국가들의 재생에너지 투자 확대가 글로벌 에너지 시장에 미치는 영향은 무엇인가?
5. 토론토시의 ESG 경영 사례를 한국 사회에 적용하기 위한 과제는 무엇인가?
6. 스웨덴과 덴마크의 ESG 경영 사례를 우리나라에 적용하기 위해 필요한 노력은 무엇인가?

5 정부의 ESG 역할과 우리나라 실태

정부와 지방자치단체는 지속 가능한 발전을 위해 환경보호, 사회적 책임, 투명하고 책임 있는 기업 운영을 강조하는 다양한 정책과 제도를 시행하고 있다.

1) 초기 단계(2020년 이전): 개별 정책 추진

2010년대 초반부터 우리나라 정부는 환경, 사회, 거버넌스 분야별 개별 정책을 통해 ESG 가치를 추구했다. 대표적인 정책으로는 녹색성장 기본법, 온실가스 감축 및 거래제도, 청탁금지법 등이 있다.

환경, 사회, 지배구조 분야별 개별 정책을 통해 ESG 가치를 추구했던 초기 단계는 정책 간 연계 부족과 시스템 효율성 미흡으로 ESG 경영 인식과 확산에는 한계를 드러냈다.[17] 그럼에도 불구하고 국제신용평가사 무디스는 우리나라의 ESG 신용영향 점수를 '최고등급'인 1등급(긍정적)으로 평가했다고 2021년 1월 발표했다.[18]

2) 본격화 단계(2020년 이후): 체계적인 정책 구축

정부는 2020년 'ESG 경영 확산 및 투자 활성화 2025 로드맵' 발표를 시작으로 ESG 정책을 체계적으로 구축하기 시작했다. 2021년 'ESG 인프라 확충 방안' 발표, 2022년 '정부 기관 ESG 경영평가 기준' 마련, 윤석열 정부의 '성장 지향적 ESG 경영' 모델 강조 등을 통해 정책적 토대를 마련했다.

특히 2021년 8월에 발표된 'ESG 인프라 확충 방안'[19]에는 다음과 같은 내용을 포함하고 있다.

- ESG 경영공시 활성화: 상장기업 중심으로 지속가능경영보고서 및 기업지배구

17) 기업들의 ESG 경영 수준은 5점 척도 기준 2.9점으로 보통(3점) 이하로 낮게 나타났다. 또한, 전체적으로 20% 이하의 기업만이 ESG 전담조직과 인력을 갖춘 것으로 조사됐다(대한상공회의소, 산업통상자원부, 한국생산성본부, 2021.12., 'ESG 확산 및 정착을 위한 기업 설문조사분석 결과보고서'

18) 이보배(2021.1.19.), "무디스, 한국 ESG 신용영향 점수 '최고등급' 평가(종합)", 연합뉴스, https://www.yna.co.kr/view/AKR20210119067951002

19) 기획재정부(2021.10.5.), 'ESG인프라 확충방안', https://www.moef.go.kr/sns/cardNewsDtl.do?selectedId=MOSF_000000000056852

조보고서를 공시한다. 지속가능경영보고서는 자율공시이며, 기업지배구조 보고서는 자산규모에 따른 기업의 의무 공시이다.

* 기업지배구조보고서 의무공시 추진일정: ('19) 자산 2조원 이상 → ('22) 1조원 이상 → ('24) 5천억 원 이상→ ('26) 코스피 상장사 전체로 확대

- 중소·중견기업 ESG 역량 강화: K-ESG 가이드라인·녹색분류체계를 마련하고, ESG 투자플랫폼을 구축한다.
- 공공기관 ESG 경영: 공공기관의 ESG 공시를 확대한다.[20]
- ESG 채권·펀드 활성화: 국민연금 등 주요 투자기관들이 ESG 투자를 확대한다.
- 시장 자율규율체계: ESG 정보플랫폼을 구축하고, 시장의 자율규율을 강화한다.
- 공공부문 ESG 투자: 공공기관의 ESG 투자를 적극적으로 지원한다.

3) 주요 국정과제 및 정책 사례

윤석열 정부는 ESG 관련 8개의 국정과제를 채택, '성장 지향적 ESG 경영' 모델을 강조하며 기존 정책을 계승하고 발전시키고 있다.

- 성장지향형 산업전략 추진: 중소·중견기업의 ESG 경영 확산 및 지원 강화에 초점을 맞추고 있다.
- 역동적 혁신성장을 위한 금융·세제 지원 강화: 금융권의 ESG 분야 자금 지원 확대와 맞춤형 컨설팅 지원 강화를 목표로 한다. 이러한 노력은 국제적인 ESG 기준에 부합 하면서도 한국의 특성을 반영한 지속 가능한 발전 전략을 목표로 한다.

각 정책부문별로 추진사례를 살펴본다.

20) 기획재정부 보도자료(2021.3.4.), "공공기관 공시항목에 ESG(환경, 사회, 지배구조) 대폭 확대한다.", https://www.moef.go.kr/nw/nes/detailNesDtaView.do?searchBbsId1= MOSFBBS_000000000028&searchNttId1=MOSF_000000000054026&menuNo=4010100

• 환경(E) 부문

- 저탄소녹색성장기본법(2010년 1월 13일 제정): 저탄소 녹색 성장을 위한 근본적인 법적 틀을 마련하였다.
- 온실가스 배출권 거래 제도(2015년 1월 1일 시행): 기업의 온실가스 감축 노력을 장려하고 탄소 배출량을 관리하기 위한 제도를 도입하였다.
- 탄소중립·녹색성장 기본법(2021년 9월 24일 제정): 탄소중립 실현을 위한 국가적 목표와 실행 방안을 담은 법률을 제정하여 기후위기 대응에 나섰다.

• 사회(S) 부문

- 중대재해 처벌 등에 관한 법률(2022년 1월 26일 시행): 근로자의 안전을 보장하고, 중대재해 발생 시 기업의 형사적 책임을 강화하는 법률이다.
- 인권 관련 법률: 노동기준법, 장애인 차별 금지 및 권리 구제에 관한 법률, 성평등과 가족친화적 환경 조성을 위한 법률 등을 통해 근로자와 소비자, 지역사회 등 다양한 이해관계자의 권리와 복지를 보호하고 증진한다.

• 거버넌스(G) 부문

- 지속가능성기준위원회(KSSB)(2022년 12월 15일 설립): 기업의 ESG 공시제도 정비와 공시 기준을 마련하기 위해 한국회계기준원 내에 설립되었다.
- 청탁금지법(김영란법)(2015)과 이해충돌방지법(2022): 공직자와 기업의 투명성과 청렴성을 강화하기 위한 법률로서, 공정한 직무 수행을 촉진한다.
- 민관합동 ESG 정책 협의회[21](2023년 2월부터 운영): 기재부 차관을 위원장으로 하여 관계부처의 차관급 인사와 민간전문가들이 참여하는 협의체이다. ESG 정책 방향 설정, 실행 계획 수립, 그리고 ESG 관련 정책의 효과적인 추진을 위한 협의를 목적으로 한다.

21) 필자는 2023년 2월과 5월 두 차례 협의회에 민간전문가 위원으로 참여하였다.

이러한 정책과 제도는 ESG 경영 확산과 지속 가능한 발전을 추구하는 국내 기업과 공공기관에 중요한 지침을 제공한다. 정부는 이러한 정책과 제도를 지속적으로 개선하는 노력을 기울이고 있다.

하지만 기재부 차관을 위원장으로 하는 민관합동 ESG 정책 협의회는 국무위원이 참여하지 않고 있어 종합적 컨트롤타워로서 한계가 있다. 부처별, 기관별로 개별적으로 이루어지는 ESG 정책추진에 대하여 정책 간 연계와 협력 효율성에 제약이 따를 수 있다. 특히, 정책의 실행과 추진 상황을 점검하고 평가할 수 있는 시스템이 부재하여, 정책의 효과를 정확히 측정하고 개선하기가 어려운 상황인 것으로 파악된다.

이러한 문제점을 해결하기 위해 사단법인 글로벌 ESG 협회(회장: 황인경)는 조해진 국회의원실 지원과 협력으로 '기업 등의 지속가능경영 지원을 위한 환경·사회·거버넌스 기본법안'을 마련하여 그 법안은 23년 11월 국회에 제출되었다. 이 법안에는 국가 및 지방자치단체, 기업, 금융기관의 책무 규정, 국가 환경·사회·거버넌스 기본계획의 수립 및 이행, 국가 및 지방자치단체, 기업, 금융기관의 책무 규정, 국가 환경·사회·거버넌스 기본계획의 수립 및 이행, 기업의 ESG 관련 사항 공시 의무화, 국가 환경·사회·거버넌스위원회의 설치 등이 포함되어 있다.

한편 지방자치단체 차원에서의 ESG 기본조례 제정도 활발하게 진행되고 있다. 국가법령정보시스템에서 파악한 바에 따르면, 2024년 2월 16일 기준으로, 62개 지자체에서 총 65개의 ESG 조례가 제정되어 운영 중이다. 이러한 조례들은 각 지역사회의 특성에 맞는 지속 가능한 발전 전략을 수립하고 실행하는 데 중요한 기반이 된다.

'기업 등의 지속가능경영 지원을 위한 환경·사회·거버넌스 기본법안'과 지방자치단체별 조례 제정은 한국의 ESG 정책을 통합적이고 체계적으로 추진하는 데 중요한 기반이 될 것으로 기대된다. 기본법안의 제정은 국가 차원에서 ESG 관련 정책을 효과적으로 추진할 수 있는 컨트롤타워의 역할을 구축하는 데 기여할 것으로 예상된다. 이러한 조치를 통해 기업과 공공기관이 지속가능경영과

ESG 원칙을 내재화하고 실천할 수 있는 토대가 마련될 것으로 전망된다.

토론과제

1. 20년부터 본격화된 체계적인 ESG 정책 구축이 기업과 공공기관에 어떠한 긍정적인 영향을 미치고 있을까요?
2. 상장기업을 중심으로 한 지속가능경영보고서 및 기업지배구조보고서 공시의 의무화가 기업의 투명성과 투자자 신뢰에 어떤 영향을 미치고 있을까요?
3. K-ESG 가이드라인 및 녹색분류체계 마련, ESG 투자플랫폼 구축 등 중소·중견기업의 ESG 역량 강화를 위한 정책들이 실제로 기업들의 지속가능성 향상에 기여하고 있을까요? 이러한 정책들이 가지고 있는 한계는 무엇이며, 어떻게 개선할 수 있을까요?
4. 공공기관의 ESG 공시 확대가 공공 부문의 지속가능성 향상에 어떤 역할을 하고 있을까요?
5. '기업 등의 지속가능경영 지원을 위한 환경·사회·거버넌스 기본법안'의 기대 효과와 한계: 이 법안이 한국의 ESG 정책 추진에 어떤 변화를 가져올 것으로 기대되나요? 법안의 주요 내용 중 논란이 될 수 있는 부분은 무엇이며, 이를 어떻게 해결할 수 있을까요?
6. 지방자치단체 차원에서의 ESG 기본조례 제정이 지역사회의 지속가능한 발전에 어떤 기여를 하고 있을까요? 지자체별로 다양한 ESG 조례가 제정되는 과정에서 발생할 수 있는 문제점은 무엇이며, 이를 어떻게 조정할 수 있을까요?
7. 민관합동 ESG 정책 협의회의 역할과 한계: 민관합동 ESG 정책 협의회가 정책 방향 설정과 실행 계획 수립에서 어떤 역할을 하고 있으며, 이 협의회의 구성과 운영에서 발견되는 한계점은 무엇인가요? 이러한 한계를 극복하고 협의회의 효율성을 높이기 위한 방안은 무엇일까요?
8. 기업과 일반 시민을 대상으로 한 ESG 관련 교육과 인식 개선 프로그램이 왜 중요할까요? 이러한 교육 프로그램의 효과적인 설계와 실행을 위해 고려해야 할 사항은 무엇일까요?

6 ESG를 위한 정부의 역할과 책임

1) 정부의 ESG 대응전략: SWOT 분석 및 대응전략 개발

정부의 ESG 대응전략에 대한 SWOT 분석으로 평가하여 강점(S)과 약점(W)을 명확히 파악하고, 이를 바탕으로 기회(O)를 최대한 활용하며 위협(T)에 효과적으로 대응하는 다양한 전략(SO, WO, ST, WT)을 개발하는 과정은 지속 가능한 발전과 사회적 책임을 실현하는 데 필수적이다. 이러한 접근법은 정부가 ESG

경영을 적극 지원하고, 기업 및 지역사회의 ESG 인식과 참여를 강화하는 데 중요한 역할을 할 수 있다.

(1) 강점과 약점, 기회와 위협 요인

SWOT 분석 및 대응전략 개발	S(강점)	W(약점)
	-입법, 재정, 조달, 계약, 지원 등 기업의 ESG 경영지원 다양한 수단 활용 가능 -기업, 학계, 연구기관 등 관련 기관과 다양한 네트워크로 협력, 지원 가능	-지자체의 ESG인식과 전문인력 부족 -기업의 ESG 경영지원체계 구축 미흡 -자체 사업과 건축물 관리 등에 ESG 데이터 구축 및 활용 미흡
O(기회)	SO전략	WO전략
-중소기업의 글로벌 진출을 확대할 수 있는 기회 -청년과 지역사회의 ESG 인식 확대	-지자체의 기업 ESG 경영 지원체계 구축 -중소기업의 ESG 경영전략체계 수립과 공급망 실사 대비 등 강화로 글로벌 비즈니스 진출 기회 확대	-ESG 교육, 컨설팅 지원, 전문인력 양성으로 ESG 경쟁력 제고 -청년들이 선호하는 ESG 우수 중소기업 발굴 육성
T(위협)	ST전략	WT전략
-기후위기, 무역장벽 등 리스크 증가 -시민과 지역사회에 커지는 ESG 눈높이	-연구기관, 학계 등과 협력하여 녹색기술 개발을 위한 R&D 지원 -글로벌 및 지역사회 리스크 대비 역량 강화	-산학연 협력 및 네트워크를 강화하여 ESG 우수사례 학습과 지역혁신 역량 강화 -대내외 리스크 관리체계 강화

① 강점(S)

정부는 입법, 재정, 조달, 계약, 지원 등의 다양한 수단을 활용하여 기업의 ESG 경영을 지원할 수 있는 강력한 위치에 있다. 더불어 기업, 학계, 연구기관 등과의 다양한 네트워크를 통해 지원을 제공할 수 있는 잠재력을 갖추고 있다.

② 약점(W)

지자체의 ESG 인식 부족과 전문인력의 부재는 지역 차원에서의 ESG 경영 지원체계 구축을 어렵게 한다. 기업 역시 ESG 경영 지원 체계가 충분히 구축되지 않았으며, 자체 사업과 건축물 관리 등에서 ESG 데이터의 구축 및 활용이 미흡하다.

③ 기회(O)

중소기업의 글로벌 진출 확대와 청년 및 지역사회에서 ESG 인식 확대는 중요한 기회로 활용될 수 있다. 지자체의 기업 ESG 경영 지원 체계 구축은 지역 차원에서의 지속 가능한 발전을 촉진할 수 있다.

④ 위협(T)

기후위기, 무역 장벽 등 외부 리스크의 증가와 시민 및 지역사회의 높아지는 ESG 기대치는 중대한 도전과제로 작용한다.

(2) 대응전략

① SO전략

정부는 강점을 활용하여 기회를 적극적으로 포착해야 한다. 예를 들어, 정부는 중소기업의 ESG 경영 전략체계 수립과 공급망 실사에 대한 철저한 준비를 지원하여 글로벌 비즈니스 진출의 기회를 확대할 수 있다.

② WO전략

정부는 약점을 극복하고 기회를 활용하기 위해 지자체의 ESG 경영 지원체계 구축을 강화하고, 기업에 대한 ESG 교육 및 컨설팅 지원 확대, ESG 전문인력 양성 등을 추진해야 한다.

③ ST전략

정부는 강점을 활용하여 위협에 대응해야 한다. 연구기관, 학계 등과 협력하여 녹색기술 개발을 위한 R&D를 지원하고, 글로벌 및 지역사회 리스크에 대비한 역량을 강화해야 한다.

④ WT전략

정부는 약점을 보완하고 위협에 대응하기 위해 대내외 리스크 관리 체계와 산학연 협력 및 네트워크를 강화하여 지역혁신 역량을 키워야 한다.

이러한 전략들은 정부가 ESG 경영의 지속 가능한 발전을 위한 효과적인 방안을 모색하는 데 핵심적인 역할을 한다. 정부의 주요 목표는 단순히 지침 제공이나 규제 설정을 넘어서, 기업과 지역사회가 ESG 원칙을 내재화하고 실천할 수 있도록 동기를 부여하고 지원하는 것이다. 이를 위해 정책 간 연계를 강화하고, 책임 분담을 명확히 하며, 투명성을 확보하고, 모니터링 및 평가체계를 강화하는 것이 필수적이다.

토론과제

1. 정책 간 연계 강화: 정부의 ESG 대응전략에서 각각의 정책이 어떻게 서로 연계될 수 있으며, 이 연계를 통해 어떤 시너지 효과를 기대할 수 있는가?
2. 책임 분담 명확화: 국가, 지방자치단체, 기업, 금융기관 등 각 주체의 ESG 관련 책임을 명확하게 규정하는 것의 중요성은 무엇이며, 이를 통해 어떤 긍정적인 변화를 기대할 수 있는가?
3. 모니터링 및 평가 강화: 통합적이고 체계적인 ESG 정책 실행과 추진 상황의 점검 및 평가를 위해 필요한 사항은 무엇이라고 생각하는가?

2) ESG를 위한 정부의 역할과 책임범위

정부는 ESG(환경, 사회, 지배구조)의 선도적 실행주체로서 중요한 지위에 있다. 2021년 기준, 한국의 243개 지방자치단체의 통합재정지출 규모는 259.4조 원에 달하며, 지방공기업 자산은 209조 9,820억 원에 이른다. 한편, 「2024년도 예산안 및 기금운용계획안」에 따르면, 정부의 총지출 규모는 656.6조 원이다.[22] 이처럼 방대한 규모의 자산과 활동을 통해 정부와 지방자치단체는 국가와 지역사회에 상당한 영향을 미친다.

22) 나홍선(2023.12.22.), "'24년 총지출 규모 656.9 → 656.6조원(0.3조원 순감)…2024년 예산, 국회 의결", 조세플러스, http://m.joseplus.com/news/newsview.php?ncode=1065576831511673

ESG의 각 분야에서 정부의 실행은 다양한 영역에서 필수적이며, 특히 공공기관과 지방공기업은 경영평가를 통해 ESG 경영전략 수립과 정보공시의 필요성에 직면하고 있다.

(1) 선도적 실행주체로서의 지위

정부는 각종 개발사업과 행정활동을 통해 발생하는 탄소배출, 국가와 지역사회에 미치는 영향 등을 고려하여 ESG의 각 부문에서 적극적인 실행계획을 마련해야 한다. 공공기관의 사업은 일자리 제공, 소외계층 배려, 교육과 기회 제공 등에 광범위한 영향을 미치며, 이에 따라 사업추진 과정에서 직원들의 인권, 건강, 안전 문제도 중요한 고려사항이 되어야 한다.

이러한 배경에서 공직자윤리법, 청탁금지법, 공직자의 이해충돌방지법 등 거버넌스 관련 법률이 중요한 역할을 한다.

한편 지역 차원에서 살펴보면[23] 기후변화 위기 속에서 탄소 중립 도시를 목표로 하는 지방자치단체의 노력은 선도적 실행주체로서의 바람직한 모습이다.

지구상에서 매년 약 510억 톤의 온실가스가 배출되며, 이 중 2/3가 도시지역에서 발생한다. 온실가스 배출의 주요 원인으로는 발전, 농목축, 제조, 이동, 건축물 등 5대 분야가 꼽힌다. 특히, 이동 분야에서 발생하는 온실가스가 총 배출량의 17%를 차지하며, 이 중 자동차에서 발생하는 비중이 90%에 달한다. 따라서 자동차 중심의 이동 방식에서 친환경 철도 교통으로의 전환이 탄소 중립 도시를 실현하는 핵심 경로가 된다.

도시지역에서 탄소중립을 달성하기 위한 다양한 노력이 필요하다. 여기에는 제로 에너지 건축물 증가, 도시숲 조성, 대중교통 친화형 컴팩트 시티 조성, 개인모빌리티(PM) 확충 등이 포함된다. 또한, '15분 도시' 개념을 도입하여 일상생활권을 구축하고, 기후위기에 대응하는 컴팩트 시티를 개발하는 것도 중요하다. 이는 시민들이 15분 이내에 주요 서비스에 접근할 수 있는 도시 환경을 조

23) 대한국토·도시계획학회 편저(2023), '기술혁명과 국토·도시공간의 혁신', 보성각, 11~17쪽 참조

성함으로써 이동에 따른 탄소배출을 줄이는 것을 목표로 한다.

(2) 지원과 협력의 지위

사회적 할인율[24]과 ESG 관계에 대해 검토해 보면, 사회적 할인율이 높아서 기업들은 ESG에 대한 실질적인 관심이 부족한 상황이다. 먼 미래에 효과가 발생한다고 생각되는 ESG 가치와 편익에 대해서는 기업들은 과소평가할 수 있다. 즉각적으로 종업원에게 봉급을 주고, 기업투자 비용을 확보하여 채무를 갚아야 하는 기업은 미래를 고려하기 쉽지 않다. 이런 기업들에게는 현재의 생존을 위한 경영과제에 집중해야 할 것이다. 따라서 불확실하고 모호한 미래를 대비하는 ESG보다는 현재의 문제 해결이 더 중요하게 느껴질 수 있다. ESG는 당장 문을 닫을지 여부를 고민해야 하는 기업들에게는 무관심하게 들릴 수 있다.

이러한 기업들이 ESG에 대한 이해를 높이고 인식 격차를 줄이기 위해서는 정부가 글로벌 수준의 ESG 실천을 촉진하고 협력하는 것이 필요하다. 결국, ESG 우수 기업의 자본 조달 비용을 줄여 기업 경영자들이 ESG에 대한 관심을 높여야 한다. ESG 우수 기업에 대한 우선적인 지원과 공공 기관이 ESG 제품에 대한 인센티브를 부여하는 등의 노력이 필요하다. 이를 통해 ESG 기업 경영에 대한 인식을 높이고, 사회적 할인율을 낮추는 데 기여할 것으로 기대된다.

ESG 경영 확산을 위해 정부는 법령 제정, ESG 교육 및 컨설팅 지원, 납품과 조달과정에서의 ESG 심사평가, 지방보조금 집행 및 벤처 자금 지원 시 ESG 기준 적용 등 다양한 지원을 아끼지 않아야 한다. 이원욱 의원이나 조해진 의원 등이 발의한 ESG 경영지원을 위한 법률안들이 국회에 발의된 상황이다.[25]

---

24) 백승기(2021), '사회적 할인율(social discount rate)', 정책학원론, 대영문화사, 225~227쪽

25) 이원욱 의원 등 25인 발의, '환경·사회·지배구조 경영 촉진법안'(의안번호 2124164, 2023.9.1), 조해진 의원 등 10인 발의, '기업 등의 지속 가능 경영지원을 위한 환경·사회·거버넌스 기본법안'(의안번호 2125328, 2023.11.9)

(3) 지역혁신체계 활성화의 지위

행정기관은 산, 학, 연, 관, 민 간의 ESG 실천 네트워크 구축, ESG 관련 학습과 교류 촉진, ESG 관련 R&D 지원을 통해 지역혁신체계를 활성화할 수 있다. 이러한 활동은 지역의 지속가능성을 증진하고, 산업 리스크에 대비하는 데 기여한다.

(4) ESG 교육과 학습 촉진

행정기관은 ESG 교육과 학습을 통해 기업, 시민, 학계, 연구기관 등 지역 사회 전체의 ESG 실천역량을 강화할 수 있다. 이를 위해 정부는 ESG 관련 교육 프로그램을 개발하고, 공공 및 민간 영역에서의 ESG 관련 세미나, 워크숍, 컨퍼런스 등을 지원할 수 있다. 또한, ESG 우수사례를 공유하고, 관련 연구와 혁신을 장려하여 지역사회의 ESG 역량을 키울 수 있다.

ESG 선택의 대가는 공짜가 아니며, 비용을 치러야 하고 미래를 위해 현재의 고통을 감수하는 아픔일 수도 있다. 예컨대, 화석연료를 신재생에너지로 대체하는 과정은 기존 발전소 폐쇄 또는 전환과정에서 고용 감소, 지역산업의 위축 등 폐해가 발생할 수 있다. 그리고 태양광이나 풍력 설치는 토지이용 논란, 소음 유발, 생태계 파괴 등 이슈가 생길 수 있으므로 이에 어떻게 대처해야 하는지 등 이슈 검토와 대안 선택 과정이 필요하다. 이러한 점들을 시민과 기업에게 이해시키고 책임감 있는 선택과 행동을 할 수 있도록 교육과 학습기회를 제공해야 한다.

정부와 지방자치단체는 ESG 원칙과 실천 방안을 교육 과정에 통합하여, 미래 세대에게 지속 가능한 발전의 중요성을 교육하고, ESG 관련 직업교육 및 전문인력 양성에 기여할 수 있다. 이러한 노력은 지역사회의 ESG 인식을 제고하고, ESG 관련 지식과 기술을 보유한 전문인력 풀을 확대하는 데 중요한 역할을 한다.

토론과제

1. 정부가 ESG의 선도적 실행주체로서 수행해야 할 가장 중요한 역할은 무엇이라고 생각하나요? 그리고 그 이유는 무엇인가요?
2. ESG 교육과 학습을 촉진하기 위해 정부가 취할 수 있는 가장 효과적인 조치는 무엇이라고 생각하나요?
3. 지역혁신체계를 활성화하기 위해 ESG 요소를 어떻게 활용할 수 있을까요? 그리고 그 과정에서 행정기관이 직면할 수 있는 주요 도전과제는 무엇일까요?
4. 정부가 지역 내 기업의 ESG 경영을 지원하고 협력하기 위해 구현해야 할 핵심 전략은 무엇이라고 생각하나요?

3) 지역발전을 위한 ESG 행정과 지역혁신체계[26] 강화

지역혁신체계 강화는 지역의 지속 가능한 발전을 도모하기 위한 핵심 전략으로, ESG(환경, 사회, 지배구조)를 효과적으로 실천할 수 있도록 지원한다. 지역혁신체계는 통해 다양한 지역 내 이해관계자들 간 상호작용을 촉진하고, ESG 실천을 위한 통합적 접근 방법을 제공한다.

(1) 지역혁신체계의 역할

지역혁신체계는 지역 내 기술 혁신을 촉진하는 다양한 요소들이 연결된 네트워크로 구성된다. 이 체계는 기업, 연구기관, 교육기관, 정부, 노동시장 등 다양한 제도들 간 상호작용을 통해 형성되며, 기술 혁신뿐만 아니라 ESG 실천을 위한 근본적인 기반을 제공한다.

(2) 지역혁신체계의 구성요소

지역혁신체계의 구성요소는 하부구조(infra-structure)와 상부구조(super-structure)로 나뉜다. 하부구조는 물리적 하부구조와 사회적 하부구조로 세분된

26) 대한국토·도시계획학회 편저(2023), '5.3.2 지역혁신체계', 기술혁명과 국토·도시공간의 혁신, 보성각, 177~181쪽 참조; 한국지역개발학회(2017), '4. 지역혁신체계 발전전략', 지역개발론, 박영사, 115~122쪽 참조

다. 물리적 하부구조는 도로, 공항, 통신망 등 지역 내에서의 교류와 협력을 촉진하는 요소들을 포함하며, 사회적 하부구조는 대학, 연구소, 금융기관 등 지식 창출과 전파, 자본 조달을 가능하게 하는 요소들이다. 상부구조는 지역의 조직, 제도, 문화, 분위기 등 혁신적인 아이디어가 받아들여지고 실행될 수 있는 환경을 조성하는 요소들을 포함한다.

(3) ESG 행정과 지역혁신체계의 상호작용

지역 내 ESG 실천의 성공 여부는 지역혁신체계 강화에 달려 있다고 해도 과언이 아니다. 지역혁신체계의 각 구성요소는 ESG 목표 달성을 위한 필수적인 요소들이며 이를 통해 지역 내에서 환경적, 사회적, 지배구조적 실천이 가능하다. 특히, 흡수능력(Absortive Capacity)과 트리플 힐릭스(Triple Helix) 모델[27]은 지역혁신체계 내에서의 상호작용이 어떻게 지역에서 새로운 지식을 창출하고 전파, 활용하게 하는지 보여준다. 외부에서 유입된 새로운 지식을 흡수하고 활용하는 능력은 흡수능력으로 정의된다. 트리플 힐릭스 모델은 대학, 기업, 정부, 지방자치단체의 상호작용을 통해 지역혁신이 이루어진다고 주장한다. 이 모델에 따르면, 대학은 새로운 지식을 창출하는 역할을 하고, 기업은 이러한 지식을 상품이나 서비스로 전환하여 시장에 도입한다. 정부와 지방자치단체는 혁신적 활동을 지원하고 조정하는 역할을 수행한다.

(4) 지역혁신체계를 통한 ESG 행정 전략

지역혁신체계를 강화하기 위한 전략은 다음과 같다.

- 참여 주체의 확대와 역할 분담: 지역 내 다양한 이해관계자들의 참여를 유도하고, 각 주체의 역할과 책임을 명확히 한다.
- 정보 공유 및 소통 시스템의 구축: 참여자들 간의 원활한 소통을 보장하고,

27) 이철우, 이종호, 박경숙(2010), '새로운 지역혁신 모형으로서 트리플 힐릭스에 대한 이론적 고찰', 한국지리경제학회지, 제13권, 제3호, 335-353쪽.

ESG 행정과 관련된 사업 발굴 및 지원을 효과적으로 수행한다.

- **인력 양성 및 교육 프로그램의 운영:** 지역 내 ESG 전문인력을 확보하고, 지역사회와 이해관계자들의 ESG에 대한 인식과 역량을 강화한다. 이를 위해 대학교, 연구소, 기업과의 협력을 통한 교육 프로그램 개발과 실행이 필요하다.
- **지역혁신체계의 성과 평가 및 개선:** 지역혁신체계 내에서 이루어지는 ESG 관련 활동과 프로젝트의 효과를 정기적으로 평가하고, 이를 바탕으로 지속적인 개선과 혁신을 추진한다.
- **산학연 협력을 통한 연구개발 및 기술개발 지원:** 지역 내 대학, 연구소, 기업과의 협력을 통해 ESG 관련 연구개발 활동을 촉진하고, 혁신적인 기술과 솔루션 개발을 지원한다.

결국, 지역발전을 위한 ESG 행정과 지역혁신체계 강화는 지역사회 내에서 지속 가능한 발전을 이루기 위한 핵심 전략이다. 지역혁신체계는 지역 내 다양한 이해관계자들의 협력과 상호작용을 가능하게 하는 플랫폼을 제공하며, 이를 통해 지역에서 효과적으로 ESG 실천을 가능하게 한다. 지역 내에서 ESG 목표 달성을 위해서는 지역혁신체계의 각 구성요소가 어떻게 상호작용하여 ESG 실천을 촉진할 수 있는지에 대한 이해가 필요하며, 이는 지역사회 내에서 효과적인 ESG 실천 전략을 수립하는 데 중요한 기초가 된다.

토론과제

1. 지역혁신체계를 통한 ESG 행정의 실행에서 가장 큰 도전은 무엇이며, 이를 극복하기 위한 전략은 무엇일까?
2. 지역 내 다양한 이해관계자들 간의 협력과 상호작용을 촉진하기 위해 어떤 조치가 필요한가?
3. 지역혁신체계의 각 구성요소가 ESG 실천을 어떻게 촉진할 수 있는지 구체적인 사례를 통해 설명하라.
4. 지역사회 내에서 ESG 전문 인력 양성을 위한 구체적인 방안은 무엇인가?
5. 지역혁신체계를 통해 지역 내 ESG 실천을 강화하기 위한 정부와 지자체의 역할은 무엇인가?

7 ESG 행정의 추진체계

1) 시스템, 조직, 사람 관점에서 보는 ESG 행정

ESG(환경(Environment), 사회(Social), 지배구조(Governance)) 행정을 시스템, 조직, 사람 관점에서 설명하는 것은 ESG의 복잡성과 다양한 영향 요소들을 포괄적으로 이해하고 관리하기 위한 필수적인 접근 방식이다. 이러한 관점들은 ESG 정책의 설계, 실행, 평가 과정에서 발생하는 다양한 동력과 상호작용을 해석하고, 이를 통해 보다 효과적인 ESG 전략을 개발할 수 있는 기반을 제공할 수 있다.

(1) 시스템 관점

시스템 관점에서의 ESG 행정은 정부 및 기관이 ESG 관련 법령, 제도, 지침, 예산 등을 포함하여 시스템적 구조를 구축하고 운영하는 것을 의미한다. 이는 ESG 기본법 제정, 기후변화 영향평가 제도 도입, 온실가스 감축 인지 예산제도의 실시와 같은 제도적 장치를 포함한다. 또한, ESG 중장기 및 단기 계획의 수립과 집행으로 거시적, 종합적 관점에서 ESG 실행전략을 수립하고 추진체계를 구축하며, 집행과정을 모니터링하고 개선해 나가야 한다. 이와 함께, 데이터의 수집, 정보의 공시, 평가 등의 프로세스를 체계적으로 관리하여 실질적인 성과를 도출하는 것이 중요하다.

(2) 조직 관점

조직 관점은 기업이나 정부 기관이 내부적으로 ESG 책임 부서, 전담 팀, 협의체 등을 구성하여 ESG를 조직적으로 추진하는 것을 의미한다. 이는 부서 간 실무 협의체계 운영을 통해 조직 전반에 걸친 협력과 커뮤니케이션을 강화하고, 일상적인 업무 프로세스에 ESG 요소를 통합하는 것이다. 또한, 지역기관, 단체, 대학, 연구기관, 민간기업 등과 협력 체계를 구축하여 지역사회의 다양한 수요에 부응하는 프로그램 및 정책을 개발해야 한다.

(3) 사람 관점

사람 관점에서는 조직 내 ESG 실행 인력의 전문성을 강화하고, 이를 위한 인센티브 제공을 통해 ESG 실행을 위한 조직 구성원의 동기부여와 사기를 진작시킨다. 지역봉사와 공헌 활동을 통해 지역사회와 미래세대의 ESG 실천에 대한 관심과 인식을 제고할 수 있는 기회를 제공하는 것도 중요하다. 또한, ESG 행정은 시민의 관심과 지원을 얻을 때 강력한 효과를 발휘할 수 있다. 정부와 지방자치단체는 ESG 실천과 행동이 어떤 의미가 있는지에 대하여 시민들과 소통과 대화하고, 학습기회를 제공하여 광범한 시민의 이해와 협력 기반을 강화해야 한다. 그리고 ESG 실천 주체의 리더들은 책임 있는 리스크 관리와 사업기회 대응으로 도전과 위협을 극복하는 리더십을 발휘해야 한다.

결국 정부의 ESG 실현은 단순히 정책이나 프로그램 도입에 그치지 않고, 조직 문화와 개인의 인식 변화를 포함한 광범위한 접근이 필요하다. 이를 통해 지속 가능한 사회 환경을 조성하고, 사회 경제 발전을 이루어나갈 수 있다. ESG 행정은 기업과 조직의 지속 가능한 경영을 위해 필수적이며, 시스템, 조직, 사람의 차원에서 종합적인 접근을 통해 지속 가능한 사회발전에 기여할 수 있다.

토론과제

1. ESG 행정을 효과적으로 수행하기 위한 시스템적 구조 구축에 있어 가장 중요한 요소는 무엇이며, 그 이유는 무엇인가?
2. 조직 내에서 ESG 전담 팀이나 책임 부서의 역할과 중요성에 대해 어떻게 생각하는가? 조직 전반에 걸친 ESG 통합을 위해 어떤 전략이 필요한가?
3. 개인의 ESG 실행 역량을 강화하기 위한 가장 효과적인 방법은 무엇인가? 조직 내에서 ESG 관련 인센티브 제공의 중요성에 대해 어떻게 생각하는가?
4. 지역사회와의 협력을 통한 ESG 행정 추진에 있어서 가장 큰 도전은 무엇이며, 이를 극복하기 위한 전략은 무엇일까?
5. ESG 행정의 성공적인 실행을 위해 조직 문화 내에서 어떤 변화가 필요한가? 조직 문화를 ESG 친화적으로 전환하기 위한 구체적인 방안은 무엇인가?

2) 성공적 ESG 행정 추진체계 구축

ESG 행정을 성공적으로 이행하기 위해 정부와 지자체는 다양한 관점에서 접근해야 한다. 이러한 접근은 제도, 조직 및 사람, 기술, 시장주의, 네트워크, 조합주의, 거버넌스 등 여러 관점을 포함한다. 이러한 관점들은 서로 상호 보완적이며, ESG 경영의 성공적 지원 및 지역사회에서 ESG 정착을 촉진하는 데 중요한 역할을 한다.

(1) 제도적 관점

- ESG 관련 법규 및 정책 마련: 정부는 ESG 관련 법률, 규정, 지침을 마련하여 기업과 지역사회의 ESG 활동을 지원하고 유도한다. 이는 ESG 목표달성을 위한 명확한 법적 및 정책적 틀을 제공한다.
- 제도적 장치 개선: 환경 규제 강화, 사회적 책임의 강조, 투명한 정보 공개 등을 통해 공유자원[28] 관리의 투명성과 책임성을 높인다. 이는 ESG 행정의 기반을 강화하며 지역사회와 기업의 ESG 경영을 촉진한다.
- 모니터링과 평가: 정부와 지자체는 기본계획을 수립하고 활동 목표와 지표를 설정하여 집행과정에서 나타나는 ESG 활동과 성과를 지속적으로 모니터링하고 평가하는 제도적 메커니즘을 마련한다. 이를 통해 ESG 목표의 진행 상황을 추적하고, 목표달성 정도를 평가하여 필요한 조정을 할 수 있다. 또한, 이 과정은 정책과 프로그램의 효과성을 검증하고 지속적인 개선을 위한 토대를 마련한다.
- 정보 공개 및 투명성 증진: 정부와 지자체는 ESG 관련 데이터와 정보의 공개를 촉진하여 이해관계자들이 정부와 기업의 ESG 관련 활동을 이해하고 감

28) Garrett Hardin이 1968년 발표한 논문 'The Tragedy of the Commons'는 공유자원의 무분별한 사용이 자원의 고갈을 초래한다는 것을 설명한다. 이 논문에 따르면, 각 개인은 자신의 이익을 최대화하기 위해 공유자원을 최대한 많이 사용하려고 하는 결과, 자원은 과도하게 사용되어 결국 고갈되고 만다. ESG 행정은 환경보호, 사회적 책임, 투명한 경영을 통해 공유자원의 지속 가능한 관리를 도모한다고 생각된다.

시할 수 있도록 한다. 이는 공공의 신뢰를 구축하고 ESG 경영의 투명성을 높이는 데 기여한다.

이러한 제도적 메커니즘은 ESG 목표 달성을 위한 정부의 책임과 투명성을 보장하며, 지역사회와 기업에 대한 지속적인 개선과 혁신을 유도한다.

(2) 조직 및 사람 관점

- 전담팀 구성 및 책임관 지정: ESG 경영을 지원하기 위해 전담팀을 구성하고, 이 팀이 전략적인 계획과 실행을 주도하게 해야 한다. 또한, 책임관을 지정한다.
- 실무협의체 운영: 부서 간 협력을 촉진하기 위한 실무협의체를 운영하고, ESG 관련 활동을 조직 전반에 통합해야 한다.
- 전문인력 확보: ESG 관련 전문 지식을 갖춘 인력을 확보하고, 지속적인 교육과 훈련을 통해 역량을 강화해야 한다.
- 데이터 수집 및 분석: 정부와 지자체는 ESG 관련 데이터를 체계적으로 수집하고 분석하여, 정책 결정의 기반으로 삼아야 한다. 이는 기업과 지역사회의 ESG 성과를 정확하게 평가하고, 효과적인 개선방안을 도출하는 데 필수적이다.
- 데이터 공유 및 활용: 수집된 데이터를 공유하고 이를 기반으로 지역사회와 기업의 ESG 활동을 지원해야 한다. 데이터 공유는 이해관계자 간 협력을 촉진하고, ESG 관련 지식과 우수사례의 확산에 기여한다.

(3) 기술적 관점

- 친환경 기술[29] 개발 지원: 지속 가능한 기술개발을 촉진하고, 이를 통해 환경보호와 자원 효율성을 높여야 한다.

29) 전기자동차, 수소자동차 등 친환경자동차, 태양광, 풍력, 수력 등 재생에너지, 폐기물재활용, 연료전지, 탄소 포집 및 저장에 관한 기술 등

- **자원 관리 시스템 도입**: 첨단 기술을 활용하여 자원 관리 시스템을 구축하고, 효율적인 자원 사용을 도모해야 한다.

(4) 시장주의 관점

- **ESG 투자 유도**: ESG 금융 활성화로 기업의 투자비용을 충당할 수 있는 인센티브를 제공하여 ESG 경영을 실천하는 기업에 대한 투자를 유도하고, 지속가능한 경영을 장려해야 한다.
- **시장 메커니즘 활용**: 탄소배출권 거래제(Cap and Trade) 활성화 등 시장 기반 메커니즘을 통해 재정적 인센티브를 제공하여 오염을 줄이고 환경보호를 유도하며, 자원 사용의 효율성을 높여야 한다.

(5) 정책네트워크 관점[30)]

- **이해관계자 참여 촉진**: 다양한 이해관계자의 참여를 촉진하고, ESG 관련 활동에 대한 협력을 강화해야 한다.
- **지식 공유 및 협력 네트워크 구축**: 행정관료, 정치인, 기업인과 전문가 등 관련 집단을 중심으로 정책공동체를 구축하고, 지식 공유와 협력을 위한 네트워크를 형성하여, ESG 관련 정보와 자원을 효과적으로 공유하고 활용한다.

(6) 조합주의 관점

- **지역사회 참여 활성화**: 지역사회 주민들의 참여를 활성화하고, 지역사회 내 정부는 조정자 역할을 하되, 관련 집단이나 기관과의 정책협의체(policy concertation)[31)]를 구성하여 협상과 타협, 조정을 통해 지역사회에 바람직하고 효과적인 ESG 활동을 촉진한다.

---

30) 백승기(2021), '정책네트워크 이론', 정책학원론, 대영문화사, 68~72쪽

31) 정책협의체는 국가와 사회의 주요 이해집단들 사이의 협력적 거버넌스 구조를 말한다. 이러한 협의체는 특히 노동, 산업, 정부가 참여하는 대표적인 형태에서 나타난다. 이해집단 간의 대화 채널, 사회적 합의 형성, 정책 실행의 효율성 증대, 사회적 갈등의 예방 및 해결 등 역할을 한다.

- 공동체 기반 프로젝트 지원: 정부와 지방자치단체는 지역사회와 기업의 ESG 관련 프로젝트와 활동을 지원하여, 지역발전을 추구하는 데 주도적 역할을 해야 한다.

(7) 거버넌스 관점

UN DESA의 CEPA(행정전문가위원회)에서 제안한 효과적 거버넌스 원칙32)에 따르면, 거버넌스 관점에서 ESG 행정은 다음과 같이 구성된다.

- 투명성 강화: ESG 데이터 및 활동에 대한 투명성을 높여야 한다. 이를 위해 정부는 ESG 관련 정보를 공개하고, 의사결정 과정에서 시민과 이해관계자의 참여를 보장해야 한다.
- 책임성 확보: 명확한 책임 소재와 성과 평가 기준을 설정하여, ESG 관련 활동의 책임성을 강화해야 한다. 이는 성과 평가를 통해 목표달성 정도를 측정하고 필요한 개선조치를 하는 데 도움이 된다.
- 포용적 참여 촉진: 모든 시민과 이해관계자가 ESG 관련 의사결정 과정에 참여할 수 있도록 적극적으로 촉진해야 한다. 이를 위해 다양한 플랫폼과 채널을 통해 참여 기회를 제공하고, 소외된 그룹의 목소리에도 주의를 기울여 소통에 힘써야 한다.

결국 ESG 행정을 위한 정부의 역할과 책임은 다각적인 관점에서 접근되어야 한다. 제도적 기반 마련부터 조직 및 사람, 기술적 혁신, 시장 메커니즘의 활용, 네트워크 구축, 지역사회 참여 촉진, 거버넌스 강화에 이르기까지, 각 관점은

32) UNDESA(United Nations Department of Economic and Social Affairs) 산하 CEPA(행정전문가위원회: Committee of Experts on Public Administration)는 공공거버넌스에 대하여 효과적 거버넌스, 포용적 거버넌스, 책임 있는 거버넌스 원칙을 제안함(출처: UN High-Level Political Forum on Sustainable Development 'CEPA Principles of Effective Governance for Sustainable Development'(2018.8), https://hlpf.un.org/tools/cepa-principles-of-effective-governance-for-sustainable-developmen)

서로 보완적인 역할을 하며 효율적인 ESG 경영과 지역발전을 지원한다. 또한, ESG 목표달성을 위한 효과적인 전략과 실행계획을 수립하고, 지역사회 내에서 ESG 가치의 정착과 발전을 촉진한다.

토론과제

1. 제도적 기반 마련에서 가장 중요한 요소는 무엇이며, 정부와 지자체는 이를 어떻게 구현할 수 있는가?
2. ESG 데이터 공유 및 활용의 중요성은 무엇이며, 이를 촉진하기 위한 정부와 지자체의 역할과 책임은 무엇인가?
3. 정부와 지자체가 ESG 경영과 지역 발전을 지원하기 위해 어떤 기술적 혁신을 도모해야 하는가?
4. ESG 관련 네트워크 구축에서 정부와 지자체의 역할은 무엇이며, 장애요인은 무엇이고, 네트워크 구축를 통해 얻을 수 있는 이점은 무엇인가?
5. 지역사회 참여를 촉진하기 위해 정부와 지자체가 취할 수 있는 조치는 무엇이며, 이를 통해 기대할 수 있는 결과는 무엇인가?
6. 정부와 지자체는 ESG 거버넌스를 강화하기 위한 UN DESA의 CEPA 원칙을 어떻게 효과적으로 적용할 수 있는가?

8 ESG 행정과 리스크 관리

1) 현대사회와 기업의 ESG 리스크

현대사회는 기후변화[33], 자원고갈, 인권침해, 안전사고와 재해, 부패위험과 갈등유발 등 다양한 환경적, 사회적, 지배구조(ESG) 문제에 직면해 있다. 기업

33) 이지은(2023.1.10.), "기후변화가 불러온 재앙…보험사, 자연재해로 142조원 보상", 아시아경제, https://www.asiae.co.kr/article/2023011016061540555
세계 최대 규모의 재보험회사인 독일의 뮤닉리(Munich Re)에 따르면 2021년 허리케인과 홍수 등 기후변화가 불러온 자연재해로 글로벌 보험업계가 1200억 달러(약 142조 원)에 이르는 손실액을 감당한 것으로 조사됨. 이는 그간 보험업계가 지난 10년간 부담해 온 연평균 자연재해 손실액(311억 달러)의 4배에 달하는 수준임

은 이익만 추구하는 것이 아니라, 지속가능한 발전을 위해 ESG 리스크 관리에 적극적으로 참여해야 한다. 효과적인 ESG 리스크 관리는 기업의 장기적인 성장과 사회적 책임을 다하는 데 필수적이다.

(1) 기업의 포괄적인 ESG 리스크 관리 체계[34)]

ESG 리스크 관리를 효과적으로 수행하기 위해서는 포괄적인 체계가 필요하다. 이를 위해 사업추진 시 리스크 관리 체계를 구성하고 관리해야 한다. 위험성향, 위험 범주, 평가 방법론 등의 구성요소를 고려하여 ESG 리스크를 정의하고 분석한다. 예를 들어, 환경 리스크로는 제품 안전성, 품질 관리, 공급망 중단, 환경오염, 재무 위험 등을 고려할 수 있다.

(2) 기업의 ESG 리스크 예시

- 환경 리스크: 제품 및 서비스 안전성, 품질 관리, 공급망 중단, 환경오염, 재무 위험
- 사회 리스크: 인권 침해, 노동 환경 악화, 지역사회 갈등
- 지배구조 리스크: 부패, 이사회 책임성 미흡, 이해관계자 소통 부족

(3) 역할과 책임 명확화

- 조직 내 ESG 리스크 관리 책임자
- 최고경영자(CEO): ESG 리스크 관리 전반적 책임 및 리스크 관리 문화 조성
- ESG 경영 담당 부서: ESG 리스크 관리 전략 수립, 교육 및 모니터링
- 각 부서: 부서별 ESG 리스크 관리 목표 설정, 실행 및 평가
- 직원: ESG 리스크 관리 교육 참여, 일상 업무에서 리스크 인지 및 보고[35)]

---

34) 이신형(2023.6.28), "[ESG공시 표준화] ISSB S2 공시, 기후관련 물리적 ・전환 리스크 공시 요구", ESG 경제

35) 리스크가 발생했을 때 초동조치는 초기 진압과 리스크 확산방지에 절대적이다. 그러나 경험과 역량이 풍부한 최고경영자 보다 입사경력이 짧은 실무자가 리스크 상황 발생 시 초동단계에서 보고하지 않으면, 리스크 대응 타이밍을 놓칠 수 있어, 리스크 상황 발생 시 초동보고체계를 갖추어

(4) ESG 위험 완화 전략 개발 및 구현

① 위험 완화 전략 유형

- **예방 조치**: 리스크 발생 가능성을 줄이기 위한 조치(예: 친환경 생산 공정 도입)
- **적응 조치**: 리스크 발생 시 피해를 최소화하기 위한 조치(예: 재난 대비 계획 수립)
- **기회 활용 전략**: ESG 관련 기회를 포착하고 활용하여 경쟁력 강화

② 구체적인 전략 예시

- 환경 리스크
  - **온실가스 배출 감축 목표 설정 및 달성 노력**: 재생 에너지 사용 확대, 에너지 효율 향상
  - **친환경 생산 공정 도입**: 폐기물 감축, 오염 물질 배출 최소화
  - **환경 관련 법규 및 규제 준수**: 환경경영 시스템 구축, 정기적인 점검 및 평가
- 사회 리스크
  - **인권 존중 정책 수립 및 교육 실시**: 인권침해 방지[36], 안전하고 건강한 노동 환경 조성
  - **지역사회와의 협력 및 사회 공헌 활동 참여**: 지역발전 기여, 기업 이미지 제고
  - **노동기준 준수 및 근로자 권익 보호**: 안전교육 실시, 공정한 처우 보장
- 지배구조 리스크
  - **투명하고 공정한 의사결정 시스템 구축**: 이사회의 역할 강화, 이해관계자 소통 확대
  - **부패 방지 정책 수립 및 교육 실시**: 부적절한 거래 금지, 내부 통제 시스템 구축
  - **기업 지배구조 개선**: 독립 이사 비율 확대, 경영진 평가 시스템 도입

실무자뿐 아니라 최고경영자에게도 거의 동시에 보고될 수 있는 동보시스템을 갖출 필요가 있다.

36) 근로자의 기본적인 권리와 존엄성을 침해하며, 법적으로도 금지되는 인권침해는 성희롱, 직장 내 괴롭힘, 임금 차별, 강제노동, 부당해고, 적절한 안전 조치 없이 위험한 환경에서 근로를 강요받는 경우, 근로자의 개인정보 침해 등이 해당될 수 있다.

(5) 모니터링 및 검토 시스템 구축

ESG 리스크 관리를 위해 지속적인 모니터링 및 검토가 필요하다. 이를 통해 기업은 리스크 관리 프로세스의 효과성을 평가하고 개선할 수 있다. 모니터링 및 검토 과정에서는 ESG 리스크 변화를 추적하고 리스크 관리 효과를 평가하여 개선방안을 도출한다.

(6) 주요 활동

- **ESG 리스크 지표 설정 및 정기적인 데이터 수집:** 리스크 발생 가능성, 영향, 중요성 등을 평가할 수 있는 지표 설정
- **리스크 관리 프로세스 점검 및 평가:** 정기적인 리스크 평가 및 관리 프로세스 점검
- **리스크 관리 보고서 작성 및 경영진 보고:** 리스크 관리 현황 및 개선방안 보고
- **개선방안 도출 및 실행:** 평가 결과를 기반으로 리스크 관리 시스템 개선

(7) 성공적인 ESG 리스크 관리를 위한 요소

성공적인 ESG 리스크 관리를 위해서는 최고 경영진의 적극적인 참여와 조직 내 역할 및 책임의 명확화가 필요하다. 또한, 지속적인 교육과 이해관계자와의 소통 및 협력이 필요하다. 이를 통해 기업은 ESG 리스크 관리를 효과적으로 수행하고 지속 가능한 성장을 이룰 수 있다.

- **최고 경영진의 적극적인 참여:** 리스크 관리 중요성 인식, 리스크 관리 문화 조성
- **조직 내 역할과 책임(role & responsibility) 명확화:** 각 부서 및 직원의 책임 명확히 규정
- **포괄적인 ESG 리스크 관리 체계 구축:** 위험 식별, 평가, 대응, 모니터링 시스템 구축
- **지속적인 교육 및 인식 제고:** 직원들에게 ESG 리스크 관리 교육 제공
- **이해관계자와의 소통 및 협력:** 투자자, 고객, 지역 사회 등 이해관계자들과 소

통 및 협력

요약하여 설명하면, ESG 리스크 관리는 기업의 지속 가능한 성장을 위한 필수적인 요소이다. 포괄적인 체계를 구축하고, 조직 내 역할과 책임을 명확히 하며, 지속적인 모니터링 및 개선을 통해 효과적인 ESG 리스크 관리 시스템을 구축해야 한다. 또한, 최고 경영진의 적극적인 참여, 이해관계자와의 소통 및 협력 등이 성공적인 ESG 리스크 관리를 위한 핵심 요소이다.

〈표 6-1〉 전사적인 리스크 관리체계 운영

구성요소		내 용
1	리스크 관리 프레임워크	포괄적인 ESG 위험관리 프레임워크를 수립하여 위험성향, 범주 및 평가 방법론 규정 (예) 제조기업 리스크는, 제품 안전성, 품질 관리, 공급망 중단, 환경오염, 재무 위험 등
2	역할과 책임	조직 내 다양한 수준에서 ESG 리스크 관리에 대한 명확한 역할과 책임을 지정 -리스크 관리를 위한 최고 경영자(CEO)의 책임, 각 부서의 책임, 직원의 책임
3	위험 식별	다양한 요인과 추세를 고려하여 잠재적인 ESG 위험과 기회를 식별하기 위해 정기적인 평가를 수행 -환경 리스크: 온실가스 배출 증가, 환경오염, 자원 고갈 등 -사회 리스크: 인권 침해, 노동 환경 악화, 지역 사회 갈등 등 -지배구조 리스크: 부패, 기업 지배 구조 미흡, 이해 관계자 소통 부족 등
4	위험평가 및 우선순위 지정	식별된 ESG 위험 및 기회를 가능성, 영향 및 중요성에 따라 평가하고 우선순위를 지정 -제조업체는 생산 과정에서 발생하는 환경오염, 노동 환경 악화, 지역 사회 갈등 등이 리스크 요인 될 수 있음. 그중 환경오염은 발생 가능성과 영향도가 높기 때문에, 우선 대응할 ESG 리스크로 평가될 수 있음
5	위험 완화 전략	예방 및 적응 조치를 포함하여 식별된 ESG 위험 및 기회를 해결하기 위한 전략을 개발하고 구현 (예) 환경 리스크: 온실가스 배출 감소, 에너지 효율 향상, 폐기물 감축 등 사회 리스크: 인권 존중, 노동 환경 개선, 지역 사회와의 협력 강화 등 지배구조 리스크: 투명성 강화, 기업 지배 구조 개선, 이해 관계자 소통 강화 등
6	모니터링 및 검토	ESG 위험, 기회 및 위험 완화 효과를 지속적으로 모니터링하고 보고하기 위한 시스템 구축 -리스크 발생 가능성과 영향도 변화 추적, 리스크 관리 프로세스 효과성 평가 및 개선방안 도출

출처: IFRS S2 기준, ISO 31000 리스크 관리 등을 참조하여 작성.

토론과제

1. 기후변화는 ESG 리스크 관리에서 어떤 특별한 도전을 제시하나요? 기업이 기후변화 관련 리스크를 관리하기 위해 취할 수 있는 가장 효과적인 전략은 무엇일까요?
2. ESG 리스크 관리 과정에서 기회를 식별하고 활용하는 방법은 무엇일까요? 리스크 관리와 기회 활용 사이의 균형을 어떻게 맞출 수 있을까요?
3. ESG 리스크 관리를 지속 가능하게 유지하기 위한 핵심 요소는 무엇일까요? 장기적인 관점에서 ESG 리스크 관리의 지속가능성을 보장하기 위해 기업은 어떤 전략을 취해야 할까요?
4. ESG 리스크 관리에 있어 포괄적인 프레임워크 설정이 왜 중요한가요? 특히 위험성향, 위험 범주, 평가 방법론을 정의하는 과정에서 어떤 고려사항이 필요할까요?
5. 조직 내에서 ESG 리스크 관리에 대한 다양한 수준의 역할과 책임을 어떻게 명확하게 할 수 있을까요? 최고 경영진부터 일반 직원에 이르기까지 각자의 역할을 효과적으로 수행하기 위한 전략은 무엇일까요?
6. 다양한 환경적, 사회적, 거버넌스적 요인을 고려하여 ESG 위험을 식별하는 과정에서 어떤 도전과 기회가 있을까요?
7. 식별된 ESG 위험을 평가하고 우선순위를 지정하는 과정에서 어떤 기준을 적용해야 할까요? 이 과정에서 발생할 수 있는 주요 문제점은 무엇이며, 이를 어떻게 해결할 수 있을까요?
8. ESG 위험 완화 전략을 개발하고 구현하는 데 있어서 기업이 고려해야 할 핵심 요소는 무엇일까요? 예방 조치와 적응 조치의 균형을 어떻게 맞출 수 있을까요?
9. IFRS S2 기준에 따른 ESG 공시가 기업의 ESG 리스크 관리에 어떤 영향을 미칠까요? 이 기준을 국내 기업에 적용할 때의 장단점은 무엇이며, 어떤 준비가 필요할까요?

2) 기후변화 대비 리스크 관리[37)]

기후변화는 현 시대의 가장 심각한 위협요소 중 하나이다. 극심한 날씨 변화, 자원 부족, 탄소 배출 규제 강화 등은 기업과 행정기관 모두에게 심각한 위협이 된다. 기후변화에 대응하기 위해 ESG 행정은 중요한 역할을 수행해야 한다.

정부는 정책, 제도, 인센티브 제공 등으로 기업의 기후변화 대비 노력과 기후공시제도에 대한 이해와 실천, 기후변화를 대비한 역량 강화를 지원한다. 행정기관은 자체적으로 추진하는 사업과 정책관리에 기후변화 대비 리스크 관리 시스템을 구축해야 한다.

37) 한국회계기준원(2023.7.7.), "IFRS지속가능성공시기준", IFRS S1 및 S2에 대한 프로젝트 요약

(1) 기후변화 시대, 기업의 기후공시 대비

① 기후공시 배경 및 중요성

• 지구온난화와 기후변화의 심각성

지구온난화와 기후변화는 이미 전 세계적으로 심각한 영향을 미치고 있으며, 기업 활동에도 직접적인 영향을 끼친다. 극심한 날씨 변화, 자원 부족, 탄소 배출 규제 강화 등 기후변화는 기업의 경영 환경을 변화시키고 새로운 위험과 기회를 발생시키고 있다.[38)]

• 투자자들의 ESG 경영 및 기후변화 대응 요구 증가

투자자들은 기업의 장기적인 지속가능성을 평가하기 위해 ESG 경영 및 기후변화 대응 역량을 중요한 지표로 삼고 있다. 기업의 투명성 확보, 장기적인 가치 창출, 지속 가능한 성장을 위해 기후 관련 정보 공시가 필수적인 요소가 되었다.

• 국제회계기준(IFRS)재단 S1/S2 기준 제정[39)]

국제 사회는 기후변화 대응을 위해 공동 노력하고 있으며, 기업의 기후 관련 정보공시를 표준화하기 위한 노력의 일환으로 국제회계기준(International Financial Reporting Standards: IFRS) 재단 산하 국제지속가능성기준위원회(International Sustainability Standards Board: ISSB)는 2023년 6월 IFRS S1 및 S2 기준을 확정했다.

② S2가 요구하는 핵심 요소 4개 영역

• 거버넌스: 기후 관련 위험 및 기회 감독 및 관리 프로세스

---

38) 최은경(2022.9.7.), "50년만에 초유의 셧다운… '힌남노' 덮친 포스코 수백억 날렸다", 중앙일보, https://www.joongang.co.kr/article/25100385#home

39) 한국회계기준원 보도자료(2023.12.26.), "글로벌 ESG 공시규제 강화에 대비하여 ISSB 기준 국문 번역본을 공개합니다", https://www.kasb.or.kr/common/file/NR_download.do?id= b7e3a507-7b7e-42ea-ab53-68fc12e1a8aa

- **전략:** 위험 및 기회 관리 전략, 사업모형 및 가치사슬, 재무상태 및 성과 영향, 기후 회복력
- **위험관리:** 위험 및 기회 식별, 평가, 우선순위 설정 및 모니터링 프로세스
- **지표 및 목표:** 산업전반 지표(온실가스 배출량, 기후 관련 전환 위험, 물리적 위험, 기회, 자본배치, 내부 탄소 가격, 보상)
- 산업기반 지표, 기후 관련 목표(온실가스 배출량 목표 등)

③ IFRS S1/S2 적용 방식 및 시행

기본적으로 이 기준은 2024년 1월 1일 이후 최초로 시작되는 회계연도부터 적용되며, 공시 시기는 2025년부터이다. 우리나라를 포함 각국은 국내 기준 수용 여부를 결정한다.

(2) ESG 행정의 역할 및 과제

① 기업의 공시 준비 지원 및 역량 강화

교육 및 컨설팅 제공, 정보시스템 구축, 전문인력 양성, 최적의 공시방법 제시 등을 지원한다.

② 국제 기준과의 연계 및 국내 기준 마련

IFRS S1/S2 국내 수용 검토 및 국내 기준을 마련하고, 국제 기준과의 조화 및 국내 특성을 반영하여 기업의 부담 최소화 방안을 마련한다.

③ 투자자 보호 및 시장 투명성 확보

공시 정보 검증 및 감독 시스템 구축, 투자자 교육 및 정보 제공, 기업의 부적절 공시 방지 등 임무를 수행한다.

3) 기후변화 대비 행정기관의 자체 리스크 관리

행정기관은 다음과 같은 방식으로 기후변화 대비 리스크를 관리해야 한다.

- 기후변화 리스크 평가 및 분석: 지역별, 사업별 기후변화 리스크를 식별하고 분석하며, 효과적인 대응 전략을 수립하는 기반을 마련한다.
- 기후변화 대응 전략 수립: 위험 완화 전략, 적응 전략, 재난 대비 및 복구 계획을 수립하며, 기후변화로 인한 피해를 최소화하고 회복력을 강화한다.
- 기후변화 대비 리스크 관리 시스템 구축: 기구 및 책임 체계 구축, 정보 시스템 구축, 예산 확보, 민간과의 협력, 체계적인 리스크 관리 시스템을 구축하여 효율적인 대응을 가능하게 한다.

4) 기후변화 대비 ESG 행정의 장애요인 및 극복 방안

기후변화 대비 ESG 행정을 성공적으로 추진하기 위해서는 다음과 같은 장애요인을 극복해야 한다.

- 기존 사업예산체계 속에 새로운 예산을 포함하기는 쉽지 않지만, 관련제도와 근거를 마련하고, 날로 커지고 있는 기후변화 위험성에 대한 공감대를 형성하여 ESG 행정 추진에 필요한 정부 예산 확대 및 민간 투자 유치로 기후변화 대비 리스크에 대비해야 한다.
- 아직 전문인력이 부족하다. ESG 경영 및 기후변화 대비 전문 인력을 양성하는 교육 프로그램을 확대하고, 전문가 채용을 늘려야 한다.
- 글로벌 흐름에 맞추어 기후변화 대비를 철저히 하기 위해서는 관련 기술과 전문성을 가진 민간과의 협력이 필요하다. 정부와 민간은 공동 연구, 정보 공유, 인센티브 제공 등을 통해 협력을 강화해야 한다.

- 기후변화 심각성 및 ESG 경영 중요성에 대한 주민 인식이 미흡하여 기후대비 투자와 예산 확보에 부정적 여론이 있거나 어려움이 생길 수 있다. 교육 프로그램 제공, 홍보 강화 등을 통해 주민의 인식을 개선하여 막대한 투자와 대비가 필요한 기후변화 리스크 관리에 대한 주민의 지원과 협력을 얻어야 한다.
- 기후변화 대비는 수자원 관리, 에너지정책, 교통정책, 시설물관리 등 다른 정책과의 연계가 필요하다. 정책 간 연계 시스템 구축 및 일관성을 확보해야 한다.
- 새로운 접근이므로 관련 데이터 관리가 필요하다. 기후변화 리스크 평가와 분석을 위한 데이터 수집 및 분석 시스템 구축을 통해 해결해야 한다.

기후변화 대비 ESG 행정은 기업의 ESG 경영 지원과 행정기관 자체의 리스크 관리를 위한 필수적인 과정이다. 정부, 기업, 시민사회는 적극적인 협력을 통해 ESG 행정을 추진하고 기후변화 대비 역량을 강화하여 지속 가능한 미래를 만들어 나가야 한다.

5) 2023 새만금 세계 스카우트 잼버리 리스크 관리 교훈[40]

2023 새만금 세계 스카우트 잼버리는 비록 성공적인 마무리를 했다고 평가받지만, 대회 준비 및 운영 과정에서 다음과 같은 심각한 문제들이 드러났다는 게 많은 언론들의 지적이다. 언론 기사들을 토대로 리스크 관리 문제점과 교훈을 살펴본다.

(1) 거버넌스

- 책임 소재 불분명: 잼버리 조직위원장이 5명이나 되어 책임 소재가 불분명하여 행정력이 분산되었다는 지적이다.[41]

40) 김지현(2023.8.13.), “잼버리 끝났지만 국제행사 줄줄이, 책임 분산 않고, 소통·협업 중요”, 머니투데이, https://news.mt.co.kr/mtview.php?no=2023081315203349181 등 다수 언론

41) 김원배(2023.8.20.), “잼버리 조직위의 부실운영”, 중앙일보.

- 전문가 의견 미흡: 폭염 대비, 배수 시설 설치, 토질 개선 작업 등 중요한 결정 과정에서 전문가 의견을 충분히 수렴하지 않았다.
- 정보 공유 부족: 중앙정부 부처와 지방자치단체 간 정보 공유가 부족하여 협력 및 조율에 어려움을 겪었다는 지적이다.
- 교훈: 만일 위에서 지적된 내용이 사실이라면 명확한 책임 소재를 확립하고, 전문가 의견을 적극적으로 수렴하여 리스크 관리 시스템을 강화해야 한다.
- 그리고 중앙정부와 지방자치단체 간 정보공유시스템을 구축하여 협력 및 조율을 강화해야 한다.

(2) 전략

- 폭염 대비 부족: 8월의 폭염을 예상했음에도 불구하고, 그늘 공간 확보, 덩굴터널 설치, 안개 분사 시설 마련 등 폭염 대비가 미흡했다는 공통된 지적이다.
- 기반 시설 부족: 숙영 시설, 휴식 공간, 의료 시설 등 기반 시설 확충이 미흡했다.
- 예산 집행 불투명: 총 사업비 1171억 원 중 조직위 운영비에 740억 원 이상이 투입되었지만, 잼버리 행사에 필수적인 기반 시설 및 야영장 확충에 투자된 예산은 상대적으로 부족했다는 지적이다.
- 교훈: 위의 지적을 감안한다면, 기상 상황, 참가자 규모 등을 고려하여 철저한 사전 계획을 수립하고, 이를 바탕으로 전략적인 리스크 관리 계획을 수립해야 한다.
- 그리고 기반 시설 확충 및 예산 집행 과정에서 투명성을 확보하여 이해관계자들의 신뢰를 얻어야 한다.

(3) 위험관리

- 위험 식별 및 평가 부족: 폭염, 벌레, 우기 등 주요 위험 요소들을 사전에 충분

---

https://www.joongang.co.kr/article/25185975

히 식별하고 평가하지 못했다는 지적이다.

- 위험 대응 계획 부족: 식별된 위험 요소에 대한 효과적인 대응 계획을 수립하지 못했다는 지적이다.
- 위기 상황 관리 부족: 폭염, 벌레 등 위기 상황 발생 시 신속하고 효과적으로 대응하지 못했다고 한다.
- 교훈: 주요 위험 요소를 사전에 충분히 식별하고 평가하여 위험 우선순위를 설정해야 한다.
- 또한, 식별된 위험 요소에 대한 효과적인 대응 계획을 수립하고, 정기적으로 점검 및 개선해야 한다.
- 그리고 위기 상황 발생 시 신속하고 효과적으로 대응할 수 있는 매뉴얼을 마련하고, 교육 및 훈련을 실시해야 한다.

(4) 지표 및 목표

- 구체적인 목표 설정 부족: 언론기사를 토대로 살펴 보면 잼버리 개최의 목표가 명확하고 구체적으로 설정되지 않거나 소홀했던 것으로 보인다.
- 성과 측정 지표 부족: 언론기사를 참고하면, 잼버리 개최의 성과를 측정할 수 있는 구체적인 지표가 마련되지 않거나 미흡했던 것 같다.
- 모니터링 부족: 잼버리 준비과정에서 집행상황 모니터링과 중간점검이 미진했던 것으로 보인다.
- 교훈: 언론보도를 감안한다면, 잼버리 개최의 목표를 명확하고 구체적으로 설정하고, 이를 달성하기 위한 목표를 세워야 했다.
- 잼버리 개최의 성과를 측정할 수 있는 구체적인 지표를 마련하고, 정기적으로 집행상황을 모니터링하고 점검 평가하여 리스크 관리를 개선해 나가야 했다.

결국, 언론보도를 종합할 때, 2023 새만금 세계 스카우트 잼버리는 리스크 관리 부족으로 인해 다양한 문제점이 드러났던 것으로 보인다. 향후 대규모 행사 개최 시 리스크 관리 시스템을 강화하고, 전략적인 계획을 수립하여, 위기 상황에 대한 대비를 철저히 해야 한다. 또한, 구체적인 목표 설정과 집행상황에 대한 주기적인 모니터링, 성과평가를 통해 리스크 관리 시스템을 지속적으로 점검하고 개선해야 한다.

토론과제

1. 책임 소재가 불분명하고 행정력이 분산된 경우, 대규모 행사의 리스크 관리를 개선하기 위해 어떤 거버넌스 구조를 도입하는 것이 가장 효과적일까요?
2. 기후위기 대비와 같은 중요한 결정 과정에서 전문가와의 협업을 강화하기 위한 구체적인 방안은 무엇일까요?
3. 중앙 정부와 지방자치단체 간 정보 공유와 협력이 부족한 상황에서, 이를 개선하기 위한 구체적인 전략은 무엇일까요? 어떤 플랫폼이나 시스템을 도입할 수 있을까요?
4. ESG 행정이 기업의 기후변화 대비 노력을 지원하기 위해 수행할 수 있는 가장 중요한 역할은 무엇일까요? 구체적인 지원 방안에는 어떤 것들이 있을까요?
5. 행정기관 자체사업의 기후변화 대비 리스크 관리를 위해 어떤 시스템이나 프로세스가 필요할까요? 이를 구축하고 운영하기 위한 주요 단계는 무엇일까요?
6. 기후변화 대비 ESG 행정을 추진하는 데 있어 나타날 수 있는 장애요인들을 극복하기 위한 전략은 무엇일까요?
7. 기후변화 대응에 있어 정부와 민간의 협력을 강화하기 위한 방안에는 어떤 것들이 있을까요?

9 ESG 행정 사례 고찰

1) 경기도 ESG 행정[42]: 지속 가능한 미래를 향한 도전

2022년부터 본격적으로 도입된 경기도 ESG 행정은 환경보호, 사회적 책임 강화, 투명한 거버넌스 구축을 통해 지속가능한 미래를 만들고자 하는 노력의 일환이다. 인구 1,400만을 자랑하는 대한민국 최대 인구 지자체인 경기도는 2022년부터 ESG 평가지표 개발, ESG 센터 설립, ESG 공무원 양성 프로그램

42) 필자는 2023.4.18 경기도청에서 개최된 'ESG 전문가 자문 실무회의'에 전문가로 참여한 경험이 있다.

운영, ESG 기업 지원사업 운영 등을 통해 ESG 행정체계를 구축했다. 또한, ESG 조례 제정, 도청 내 ESG 전담부서 신설, 도내 공공기관 및 중소기업 ESG 경영 선포 등을 통해 ESG 정책을 적극적으로 추진했다. 이러한 노력의 결과, 경기도는 2022년 지속가능발전 목표(SDGs) 달성 지수 전국 지자체 1위를 달성했으며, 2023년 국가 ESG 평가 우수기관으로 선정되기도 했다.

(1) ESG 행정체계 구축

경기도는 2022년 국내 최초로 지자체 ESG 평가지표 37개를 개발하여 객관적인 성과 평가 및 개선 시스템을 구축했다. 또한, ESG 센터를 설립하고 운영하며 전문성을 강화하고, ESG 공무원 양성 프로그램을 운영하여 공무원들의 역량을 강화했다. 이외에도 ESG 기업 지원 사업을 운영하여 지역 기업의 성장을 촉진했다.

(2) ESG 정책 추진

경기도는 2022년 ESG 조례를 제정하고 시행하여 구체적인 행동 지침을 마련했다. 또한, 도청 내 ESG 전담부서를 신설하여 체계적인 관리 및 실행을 하고 있으며, 도내 공공기관 및 중소기업의 ESG 경영 선포를 통해 ESG 실천기반을 마련하였다. 2023년에는 ESG 기본계획을 수립하여 체계적인 추진 방향을 설정하고, ESG 성과관리 체계를 도입하여 객관적인 평가 및 개선을 위한 노력을 지속하고 있다.

- 2022년

ESG 조례 제정 및 시행: ESG 행정체계 구축과 기업의 ESG 경영지원에 대한 조례 제정
ESG 팀 신설: 도청 내 ESG 전담 부서 설치
ESG 경영 선포: 도내 공공기관 및 중소기업 대상 ESG 경영 선포 독려
ESG 중소기업 지원 정책 추진: ESG 경영 도입 지원 사업 추진

- 2023년

ESG 활성화 추진계획 수립: ESG 경영 관련 구체적인 추진 방안 마련

ESG 평가 지표 개발: 도내 공공기관 및 중소기업 대상 ESG 평가 지표 개발
ESG 교육 실시: 공무원 및 기업 대상 ESG 교육 실시
ESG 우수기관 선정 및 포상: ESG 경영 우수 기관 선정 및 포상
경기도 환경·사회·투명(ESG) 행정체계 구축 지침서: 경기연구원에서 '경기도 ESG 행정체계 구축 방안 연구' 발간(2023.7.30.)

(3) ESG 정책 성과

- ESG 행정체계 구축: 경기도는 ESG 추진의 기본 방향을 설정하고, 이를 실현하기 위한 기본 계획을 수립하였다. 또한, ESG 성과관리체계를 도입하여 모든 ESG 관련 활동이 체계적으로 운영되고 객관적으로 평가될 수 있도록 하였다.
- ESG 인식 제고: 경기도는 공무원을 대상으로 한 ESG 교육을 강화하여 ESG에 대한 이해와 인식을 높이고 있다. 시민참여 프로그램을 운영함으로써, ESG 가치를 사회 전반에 확산시키고 시민들의 적극적인 참여를 독려하고 있다.
- 환경보호: 경기도는 탄소중립, 에너지 절약, 자원 재활용을 위한 다양한 정책을 적극적으로 추진하고 있다. 이러한 노력은 지역사회의 환경보호에 기여하며 지속 가능한 발전을 촉진한다.
- 사회적 책임 강화: 경기도는 사회적 약자 지원, 지역 경제 활성화, 문화예술 발전을 위한 정책을 추진하고 있다. 이를 통해 사회적 책임을 이행하고, 모든 구성원이 공정하고 포용적인 사회에서 살 수 있도록 보장한다.
- 투명한 거버넌스 구축: 경기도는 정보 공개, 부패 방지, 윤리 경영 등을 통해 투명하고 신뢰할 수 있는 행정을 구축하였다. 이러한 조치는 정부의 신뢰도를 높이고, ESG 행정의 성공적인 추진을 위한 기반을 마련하였다.

(4) ESG 행정의 과제 및 전망

경기도 ESG 행정은 아직 초기 단계이며 해결해야 할 과제도 남아 있다. 정책의 실효성을 높이고, 시민들의 참여를 활성화하며, ESG 전문인력을 육성해야 한다

는 목소리가 높다. 경기도는 이러한 과제를 극복하기 위한 의지를 이미 갖고 있으며, 지속적인 노력을 통해 ESG 행정을 성공적으로 추진할 것으로 기대된다.

- 시민참여 활성화: 경기도는 ESG 교육 강화 및 확대, 시민참여 프로그램 개발 및 운영, 정보 공개 확대 및 투명성 강화 등을 통해 시민들의 참여를 활성화하고 있다.
- ESG 전문인력 육성: 경기도는 ESG 전문 교육 프로그램 개발 및 운영, ESG 인력 채용 확대 및 역량 강화, 전문 인력 육성 정책 마련 등을 통해 ESG 전문인력을 육성하고 있다.

경기도 ESG 행정은 지속가능한 미래를 만들기 위한 중요한 도전이다. 경기도는 다양한 정책과 노력을 통해 이러한 도전을 극복하고 있으며, 미래 세대에게 더 나은 세상을 물려주기 위해 지속적인 노력을 이어갈 것으로 기대된다.

2) 일상생활권 구축을 위한 '15분 도시'

(1) 개념

'15분 도시' 개념은 주민들이 자택에서 15분 이내 거리에서 일상생활에 필요한 다양한 활동을 수행할 수 있는 도시 계획을 목표로 한다. 이는 사회, 경제, 환경적인 공공 개혁을 지향하며, 2019년에 파리의 앤 이달고(Anne Hidalgo) 시장이 채택하여 추진하였다. 이 아이디어는 "크로노-어바니즘(chrono-urbanism)"에서 영감을 받았으며, 2016년 프랑스 소르본대 카를로스 모레노(Carlos Alberto Sánchez Moreno) 교수에 의해 처음 제안되었다. 주요 목표는 자동차 의존도를 줄이고 도시의 살기 좋은 환경을 개선하며, 기후변화와 도시 불평등 문제를 해결하는 것이다. 이를 위해 파리에서는 학교 운동장을 주말에 개방하고 단일 용도 건물을 혼합 용도로 전환하는 등의 다양한 조치를 시행하고 있다. 이러한 조치들은 지속 가능하고 포용적이며 활기찬 도시 환경을 조성하는 데 목적이 있으며, 파리뿐만 아니라 전 세계 많은 도시에 신선한 자극을 주고 있다.

(2) '15분 도시' 와 ESG 관련성

ESG(환경, 사회, 거버넌스) 원칙 관점에서 볼 때, '15분 도시'는 다음과 같은 핵심목표에 부합한다.

- (E) 환경적 측면: 차량 이용을 줄이고 보행, 자전거 이용, 대중교통 활성화를 통해 도시의 탄소 배출을 크게 줄이고 대기질을 개선할 수 있다. 녹지 공간과 지속 가능한 인프라의 통합은 환경보호 목표를 실현하는 데 도움이 된다.
- (S) 사회적 측면: 서비스와 편의 시설에 대한 모든 주민의 접근성을 향상시켜, 사회적 결속력과 포용성을 강화하며, 도시지역의 삶의 질을 전반적으로 향상시킬 수 있다.
- (G) 거버넌스 측면: '15분 도시' 개념을 실현하기 위해서는 지역사회의 참여를 촉진하는 혁신적인 도시계획과 정책수립이 필요하다. 이를 통해 참여적인 지배구조와 투명한 정책 실행이 가능해진다.

ESG 관점에서 볼 때, '15분 도시' 는 경제적 효율성과 사회적 공정성, 환경적 지속가능성의 균형을 맞추는 포괄적 도시개발 접근방식을 상징한다. 이는 전 세계 도시가 자신들의 고유한 맥락에 맞게 적응하여 보다 살기 좋고, 회복력 있으며, 포용적인 도시 환경을 만들 수 있는 모델로 인식된다.

(3) ESG 행정관점과 '15분 도시' 사례[43)]

"일상생활권 구축을 위한 '15분 도시'" 사례를 ESG 행정 관점에서 분석하고,

43) 대한국토·도시계획학회 편저(2023.8.31.), "일상생활권 구축을 위한 15분도시", 기술혁명과 국토·도시공간의 변화, 보성각, 12~13쪽 참조; Andreea Cutieru, "The Concept of 15-Minute City Wins 2021 Obel Award", https://www.archdaily.com/970873/the-concept-of-15-minute-city-wins-2021-obel-award

다양한 관점에서의 접근 방식을 제시하며, 토론과제를 포함하여 정리하면 아래와 같다.

① 제도적 관점

- 정책 및 조례 제정: '15분 도시' 구축을 위한 제도적 기반을 마련한다. 이는 도시 계획 및 관리에 관한 조례, 정책을 포함하여, 지속 가능한 도시 발전을 위한 명확한 법적 틀을 제공한다.
- 성과관리 체계: 도입된 정책의 효과를 평가하고, 목표 달성 정도를 측정하기 위한 성과 관리 체계를 구축한다. 이를 통해 정책의 지속적인 개선과 효율적인 실행을 도모한다.

② 조직 및 사람 관점

- 전담조직 설립: '15분 도시' 구축을 위한 전담조직을 설립하고, 이를 통해 관련 정책과 프로젝트의 일관된 실행을 보장한다.
- 교육 및 인식 제고 프로그램: 공무원 및 시민 대상의 교육 프로그램을 통해 '15분 도시' 개념과 중요성에 대한 인식을 제고한다.

③ 기술적 관점

- 스마트 도시 기술 도입: 정보 및 통신 기술을 활용하여 도시 서비스의 효율성을 높이고, 시민들의 접근성을 개선한다.
- 지속 가능한 교통 시스템 개발: 첨단 기술을 활용하여 지속 가능한 교통수단을 개발하고, 이를 통해 자동차 의존도를 줄인다.

④ 시장주의 관점

- ESG 기반 투자 유치: '15분 도시' 구축을 위한 프로젝트에 대한 ESG 기반의 투자를 유치하고, 이를 통해 지속 가능한 도시 발전을 촉진한다.
- 지역 경제 활성화: 지역 내 소규모 비즈니스와 서비스를 지원하여, 지역 경제

의 활성화와 고용 창출을 도모한다.

⑤ 네트워크 관점

- 이해관계자 협력 네트워크 구축: 정부, 기업, 시민사회 등 다양한 이해관계자 간의 협력 네트워크를 구축하고, '15분 도시' 구축을 위한 공동의 노력을 촉진한다.
- 지식 공유 및 협업 플랫폼 마련: '15분 도시' 구축에 대한 정보, 지식, 우수사례를 공유할 수 있는 플랫폼을 마련한다.

⑥ 조합주의 관점

- 지역사회 참여 활성화: '15분 도시' 모델은 지역사회 주민들의 적극적인 참여를 필요로 한다. 주민들이 직접 도시 계획 과정에 참여하고, 지역 내에서 필요한 서비스와 시설에 대한 의견을 제시한다. 이를 통해 구축되는 도시는 주민들의 실제 필요와 요구를 반영하여 더욱 포용적이고 생활하기 좋은 공간이 된다.
- 공동체 기반 프로젝트 지원: 정부와 지방자치단체는 지역사회의 다양한 공동체와 조직이 주도하는 프로젝트를 지원함으로써, '15분 도시' 구축을 위한 다양한 아이디어와 솔루션을 발굴한다. 이러한 프로젝트는 지역사회의 연대감을 강화하고, 공동의 목표를 향해 함께 나아갈 수 있는 동력을 제공한다.
- 파트너십 구축: 지역 내 협동조합, 비영리단체, 교육기관, 기업 등 다양한 이해관계자 간의 파트너십을 구축하여 '15분 도시' 모델의 실현을 지원한다. 이러한 협력은 자원의 효율적 사용, 지식과 경험의 공유, 지역 경제의 활성화에 기여한다.

⑦ 거버넌스 관점

- 투명성과 책임성 강화: '15분 도시' 구축 프로젝트의 계획과 진행 상황을 투명하게 공개하고, 시민들의 참여와 피드백을 적극적으로 수용한다.

- **포용적 참여 촉진:** 모든 시민들, 특히 취약 계층이 '15분 도시' 구축 과정에 참여하고 혜택을 받을 수 있도록 보장한다. 이는 다양한 소통 채널과 포용적 정책을 통해 달성한다.

토론과제

1. "일상생활권 구축을 위한 15분 도시" 구축 시 가장 중요한 제도적 기반은 무엇이라고 생각하는지?
2. 15분 도시 모델을 실현하기 위한 기술적 혁신에서 가장 우선시되어야 할 분야는 어디라고 보는지?
3. 지역 경제 활성화와 사회적 포용성을 증진시키는 데 있어 15분 도시 모델이 어떤 역할을 할 수 있을까?
4. ESG 행정 관점에서 볼 때, 15분 도시 구축을 위한 거버넌스의 가장 큰 도전은 무엇이며, 이를 극복하기 위한 방안은 무엇일까?
5. 네트워크 관점에서 볼 때, 15분 도시 구축에 있어 다양한 이해관계자 간의 협력을 어떻게 촉진할 수 있을까?
6. 조합주의 관점에서 볼 때, 15분 도시 모델을 통해 지역사회 참여를 활성화하기 위한 가장 효과적인 방법은 무엇일까?
7. 지역사회기관, 단체 등 이해관계자와의 파트너십 구축이 15분 도시 모델의 성공적인 구현에 어떤 이점을 제공할 수 있을까?

07

CHAPTER

ESG와 국정과제

1 ESG 관련 국정과제

윤석열 정부의 120대 국정과제 중 ESG 관련 내용은 계획수립 당시 제대로 반영이 되지 않았지만, 미디어의 공정성·공공성 확립 및 국민 신뢰 회복, 성장지향형 산업전략 추진, 역동적 혁신성장을 위한 금융 및 세제지원 강화, 안심 먹거리, 건강한 생활환경, 과학적인 탄소중립 이행방안 마련으로 녹색경제 전환, 기후위기에 강한 물 환경과 자연 생태계 조성, 미세먼지 걱정 없는 푸른 하늘 및 재활용을 통한 순환경제 활성화 등 8가지이다.[1)]

〈표 7-1〉 ESG 관련 8대 국정과제

항목	국정과제	실천과제	소관부처
6	미디어의 공정성 · 공공성 확립 및 국민 신뢰 회복	6-1	방통위
17	성장지향형 산업전략 추진	17-2	산업부
18	역동적 혁신성장 위한 금융 및 세제지원 강화	18-3	기재부 금융위
68	안심 먹거리, 건강한 생활환경		식약처 환경부
86	과학적인 탄소중립 이행방안 마련으로 녹색경제 전환		환경부 국조실
87	기후위기에 강한 물 환경과 자연 생태계 조성		환경부
88	미세먼지 걱정 없는 푸른 하늘		환경부
89	재활용을 통한 순환경제 활성화		환경부

출처: 필자정리.

① 국정과제 06. 미디어의 공정성·공공성 확립 및 국민의 신뢰 회복

- **과제목표:** 방통위에서 추진하는 과제로 공영방송의 위상 정립과 공적 책무 이행을 위해 경영평가, 지배구조, 수신료 등 관련 법·제도를 개선하고 공적 운영 방송에 대한 공익성 및 경쟁력을 강화하여 국민의 신뢰를 회복
- **기대효과:** 공영방송 등 미디어에 대한 국민의 신뢰를 회복하고 공적 책무를

1) 120대 국정과제, https://www.president.go.kr/affairs/gov_project(검색일: 2023.12.14.)

강화하여 미디어의 발전과 공공복리 증진에 기여

② 국정과제 17. 성장지향형 산업전략 추진

- 과제목표: 산업부에서 추진하는 과제로 민·관 협력을 토대로 국가 기업지원 체계를 성장지향형으로 정비
- 기대효과: 우리 산업·경제의 역동성을 제고하고 기업의 성장기반을 마련

③ 국정과제 18. 역동적 혁신성장을 위한 금융·세제 지원 강화

- 과제목표

– 기재부 · 금융위의 과제로 기업의 투자 · 고용 촉진 등 민간 중심의 역동적 혁신성장 지원

– 정책금융을 수요자 중심으로 재편하여 시장보완 분야 집중 지원

- 기대효과

– 기업의 투자 · 고용 · 리쇼어링 촉진 및 가계의 소비 여력 확충

– 시장중심 정책금융 공급체계를 통해 역동적 혁신성장을 뒷받침

④ 국정과제 68. 안심 먹거리, 건강한 생활환경

- 과제목표

– 환경부 · 식약처의 과제로 새로운 일상[2)]의 먹거리 안전망 확충과 건강위해 요인 통합 관리로 안전 사각지대 해소, 국가 식생활 관리체계 구축으로 모두가 건강한 삶을 향유

– 환경오염 피해 및 화학물질 노출을 선제적 · 효율적으로 관리하여 국민 건강 보호

- 기대효과

– 먹거리 불안 없이, 먹으면서 더 건강해지는 국민의 먹거리 기본권 보장

2) 직접조리 → 간편식, 오프라인 → 온라인, 집밥 → 급식·외식, 맛·질 → 건강까지 고려 등 식생활 변화 가속화

– 신속한 피해조사 및 심사로 환경오염 피해구제 소요기간 50% 단축

⑤ 국정과제 86. 과학적인 탄소중립 이행방안 마련으로 녹색경제 전환

• 과제목표

– 환경부·국조실의 과제로 글로벌 탈탄소 전환에 대응하기 위한 적극적인 탄소중립 정책 추진

– 녹색산업·기술을 기반으로 녹색투자와 소비를 촉진하는 경제 생태계 조성

• 기대효과: '30년까지 온실가스 배출량은 40% 감축('18년 727.6백만 톤 → 436.6백만 톤)하면서, 녹색산업·기업의 경쟁력 제고(녹색산업 규모 30% 이상 확대)

⑥ 국정과제 87. 기후위기에 강한 물 환경과 자연 생태계 조성

• 과제목표: 환경부 과제로 모두에게 안전하고 스마트한 새로운 물 서비스 제공, 자연 생태계의 지속가능성 제고를 통해 기후재해로부터 안전한 환경 조성

• 기대효과: 제방정비율 향상(국가하천 80% → 90%) 등을 통해 홍수 등 기후위기로부터 국민의 건강과 재산 보호

⑦ 국정과제 88. 미세먼지 걱정 없는 푸른 하늘

• 과제목표: 환경부 과제로 초미세먼지 농도 개선으로 국민 건강피해 예방 및 푸른 하늘 복원

• 기대효과: 초미세먼지 수준 OECD 중위권으로 도약('21년 18$\mu g/m^3$ → '27년 13 $\mu g/m^3$)

⑧ 국정과제 89. 재활용을 통한 순환경제 활성화

• 과제목표: 환경부 과제로 대량생산-폐기로 이어지는 선형경제를 벗어나, 생산·유통·소비·재활용 전 과정에서 폐기물 감량 및 고부가가치 재활용을 확대하는 순환경제로 전환

• 기대효과

- 생활플라스틱 발생량 '20년 160만 톤 → '25년 20% 감량
- 매립과 소각 중심에서 열분해 방식으로 전환(열분해율 '20년 0.9% → '26년 10%)

2 ESG 인프라 고도화 방안

1) 개요

정부가 2023년을 'ESG 재도약의 해'로 삼고 ESG 인프라 고도화 정책 방안을 내놓고 이를 위해 범정부 차원의 컨트롤타워인 민관합동 ESG 정책 협의회를 2023년 출범시켰다.[3)]

〈표 7-2〉「민관합동 ESG 정책 협의회」 민간위원 명단

구 분		성명	현 직위
1	ESG 경영	우태희	대한상공회의소 부회장
2		정윤모	중소기업중앙회 부회장
3	ESG 투자	이호형	전국은행연합회 전무이사
4		나석진	금융투자협회 산업시장본부 상무
5	ESG 민간전문가 (가나다순)	권혜원	동덕여대 경영학과 교수
6		김광기	ESG 경제(미디어) 대표
7		김동수	김앤장 ESG 경영연구소장
8		심보균	K-ESG 평가원 원장
9		안완기	한국생산성본부 회장
10		이민호	법무법인 율촌 ESG 연구소장
11		이준희	법무법인 지평 ESG 센터그룹장
12		이한상	고려대 경영학과 교수

출처: 기획재정부 보도자료(2022), 'ESG 인프라 고도화 방안' 발표

3) 기획재정부 보도자료(2022), 'ESG 인프라 고도화 방안' 발표(검색일: 2023.12.14.)

ESG 투자 활성화를 위해 2023년 중 '지속가능채권'과 '사회적채권' 발행 가이드라인을 마련하고, 어떤 경제활동이 사회적으로 지속가능한 경제활동인지 분류하는 사회적분류체계(소셜 택소노미)도 제정하여, 소셜택소노미에는 인권과 근로자 안전, 일자리, 소비자 권익, 지역사회, 공급망 협력, 공정한 전환 지원과 관련된 활동이 포함될 예정이다.

2) 내용

(1) 한국형 '소셜택소노미' 제정

국내에서도 ESG채권 발행이 늘어남에 따라 사회적채권이나 지속가능채권이 용도에 맞게 발행되고 사용되는지 판단 기준이 되는 소셜택소노미의 제정이 시급하다는 지적이 있었으며, 소셜택소노미는 기업이나 금융회사가 사회적 이슈를 내세워 유리한 조건으로 자금을 조달한 뒤 타용도로 전용하는 이른바 '사회적 세탁(blue washing)'의 방지에 필수적 기준이 된다.

유럽연합(EU)의 경우 EU 집행위 자문기관인 지속가능 금융플랫폼(PSF)이 2021년 소셜택소노미 초안을 공개한 데 이어 의견 수렴 절차를 거쳐 2022년 2월 최종안을 내놓았으며, EU는 아직 소셜택소노미를 택소노미에 포함시키진 않았으나 도입 방안을 마련 중이다.

(2) 소셜택소노미 적용한 사회적채권 가이드라인 마련

사회적채권 가이드라인이나 지속가능채권 가이드라인은, 소셜택소노미를 적용해 사회적채권이나 지속가능채권의 발행과 자금 활용이 적절하게 이루어지는지 판단하는 절차와 방법을 담은 지침서로서. 국제자본시장협회(ICMA)의 가이드라인 등을 참고해 만들 계획이다.

ICMA의 사회적채권 가이드라인 사업 범주는 '사회적 문제 해결' 또는 '취약계층 지원' 등이며, 사회적채권 발행 기관은 사업의 적격성과 투자 효과 등을 투자자에게 설명하고 외부 검토기관으로 하여금 그 발행에 적합한지 검증하도록 해야 한다.

ESG채권은 재생에너지와 에너지 효율 개선, 온실가스 배출 없는 운송 수단 개발, 녹색 빌딩, 하수 관리, 기후변화 대응 등 친환경 사업에 필요한 재원 조달을 위한 '녹색채권'과 취약계층 지원 용도의 '사회적채권', 녹색채권과 사회적 채권을 합친 성격의 '지속가능채권' '지속가능연계채권'으로 나눠진다. 지속가능채권이나 지속가능연계채권 발행을 통해 조달한 자금은 기업 판단에 따라 다양한 용도로 사용이 가능하다.

지속가능연계채권은 기업이 사전에 설정한 지속가능성 목표 달성 여부에 따라 금리 수준 등의 조건이 달라지며, 지속가능연계채권 발행 시 설정한 핵심목표를 심사하고 목표 달성 여부를 평가하는 기준을 어떻게 제정할지가 난제로 남아있다.

(3) 녹색채권 가이드라인 보완 및 SRI채권 사후보고 개선

환경부는 이미 만들어진 녹색채권 가이드라인을 보완하였다.

그린워싱을 막기 위해 ▲녹색채권 발행 대상 사업에 녹색분류체계(택소노미)를 적용하는데 적합한지 판단하는 절차 ▲환경과 금융 분야 전문성을 확보한 외부 검토기관이 녹색채권 발행 요건을 확인하는 외부 검토기관 등록제도 ▲사후보고서의 주기적인 제출과 사후 외부검토 의무화 등을 도입하기로 하고, 환경부는 녹색채권 발행의 편의성을 높이기 위해 발행에 필요한 표준 절차와 양식을 제공한다.

정부는 SRI채권 발행 시 워싱 방지와 투자자 보호를 위해 자금사용처를 투자자에게 보고하는 사후보고의 질적 향상을 도모하기로 하고, 기후채권기구(CBI) 등의 사후보고 보험사례 권고안에 따라 발행자에 사후보고서 작성을 권고하기로 하였다.

SRI채권은 녹색채권과 사회적채권, 지속가능채권을 포괄하는 채권으로 사실상 ESG채권과 같고, SRI채권으로 등록되면 발행자는 한국거래소 홈페이지에 채권 관련 정보를 공시해야 한다.

(4) 파리기후협약 지수 개발 및 연기금 ESG 투자 확대

정부는 ESG지수 다양화를 추진하기로 하고 파리기후협약 지수를 추가하기로 하였다.

파리기후협약지수는 코스피200 등 모 지수 구성기업의 파리기후협약 관련 규정 이행 기여도에 따라 가중치를 부여함. 국내 증시에는 KRX ESG 리더스 150 등 10개의 ESG지수가 있다.

정부는 연기금 등의 ESG 투자를 확대하고 정책금융기관의 ESG 금융지원을 확대하기로 하였다.

국민연금은 ESG 통합전략을 적용하는 자산군을 국내 자산에서 해외 주식과 채권으로 확대하고 탈석탄 투자 선언 이행을 위해 석탄채굴과 발전산업에 대한 투자를 제한하는 전략도 마련하기로 하였다.

(5) ESG 평가기관 가이던스 마련[4)]

2023년 5월 24일(수) 금융위원회는 ESG 평가시장의 투명성·신뢰성 제고방안을 발표하였다. 주요내용은 정부, 한국거래소, 자본시장연구원의 지원 하에 국내 주요 ESG평가기관 3개社(한국ESG기준원, 한국ESG연구소, 서스틴베스트)가 '자율규제'로서 「ESG 평가기관 가이던스」(이하 '가이던스')를 마련하여 운영한다는 것이다.

정부, 한국거래소, 자본시장연구원의 지원 하에 국내 주요 ESG평가기관 3개社(한국ESG기준원, 한국ESG연구소, 서스틴베스트)는 '자율규제'로서 「ESG 평가기관 가이던스」를 마련하였다. 구체적인 평가방법을 규율하는 것이 아닌, 평가업무 수행시 필요한 절차·기준 등에 대한 모범규준(Best Practice)를 제시하고자 하는 목적이다.

각 ESG 평가기관은 가이던스 참여 여부를 자율적으로 천명하고, 원칙준수·예외설명(Comply or Explain) 방식으로 참여한다. 국내시장이 아직 발전 초기단계

---

4) 금융위원회 보도자료(2023.05.02.), ESG 평가시장의 투명성·신뢰성 제고방안 발표 – 「ESG 평가기관 가이던스」 제정

라는 점 등을 감안하여 신용평가 규제 등에 비해서는 낮은 수준의 규율방식을 택하였다.

가이던스는 총 6개의 장, 21개의 조문으로 구성되어 있다.

❶ 총칙 – ❷ 내부통제체제의 구축 – ❸ 원천데이터의 수집 및 비공개정보의 관리 – ❹ 평가체계의 공개 – ❺ 이해상충의 관리 – ❻ 평가대상기업과의 관계

제1장은 총칙으로 동 가이던스의 목적과 적용 방식 등을 규율한다. 제2장에서는 준법감시인의 지정 등 준법감시체제를 구축하고 이해상충방지 등 내용을 담은 내부통제체제를 마련할 것을 요구하고 있다. 제3장에서는 평가기관은 객관적이고 검증 가능한 데이터에 근거하여 평가하도록 하며, 평가과정에서 취득한 비공개정보를 대외비로 관리하고 임직원이 남용하지 않도록 하고 있다. 제4장에서는 ESG 평가방법론 및 기업별 ESG 평가등급, 평가점수 등 평가결과를 공개하도록 하며, 정보공개 시 인터넷 홈페이지 등 정보접근성이 높은 방식을 이용할 것을 요구한다. 제5장에서는 기관 내 이해상충 가능성이 있는 업무·인력을 분리하고, 계열회사의 업무와 이해상충 문제가 발생하지 않도록 내부정책을 수립·운영하며, 이해관계가 있는 회사와 관련된 잠재적인 이해상충의 관리의무도 부여한다. 제6장에서는 평가대상기업에 대한 불공정행위 및 금품 수수 등을 금지하며, 평가등급 확정 전 평가대상기업에 수집데이터 내용 등을 통보하고 사실오류가 있는 경우 설명기회를 부여하는 등 평가대상기업과의 관계를 규율한다.

ESG 평가기관뿐만 아니라 금융위, 한국거래소, 자본시장연구원이 옵저버('관찰자')로 참여하는 'ESG평가기관협의체'(이하 '협의체')를 구성하여 자율규제로서 운영될 예정이다. 다만, 자율규제의 경우 구속력이 제한될 수 있는 만큼 내실있는 운영을 위한 보완방안도 함께 추진한다. 각 평가기관은 자신의 가이던스 이행현황을 공시하며, 협의체(또는 거래소)가 정기적으로 평가기관의 가이던스 이행현황 등을 비교·분석하여 보도자료로 배포할 계획이다.

이번 발표한 가이던스는 각 평가기관의 동 가이던스 준수를 위한 준비절차 등

을 감안하여, 약 3개월간의 유예기간을 거쳐 2023년 9월 1일부터 시행한다. 2023~24년간 가이던스를 운영한 이후, 2025년부터는 가이던스의 역할·활용도, 국제 동향 등을 보아가며 진입규제, 행위규제 등 법제화도 검토할 예정이다.

(6) ESG 전문인력 육성, 민관 합동 컨트롤타워 설치

정부는 ESG 전문인력을 최대 300명까지 육성하기 위해 국제표준화기구와 인증 심사원, 경영컨설턴트 등이 전문교육과 실무교육을 통해 ESG 전문가로 육성할 계획이다.

정부는 특성화 대학원과 지역 거점 대학교 등에 ESG 교육과정을 개설하고 교육 수요 등을 고려해 장기적으로 학위과정 개설도 검토한다.

정부는 민간과의 긴밀한 소통과 협력을 위해 민관합동 컨트롤 타워인 ESG 협의회를 설치하여 부처 간 유기적 협업과 폭넓은 의견 수렴을 위한 소통창구기능을 맡길 예정이며, 협의회를 통해 ESG 인프라 고도화 방안 추진실적을 점검하고 ESG 정책을 차질 없이 실행해 나갈 예정이다.

(7) 공시관련 정부방침

금융위원회가 2023년 10월 16일 공시의무화 도입 시기를 2025년에서 2026년 이후로 1년 미룬다고 발표했다.

당국은 2025년부터 자산 2조 원 이상 유가증권시장 상장사를 시작으로 ESG 공시를 의무화할 방침이었으며, 기존 일정대로라면 기업은 당장 내년도 ESG 정보를 대상으로 2025년 초부터 공시를 준비해야 했다. 2023년 6월 발표된 국제지속가능성기준위원회(ISSB)의 ESG 국제기준에 따르면 기업은 협력사까지 포함한 가치사슬 내(스코프3)의 온실가스 배출량, 온실가스 감축 계획, 기후 리스크 등 각종 비재무 정보까지 촘촘히 공시해야 하며, 허위로 공시하면 자본시장법 위반을 근거로 제재 조치가 부과될 수 있다.

2025년 공시를 위해선 2024년부터 각종 데이터를 취합해야 하는데 이를 위한 기준, 세부지침 및 인프라도 부족하며, 데이터를 취합·검증할 실무 시스템을 마련하기도 어렵다. 예를 들어 상장사가 스코프3 온실가스 배출량 수치를 따지려면 협력업체 데이터까지 측정해 검증해야 한다.

금융위가 ESG 공시 도입 시기를 1년 이상 연기한 것은 이 같은 문제점을 고려한 조처로, 기업부담을 고려하되 투자자에게 투명한 정보를 제공해야 한다는 정책 의지에는 변함이 없다고 밝혔다.

금융위원회는 지속가능성기준위원회(KSSB) 논의를 거쳐 2025년 1분기 중 국내기업에 적용될 환경·사회·지배구조(ESG) 공시기준을 구체화한다. 이를 위해 금융위는 기후 분야에 대한 공시 의무화를 우선 검토할 예정이다.

2026년 이후 의무화 일정 규모 이상의 대형 상장기업부터 단계적으로 도입하고 세부적인 기준, 대상, 시기는 관계부처 협의를 거쳐 2025년 1분기 중 구체화할 계획이다.

08

CHAPTER

ESG 행정 평가와 기본법

1 ESG 행정 평가 방향

ESG 행정 평가는 중앙행정기관의 경우 자체평가의 주요정책 부문으로 평가하고, 지방자치단체의 경우 합동평가의 항목으로 평가하는 것이 합리적이라고 생각한다.

1) 평가기준 전망

(1) 원칙

- 120대 국정과제 중 ESG 관련 8대 과제 수행을 위한 총괄추진체계구축 목표
- ESG 평가항목을 2~3개로 최소화하여 "ESG 행정 5대 원칙" 중심으로 평가지표 마련

ESG 행정 5대 원칙

ESG 총괄: 법률/시행령/조례/규칙/가이드라인 등의 제/개정
ESG 추진체계(Governance) 구축: 위원회/협의회 구성 등
ESG 전담 조직 구성: 전담조직, 전담자 선임 등
ESG 평가 및 모니터링
ESG 교육 및 전문가 육성

출처: 필자정리

(2) 방향성

- ESG 글로벌 이니셔티브의 목표와 가이던스 등을 참조
  - United Nations Sustainable Development Goals(SDGs)
  - Global Reporting Initiative(GRI)
  - ISO 26000
- 국정과제 중심으로 ① 기업 ESG 지원과 ② 행정부 자체 실천 사항에 대하여

평가

- 각 행정체계 및 역량에 대한 수준평가를 통하여 행정수행의 적합성 및 정책적 시사점 제시
- 해외 ESG 행정 우수 사례 참조: 캐나다 Toronto

2) 중앙행정기관 평가

- ESG 8대 국정과제를 수행하는 부처에 대하여 자체평가의 "주요정책" 부문으로 평가 수행
  - 성과관리 시행계획의 관리과제에 대하여 평가하는데, 8대 국정과제를 포함시켜 계획단계부터 평가
- ESG 행정 5대 원칙 중 추진계획, 담당자, 점검 및 평가체계 등에 대하여 "2개 항목"으로 구성하여 평가

〈표 8-1〉 자체평가 항목

부문		평가 대상	총괄기관
주요정책		성과관리 시행계획의 관리과제	국무조정실
재정사업	일반재정	예산, 기금이 투입되는 모든 성과관리대상 재정사업 ★ R&D, 재난안전, 균형발전 사업은 제외	기획재정부
	R&D	전체 정부연구개발 사업 중 3년 평가주기가 도래한 사업	과학기술정보통신부
	재난안전	재난안전사업	행정안전부
	균형발전	균형발전 세부사업	국가균형발전위원회
행정관리역량		조직·인사·정보화 분야 행정관리역량	행정안전부, 인사혁신처

출처: 필자정리

3) 지방자치단체 평가

- 현재 14개의 자방자치단체 조례가 입법화되어 있지만, Control Tower가 구

성되어 있지 않아 ESG 국정과제 수행을 촉진하기 위하여 "종합평가"로 평가 수행

- ESG 행정 5대 원칙을 중심으로 "3개 항목"으로 구성하여 평가
- 자체 평가 관련 "자체평가위원회"에도 ESG 전문가를 평가위원으로 포함하는 방안 추진

합동평가

1) 평가 개요
가) (평가목적) 국정 주요시책 등의 지방자치단체 추진상황을 평가·환류함으로써 국정의 통합성, 효율성, 책임성 확보 및 지방자치단체 부담 완화
나) (평가대상) 17개 시·도(시·군·구 실적 포함)
다) (평가주체) 지방자치단체 합동평가위원회 산하 합동평가단
2) 평가 방향: 정부 국정목표에 부합하는 국가 주요시책 중심으로 평가 항목 구성
3) 평가 항목: 2021년도 기준 실적 지표 총 116개 지표 중 108개 지표

출처: 필자정리

4) 평가방법

(1) 항목별(각 100점 기준): 200~300점 ± 5점

- 정량평가: 각 항목별로 5개 척도 항목으로 총 25개 척도 항목을 5등급으로 상대평가하여 항목별로 피어(peer)그룹에 대해 0.5~1.0 스케일로 차등 가중치(수준 비료)에 따라 배점 부여
- 정성평가: 총괄 및 수상실적 및 발생 사건 및 사고 등의 리스크 정도를 심사하여 가산점 부여(± 5점 척도)
- 종합: S, A, B, C, D등급

(2) 데이터 및 정보

정부 통계와 보도자료, 대외기관의 평가, 자체 통계와 보도자료, 미디어 정보 및 홈페이지 등을 기본으로 하고 필요시 현장점검 및 인터뷰 병행 실시

(3) 평가 절차

데이터 및 정보 수집 → 자료 분석 → 평가지표 매핑 → 평가 및 등급 책정 → 심사위원단 심의 → 평가 확정 → 대외 공시

- 평가 및 심사위원단 구성
- 민간 자체평가위원회를 구성하여 평가 및 심사위원단 구성
- 평가지표(예시)

〈표 8-2〉 평가지표(예시)

영역	진단항목	내용
ESG 총괄	- ESG 관련 법률/시행령/조례/규칙/가이드라인 등의 제/개정을 통한 법·제도적 지원 - ESG 기본 계획 수립·시행 - 글로벌 ESG 트렌드에 대한 대응방안 마련 - ESG 경영 지원 관련 책무 인식 및 실천 - ESG 실천기업 애로사항 수렴 및 지원	ESG 관련 법률/시행령/조례/규칙/가이드라인 등의 제/개정을 통하여 기업의 효과적인 ESG 추진을 지원하거나 자체 실천 사항에 대하여 평가
ESG 추진체계 (Governance) 구축	- ESG 추진과 관련된 거버넌스 구축을 위한 위원회/협의회 구성 - 거버넌스 관련 지원 체계 및 시스템 마련 - 위원회/협의회 결정사항에 대한 실천방안 마련 - ESG 실천에 따른 규제와 행정절차 완화 - ESG 경영 지원 협의체 및 협력체계 구축	ESG 추진과 관련된 거버넌스 구축을 위한 위원회/협의회 구성 등의 내용을 평가
ESG 전담 조직 구성	- ESG 전담 조직 구성 - ESG 업무 전담 인력 선정 - ESG 경영기업에 대한 정부/지자체 조달 지원 - ESG 경영 기업 재정지원제도 마련 - ESG 경영 기업 세제 지원	ESG 업무를 담당하는 전담 조직을 구성하여 거버넌스 체계에서 구성된 위원회/협의회를 지원하는 사항을 평가
ESG 평가 및 모니터링	- ESG 평가 시스템 마련 및 지원 - ESG 모니터링 재도 운영 및 지원 - ESG 관련 소통시스템 마련 - ESG 관련 신고시스템 구축 - ESG 관련 시상제도 운영	ESG 추진 상황에 대한 평가 및 상시적인 모니터링을 통하여 효과적인 ESG 추진하는 사항을 평가
ESG 교육 및 전문가 육성	- 일반 시민의 ESG 실천 의식 확대 - ESG 경영 촉진을 위한 기업 대상 경영진단 및 전략 수립 지원 - 환경, 사회, 지배구조 등 분야별 전문가의 컨설팅 및 법률 상담 지원 - ESG 전문가 육성체계 수립 및 지원	ESG 관련 교육 추진 및 전문가 육성하는 체계를 평가

출처: 필자정리

〈표 8-3〉 평가기준 산출방법(예시)

<table>
<tr><td rowspan="2">구분</td><td>분류번호</td><td>영역</td><td>범주</td></tr>
<tr><td>1-1</td><td>ESG 총괄</td><td>ESG 총괄</td></tr>
<tr><td>항목</td><td colspan="3">ESG 총괄</td></tr>
<tr><td>항목 설명</td><td colspan="3">행정기관이 ESG 관련 법률/시행령/조례/규칙/가이드라인 등의 제/개정을 통하여 기업의 효과적인 ESG 추진을 지원하거나 자체 실천 사항에 대하여 평가</td></tr>
<tr><td>성과 점검</td><td colspan="3">- 정부 통계와 보도자료, 대외기관의 평가, 자체 통계와 보도자료, 미디어 정보 및 홈페이지 등의 자료를 바탕으로 측정
- 필요시 현장 점검 및 관계자 인터뷰 병행 실시</td></tr>
<tr><td>점검기준</td><td colspan="3">
<table>
<tr><th>구분</th><th>점검기준</th></tr>
<tr><td>1단계</td><td>행정조직이 어떠한 방식으로든 ESG 관련 법률/시행령/조례/규칙/가이드라인 등을 제/개정하지 않는 경우</td></tr>
<tr><td>2단계</td><td>행정조직이 소극적으로 ESG 관련 법률/시행령/조례/규칙/가이드라인 등을 제/개정하는 경우</td></tr>
<tr><td>3단계</td><td>행정조직이 ESG 관련 법률/시행령/조례/규칙/가이드라인 등을 제/개정하지만 통합성과 효과성이 많이 미흡한 경우</td></tr>
<tr><td>4단계</td><td>행정조직이 ESG 관련 법률/시행령/조례/규칙/가이드라인 등을 제/개정하지만 통합성과 효과성이 다소 미흡한 경우</td></tr>
<tr><td>5단계</td><td>행정조직이 통합성을 가지고 실질적으로 ESG 관련 법률/시행령/조례/규칙/가이드라인을 지원하는 경우</td></tr>
</table>
점검기준 적용방안(단계형)
<table>
<tr><th>1단계</th><th>2단계</th><th>3단계</th><th>4단계</th><th>5단계</th></tr>
<tr><td>0점</td><td>25점</td><td>50점</td><td>75점</td><td>100점</td></tr>
</table>
</td></tr>
</table>

출처: 필자정리

2 ESG 기본법(안) 제정 방향

국내에서 제정 작업 중인 ESG 기본법(안)은 다음의 내용을 중심으로 작업이 이루어지는 것이 필요하다.

1) 목적

- 민간과 공공, 행정 분야 등 국가 전반의 ESG 추진체계 구축과 실행력을 강화할 수 있도록 ESG 기본법(안) 제정
- EU 등의 ESG 규제에 대응하고 선도적 ESG 추진 활성화를 통한 국제협력 강화 및 글로벌 확산을 위한 ESG 입법화 작업 수행

2) 방향성

- 통합적 ESG 추진체계와 전략, 평가와 모니터링 체계 구축
- ESG 책임관제, 인력양성체계 등 도입으로 안정적 ESG 실행력 강화
- ESG 공시, 평가 등 법적 규율이 필요한 사항 수용
- ESG를 조달, 개도국대상 ODA(공적원조), 국고보조, 융자사업 등 심사에 반영
- ESG의 글로벌 확산을 위한 ESG 선도적 구현 등

3) 주요 내용

- 지속가능발전기본법(환경부소관, 법률 제17326호) 등과의 관계 정립
  - 지속가능발전기본법, 기후위기대응을 위한 탄소중립·녹색성장 기본법 등
- ESG 활성화 기본전략 등
  - 국가·지역단위 ESG 이행계획 협의·조정
  - 각급 기관의 ESG 추진 상황의 점검
  - 기업의 ESG 경영 지원체계(재정금융지원 근거 포함)
  - ODA, 조달, 공공기관 경영, 공공 개발행위에 적용 및 지원
  - 행정 및 공공기관의 ESG 책임관제 도입
- ESG 평가, 모니터링, 공시와 소통

- ESG 실행을 위한 거버넌스 기구 구성 및 역할과 기능
  - ESG 추진체계와 컨트롤타워 구축
- ESG 교육, 전문인력 양성체계 구축, 홍보 등
- 국내외 협력, 우리나라의 ESG 글로벌 확산 노력
- ESG 민간분야 전문기관 규율체계 확립
  - ESG 평가기관 요건 및 윤리기준
  - ESG 전문가 양성기관, ESG 인증 및 검증기관 요건 설정 등

4) ESG 기본법과 지속가능발전기본법 비교

지속가능발전기본법과 별개로 기업 등의 지속가능경영을 중심으로 하는 ESG 기본법안은 독립적으로 제정하는 것이 양쪽 법률의 안정성과 집행의 효율성 측면에서 바람직하다.

(1) 지속가능발전기본법

국가와 지방의 지속가능발전을 추진하기 위하여 지속가능발전기본전략과 추진계획 수립, 추진계획의 이행점검, 평가 등을 규정한다.

지속가능발전을 달성하기 위한 기본법에 충실한 법률로서, 주요 법률대상이 지속가능발전을 위하여 국가와 지방정부가 주체이며, 동시에 적용 대상이다.

지속가능발전기본법은 기업 등에 대한 규정을 포함하고 있지 않으며, 선언적으로 ESG의 핵심이 되는 사업자의 책무에서 단 한조항만 있다. 이를 근거로 ESG를 세부적으로, 체계적으로 추진할 수 있는 내용이 없다.

지속가능발전기본전략은 유엔이 정한 17개의 지속가능발전목표(SDGs)를 중심으로 추진하며, 경제, 사회, 환경, 평화, 파트너십의 5가지 축으로 구성하고 있음. ESG를 포함하여 정부정책의 핵심영역도 포괄하고 있다.

17개 목표 중에서 SDGs 8번과 9번에서 ESG를 핵심과제로 설정하는 것은 가능하다.

(2) ESG 기본법안

ESG에 특화하여 공공기관, 민간기업 등(이하 기업 등)이 ESG 경영(지속가능경영)을 실천하고, 세계경제의 변화 속에 경쟁력을 높이기 위한 것이다.

지속가능발전을 위하여 ESG 경영을 실천하는 것으로 국가와 지방정부가 기본계획수립의 주체이지만, 기업 등이 핵심 대상이 되고 있다.

국가와 지방정부가 기업 등의 ESG를 활성화하기 위하여 기본계획과 추진계획을 수립하도록 하고 있으며, ESG 공시 및 평가, 기업 등의 ESG 지원, 해외공급망 실사 대비 등 현장에서 필요한 수단을 지원하도록 규정한다. 따라서 ESG 기본법안은 기업 등의 ESG를 활성화하고 지원하는 속성을 가진다.

ESG기본법안으로는 17개 지속가능발전목표를 추진하는 것은 한계이다.

〈표 8-4〉 지속가능발전기본법과 ESG기본법안 비교

구 분	지속가능발전기본법	ESG기본법안
지속가능 발전관계	지속가능발전을 총체적으로 규정	지속가능발전을 위한 핵심 수단
집행주체	국가와 지방정부	국가, 지방정부, 기업 등
적용대상	국가와 지방정부	국가, 지방정부 + 기업 등
산업계 규정	사업자의 책무에서 지속가능경영을 선언적으로 언급	법률의 주요내용 전체의 적용대상이 기업 등 산업계임
핵심주제	지속가능발전목표 17개(SDGs) 경제, 사회, 환경, 평화, 파트너십	환경, 사회, 거버넌스
핵심내용	사회전반의 지속가능성을 확산하기 위한 선언적 규정	사회전반에 ESG의 실현을 위한 구체적, 세부적 내용의 규정

출처: 필자정리

5) ESG 법률 발의안 주요내용

ESG 기본법제정과 관련하여 2024년 1월 기준 3가지의 입법이 발의되어 있다.

(1) 기업 등의 지속가능경영 지원을 위한 환경·사회·거버넌스 기본법안(조해진 의원 등 10인)[1]

① 제안이유

가속화되는 기후변화와 경제위기, 선진국 주도의 환경·사회·거버넌스(Environmental, Social and Governance: ESG) 기반 금융 체제 규제 강화의 압력 속에서 지속가능한 국제 경쟁력을 확보하기 위한 국가적 노력이 시급한 상황임.

수출의존도가 높은 우리나라의 경우 EU 등 국제사회에서 법률로 규범화되고 있는 다양한 형태의 ESG 규제 압력은 한국경제에 매우 큰 위협요인이 되고 있음. 이러한 상황에서 기업, 기관 및 정부 차원에서의 ESG 경영은 중장기적인 리스크 헤지(Risk Hedge Management)이며, ESG 규제의 위협요인에 대처하고 한국 경제의 경쟁력을 강화하기 위한 국가적 과제임.

국내 대기업의 경우 ESG 경영과 관련된 글로벌 규제에 대비하는 준비가 어느 정도 되어 있으나, 중소 및 중견기업의 경우 체계적인 대비가 미흡한 상황임.

이러한 상황 속에서 지속가능한 사회를 위하여 기업 등의 지속가능경영을 지원함으로써, 환경, 사회, 거버넌스의 ESG 경영과 투자를 확립하고 지속가능한 경제를 이룩하여 세계 경제의 변화에 대응할 제도적 지원이 필요함.

이에 ESG 입법 규제에 대응하고 수출 중심 국가 경쟁력을 강화하기 위해 중소 및 중견기업을 지원하며, 중앙행정부처와 지방자치단체별로 다양하게 실행하고 있는 ESG 행정의 일관성과 효율성을 제고하기 위한 컨트롤타워를 설립해 다양한 경제적, 사회적 주체들이 ESG를 내재화하고 발전시킬 수 있도록 국가정책의 근거를 마련하고자 함.

② 주요내용

가. 이 법은 기업 등의 지속가능경영을 지원하여 환경·사회·거버넌스의 경영과 투자를 확립하고 경쟁력을 강화함으로써 세계 경제 변화에 대응하고

1) 의안정보시스템, https://likms.assembly.go.kr/bill/main.do(검색일: 2023.12.14.)

국가 경제발전에 이바지함을 목적으로 함(안 제1조).

나. 기업 등의 환경 · 사회 · 거버넌스 경영 지원을 위한 국가 및 지방자치단체, 기업, 금융기관의 책무를 규정함(안 제4조 및 제5조).

다. 정부는 10년을 단위로 하는 국가 환경 · 사회 · 거버넌스 기본계획을 수립 · 이행하여야 함(안 제7조).

라. 기업 등은 대통령령으로 정하는 바에 따라 환경 · 사회 · 거버넌스 경영에 관한 사항을 공시하여야 함(안 제11조).

마. 환경 · 사회 · 거버넌스 추진을 위한 주요 정책 및 계획과 그 시행에 관한 사항을 심의하기 위하여 대통령 소속으로 국가 환경 · 사회 · 거버넌스위원회를 두어야 함(안 제15조).

바. 지방의 환경 · 사회 · 거버넌스 활성화와 효율적인 추진을 위하여 지방자치단체의 장 소속으로 지방 환경 · 사회 · 거버넌스위원회를 두어야 함(안 제20조).

사. 정부는 기업 등의 지속가능경영을 효율적으로 촉진하기 위하여 기업 경영지원 관련 기관이나 단체를 환경 · 사회 · 거버넌스 경영지원 전문기관으로 지정해 연구 · 개발 및 관리 등에 소요되는 비용의 전부 또는 일부를 지원하여야 함(안 제23조).

아. 정부는 금융시장에서 환경 · 사회 · 거버넌스의 확산을 위하여 필요한 시책을 마련하여야 함(안 제24조).

자. 국가와 지방자치단체는 중소기업과 중견기업의 환경 · 사회 · 거버넌스 경영을 지원하기 위해 필요한 시책을 추진하여야 함(안 제27조).

차. 국가와 지방자치단체는 조달절차, 보조금 및 투자 · 융자사업 지원 등에 있어서 환경 · 사회 · 거버넌스 요소를 반영하여 기업 등의 환경 · 사회 · 거버넌스 경영을 지원하여야 함(안 제28조).

카. 국가와 지방자치단체는 외국 정부 또는 국제기구에서 제정하거나 도입하려는 환경 · 사회 · 거버넌스와 관련된 제도 · 정책에 관한 동향과 정보를 수집 · 조사 · 분석하여 관련 제도 · 정책을 합리적으로 정비하고 지원체계를 구축하는 등 적절한 대책을 마련하여야 함(안 제32조).

타. 국가와 지방자치단체는 기업 등의 지속가능경영을 위한 지원사항과 국가나 지방자치단체의 환경·사회·거버넌스 실천 활동을 국제사회에 널리 알리기 위하여 노력하여야 함(안 제33조).

(2) 기업의 지속가능경영을 위한 인권환경보호에 관한 법률안[2](정태호 의원 등 15인)

① 제안이유

최근 국제적으로 환경·사회·지배구조(Environmental, Social and Governance: ESG) 정책을 기업의 전략과 운영에 반영하는 것이 기업의 지속가능성 제고와 장기적 가치 실현을 위하여 중요하다는 인식이 증가하고 있는바, EU를 비롯한 국제 사회에서는 기업 공급망 인권환경실사에 대한 의무화법이 통과되거나 통과를 앞두고 있는 등 기업의 사회 기여와 지속가능성 달성을 위한 비(非)재무적 성과지표를 경영에 도입하려는 국제적 움직임이 대폭 늘어나고 있음.

이러한 국제적 추세에 적극적으로 대응하기 위하여 기업의 인권환경실사에 대한 사항을 규정함으로써 인권과 환경을 존중하는 기업활동을 장려·지원하고 기업에 의한 인권 또는 환경침해를 예방하여 인간으로서의 존엄과 가치를 실현하고 환경보호에 기여할 수 있는 기반을 마련하려는 것임.

② 주요내용

가. 기업은 인권존중책임을 실천하기 위하여 인권환경실사 이행체계를 구축하여 운영하고, 경영책임자 등은 매년 기업의 인권환경실사 이행에 관한 계획을 수립하여 이사회에 보고하고 승인을 받아야 하는 등 인권환경실사 이행체계의 구축 및 운영에 관한 내용 마련(안 제6조부터 제9조까지).

나. 인권환경위험의 식별과 그 위험을 식별한 경우 인권환경위험 대책의 수립·실행 및 인권환경실사보고서 작성에 대한 규정(안 제10조부터 제13조까지).

다. 정부로 하여금 기업이 인권환경실사를 원활하게 이행할 수 있도록 관련

2) 의안정보시스템, https://likms.assembly.go.kr/bill/main.do(검색일: 2023.12.14.)

지침과 정보공개 표준을 마련하도록 하고, 컨설팅/교육/훈련 관련 정보 시스템 구축 지원 등을 할 수 있도록 하고, 중소기업에 대해서는 별도의 지원을 제공하는 등 중소기업의 의무와 필요에 맞춘 지원 등을 하도록 함(안 제16조).

라. 인권 및 환경을 존중하는 기업활동에 대한 주요 사항의 조정 및 인권환경 실사와 관련된 분쟁의 해결을 위하여 인권환경기업위원회(이하 “위원회”) 설치 규정을 둠(안 제17조).

마. 위원회가 기업에게 기업이 이 법에 위반되는 행위를 하거나 이 법에 따른 의무를 이행하지 아니하는 경우 시정명령을 하기 전에 시정권고 및 시정명령을 할 수 있는 근거 규정을 마련(안 제28조 및 제29조).

바. 위원회가 외국 또는 외국의 일부 지역을 분쟁 · 고위험 지역으로 지정하거나 지정된 분쟁 · 고위험지역의 지정해제를 할 수 있는 절차규정을 마련함(안 제33조 및 제34조).

사. 인권 또는 환경 침해가 발생한 경우 손해를 입은 피해자 지원과 분쟁해결의 실효성을 높이기 위해 인권환경침해피해자지원기금 설치 규정을 둠(안 제35조).

아. 확정된 시정명령을 이행하지 아니한 자 등에 대하여 벌칙규정을 둠(안 제42조).

자. 이사회에 기업의 인권환경실사 이행에 관한 계획을 보고하지 아니한 자 등에 대하여 과태료 처분 근거 규정을 마련함(안 제44조).

(3) 환경·사회·지배구조 경영 촉진법안(이원욱 의원 등 25인)[3]

① 제안이유

최근 지속가능한 기업 운영과 가치 실현을 위해 기업의 사회 환경적 활동까지 고려하여 기업 성과를 측정하는 환경 · 사회 · 지배구조(Environmental, Social

3) 의안정보시스템, https://likms.assembly.go.kr/bill/main.do(검색일: 2023.12.14.)

and Governance: ESG)가 확산되고 있음. 이는 세계적 추세이며, 기업 성장의 가장 중요한 요소로 자리 잡고 있음. 이에 정부는 관련 정책을 세워 기업이 중장기적 전략과 운영에 반영할 수 있도록 적극 지원할 책무를 지니고 있음.

예를 들어 EU는 탄소국경제도와 기업 공급망실사법 등을 마련, 구체적 교역과정에서 시행할 예정이며, 애플과 구글 등 글로벌기업은 공급망에서 우리 기업에 재생에너지 사용 등을 요구하는 등 비재무적 성과지표인 ESG적 요소는 교역에서 가장 중요하게 부각되고 있음.

이에 세계 최초의 환경 사회 지배구조 경영촉진법을 제정, 기업의 지속가능한 기반을 구축하여 국민의 삶의 질 향상과 국민경제에 기여할 수 있도록 하고자 함. 규제가 아닌 기업의 순조로운 ESG체제로 전환할 수 있도록 기본계획을 세우고, 금융기관 등의 업무를 정하는 등 실효적 기반을 마련하고자 함.

② 주요내용

가. 이 법은 기업의 환경·사회·지배구조 경영을 촉진하여 기업의 지속가능한 기반을 구축하고 국민의 삶의 질 향상과 국민경제에 이바지함을 목적으로 함(안 제1조).

나. 환경·사회·지배구조 경영 및 투자 촉진을 위한 국가 및 지방자치단체, 기업, 금융기관의 책무를 규정함(안 제3조).

다. 정부는 환경·사회·지배구조 경영촉진 기본계획을 5년마다 수립·추진하여야 함(안 제4조).

라. 국무총리 소속으로 환경·사회·지배구조 경영촉진위원회를 두어 주요 정책 및 계획을 심의하도록 함(안 제6조).

마. 정부는 기본계획 및 시행계획을 수립·시행하기 위해 환경·사회·지배구조 경영에 대한 실태조사를 실시하고, 결과를 공표하여야 함(안 제7조).

바. 정부는 환경·사회·지배구조 경영과 관련된 금융위험을 최소화할 수 있는 감독시책을 마련하여 시행해야 함(안 제9조).

사. 국민연금기금, 사립학교교직원 연금기금, 군인연금기금, 공무원연금기금

등이 환경 · 사회 · 지배구조 경영에 적극적인 기업에 우선투자를 할 수 있음(안 제13조).

아. 일정 매출액 이상인 기업은 검증기관의 검증을 받아 환경 · 사회 · 지배구조 경영 내용을 공시하여야 함(안 제14조).

자. 정부는 환경 · 사회 · 지배구조 경영공시기준을 정하여 고시함(안 제16조).

차. 기업의 환경 · 사회 · 지배구조 경영공시를 검증하려는 검증기관은 기획재정부장관에게 등록하여야 함(안 제19조).

카. 평가기관은 공시기업이 수행한 환경 · 사회 · 지배구조 경영공시를 평가하고 이를 공개할 수 있음(안 제28조).

타. 정부는 환경 · 사회 · 지배구조 경영 촉진을 효율적으로 추진하기 위하여 자발적 공시선언기업 등에 대한 지원을 할 수 있음(안 제31조).

파. 정부는 환경 · 사회 · 지배구조 경영을 중소기업에 확산하고, 대응력을 높이기 위하여 대기업과 중소기업 간의 필요한 기술 · 정보 등의 교류 및 협력 촉진 방안을 수립하여 시행할 수 있음(안 제36조).

하. 정부는 자발적 공시선언을 통하여 환경 · 사회 · 지배구조 경영을 수행하는 중소기업, 벤처기업, 중견기업의 성장을 지원할 수 있음(안 제38조).

거. 정부는 공급망체계에서 발생할 수 있는 환경 · 사회 · 지배구조 관련 위험요소를 미리 파악하고 선제적으로 대응하기 위한 조기경보시스템을 운영 및 관리할 수 있음(안 제40조).

너. 정부는 기업경영에 환경 · 사회 · 지배구조 요소를 소비문화에 반영될 수 있도록 시책을 수립 및 시행하여야 함(안 제42조).

더. 정부는 환경 · 사회 · 지배구조 경영촉진을 위하여 필요한 기술, 인력, 확산동향 등 필요한 정보를 제공하고 관리하는 종합정보관리시스템을 구축 · 운영할 수 있음(안 제47조).

러. 정부는 환경 · 사회 · 지배구조 경영촉진에 필요한 사업을 효율적, 체계적으로 추진하기 위하여 관련 기관 등을 환경 · 사회 · 지배구조 경영촉진센터로 지정할 수 있음(안 제48조).

머. 정부는 감독을 위하여 필요한 경우에는 센터, 검증기관 및 평가기관에 대하여 업무보고 또는 자료제출을 명할 수 있음(안 제49조).

버. 정부는 환경·사회·지배구조 경영 관련 위장방지를 위하여 필요한 조사를 실시 할 수 있음(안 제50조).

09
CHAPTER

ESG 평가

1 ESG 공시기준별 산업분류

1) SASB

(1) SASB 지속가능 산업분류체계(SICS)

기존 산업 분류체계는 수익원을 기준으로 기업이 분류되는 반면, 위원회의 분류 접근법은 기업의 자원 집약도를 고려하고 위험 및 기회 등 지속가능성 특성이 유사한 산업을 함께 분류한다.[1]

- 11개 산업군, 총 77개 세부 산업별 ESG 정보공개 지표 제시

〈표 9-1〉 SASB 지속가능 산업분류체계(SICS)

① 소비재 ▪ 가정 및 개인용품 ▪ 대형 및 전문 유통 및 배급 ▪ 전자상거래 ▪ 의류, 액세서리 및 신발류 ▪ 건축품 및 가구 ▪ 가전제품 제조 ▪ 완구류 및 스포츠용품	② 식음료 ▪ 농산물 ▪ 육류, 가금류 및 유제품 ▪ 가공식품 ▪ 비알코올음료 ▪ 알코올음료 ▪ 담배 ▪ 식품 유통 및 배급 ▪ 식당
③ 헬스케어 ▪ 바이오기술 및 제약 ▪ 의료장비 및 의약품 ▪ 헬스케어 제공 ▪ 헬스케어 유통 ▪ 관리형 의료 ▪ 약품 유통	④ 재생가능 자원 및 대체 에너지 ▪ 바이오연료 ▪ 태양 에너지 및 프로젝트 개발자 ▪ 풍력 에너지 및 프로젝트 개발자 ▪ 연료 전지 및 공업용 전지 ▪ 임업 경영 ▪ 펄프 및 종이 제품
⑤ 인프라 ▪ 전력 및 발전 ▪ 가스 유틸리티 및 유통 ▪ 수자원 유틸리티 및 서비스 ▪ 폐기물 관리 ▪ 엔지니어링 및 건축 서비스 ▪ 주택건설 ▪ 부동산 ▪ 부동산 서비스	⑥ 추출물 및 광물 처리 ▪ 석유 및 가스 — 탐사 및 생산 ▪ 석유 및 가스 — 중류 ▪ 석유 및 가스 — 정제 및 판매 ▪ 석유 및 가스 — 서비스 ▪ 석탄 사업 ▪ 철강 제조 ▪ 금속 및 채광 ▪ 건축 자재

1) 금융위원회 ·한국회계기준원 보도자료(2021), '기업들이 지속가능성 공시 표준화에 대비할 수 있도록, SASB 기준 국문 번역을 공개합니다'.

⑦ 금융	⑧ 서비스
▪ 상업은행 ▪ 투자은행 및 중개 ▪ 자산관리 및 보관활동 ▪ 소비자 금융 ▪ 모기지 금융 ▪ 증권 및 상품거래 ▪ 보험	▪ 교육 ▪ 전문 및 상업 서비스 ▪ 호텔 및 숙박 ▪ 카지노 및 게임 ▪ 레저시설 ▪ 광고 및 엔터테인먼트 ▪ 미디어 제작 및 배급
⑨ 기술 및 통신	⑩ 자원 변환
▪ 제조전문서비스업(EMS) 및 제조자설계생산(ODM) ▪ 소프트웨어 및 IT 서비스 ▪ 하드웨어 ▪ 반도체 ▪ 통신 서비스 ▪ 인터넷 미디어 및 서비스	▪ 화학 ▪ 우주항공 및 국방 ▪ 전기 및 전자장비 ▪ 산업기계 및 제품 ▪ 용기 및 포장
⑪ 운송	
▪ 자동차 ▪ 자동차 부품 ▪ 차량 렌트 및 리스 ▪ 항공 ▪ 항공 운송 및 물류 ▪ 해상 운송 ▪ 철도 운송 ▪ 도로 운송 ▪ 크루즈선	

출처: SASB

(2) 지속가능성 이슈

SASB의 지속가능성 주제는 다음의 다섯 가지 포괄적 지속가능성 범주를 기준으로 구성된다.

• 환경

이 범주에는 재생 불가능한 천연자원을 생산요소에 대한 투입물(예: 물, 광물, 생태계, 생물다양성 등)로 사용하거나 천연자원에 부정적 영향을 초래해 기업의 재무상태 또는 영업성과에 영향을 미칠 수 있는 환경(예: 공기, 토지, 물 등)으로의 유해한 방출을 통하여 환경에 미치는 기업의 영향을 포함한다.

• 사회적 자본

이 범주는 사회에서 기업 활동의 사회적 역할이라고 인식된 것 또는 기업이 기업 운영에 대한 사회적 운영 인가(Social License to Operate: SLO)를 받는 대가로 사회에 기여할 것이라는 기대와 관련된다. 사회적 자본은 고객, 지역사회, 공공 및 정부 등 주요 외부 당사자와의 관계 관리를 다룬다. 여기에는 인권, 취약 집단 보호, 지역 경제 개발, 재화와 용역에 대한 접근 및 재화와 용역의 품질, 가격적정성(affordability), 책임감 있는 비즈니스 마케팅 관행, 고객 프라이버시와 관련된 사안이 포함된다.

• 인적 자본

이 범주에서는 장기적인 가치를 실현하기 위한 핵심 자산인 기업의 인적 자원(직원 및 개별 계약자)에 대한 관리를 다룬다. 직원 참여, 다양성, 성과보수, 그리고 보상과 같이 직원의 생산성에 영향을 미치는 사안은 물론, 특정 능력, 기술이나 교육이 필요한, 경쟁이 치열하거나 제약이 심한 시장에서 직원을 유치하고 유지하는 사안도 포함된다. 규모의 경제에 의존하고 제품 및 서비스에 대한 가격 경쟁을 하는 산업 및 레거시(legacy) 연금 부채가 쌓인 산업에서의 근로 조건 및 노사 관계 또한 다룬다. 마지막으로 직원의 건강 및 안전에 대한 관리와 위험한 근무 환경에서 운영되는 기업의 경우 안전 근무 문화를 조성하는 능력을 포함한다.

• 사업 모형 및 혁신

이 범주에서는 지속가능성 사안이 혁신과 사업 모형에 미치는 영향을 다룬다. 기업의 가치 창출 과정(예: 자원 회수, 생산 과정에서 혁신, 제품의 설계, 사용, 폐기에서의 효율성 및 책임을 포함한 제품 혁신)에 환경적, 인적 및 사회적 사안을 통합하는지를 다룬다. 유형자산과 금융자산(기업 소유 자산 또는 다른 기업의 수탁기관으로서 관리하는 자산)에 미치는 환경 및 사회적 영향 관리 또한 포함한다.

• 리더십 및 지배구조

이 범주에서는 사업 모형에 고유하거나 해당 산업에서 일반적인 관행에 해당되고 보다 포괄적인 이해관계자 집단(정부, 지역사회, 고객, 직원 등)의 이익과 상충될 가능성이 있어 부채를 발생시키거나 혹은 심한 경우 운영 허가가 제한되거나 취소될 수 있는 사안에 대한 관리를 포함한다. 여기에는 규제 준수와 규제 및 정치적 영향이 포함된다. 또한 위험 관리, 안전 관리, 공급망 및 자재 조달, 이해 갈등, 반경쟁적 행동, 부패 및 뇌물수수도 포함된다.

잠정 기준 개발 과정에서, 위원회는 위 다섯 가지 지속가능성 범주를 기반으로 구성된 30개의 광범위한 지속가능성 사안 초기 집합에서 지속가능성 주제를 식별했다.

〈표 9-2〉 SASB 지속가능성 사안 유니버스(Universe)

ⓐ **환경**
- 온실가스 배출
- 대기질
- 에너지 관리
- 연료 관리
- 물 및 폐수 관리
- 폐기물 및 유해물질 관리
- 생물다양성 영향

ⓑ **사회적 자본**
- 인권 및 지역사회 관계
- 접근성 및 적정가격
- 고객 편익
- 데이터 보안 및 고객 프라이버시
- 공정한 공개 및 라벨링
- 공정한 마케팅 및 광고

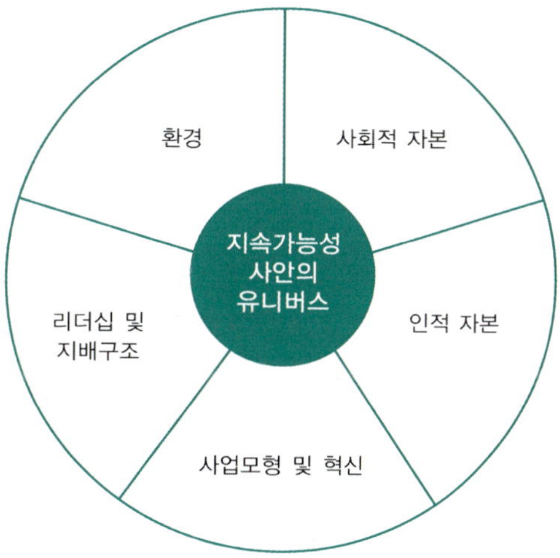

ⓒ **인적 자본**
- 노사관계
- 공정 노사관행
- 다양성 및 포용성
- 직원 건강, 안전, 복지
- 보상 및 복리후생
- 직원 채용, 계발, 유지

ⓓ 리더십 및 지배구조
- 체계적 위험 관리
- 사고 및 안전성 관리
- 사업 윤리 및 지급 투명성
- 경쟁적 행위
- 규제포획 및 정치적 영향력
- 자재 조달
- 공급망 관리

ⓔ 사업 모형 및 혁신
- 재화와 용역의 수명주기에 걸친 영향
- 자산 및 영업에 미치는 환경적·사회적 영향
- 제품 포장
- 제품 품질 및 안전성

출처: SASB

(3) SASB 산업별 중대성 지도(Materiality map)

각 이슈들이 해당 산업군 내 산업의 50% 이상에 중요한 이슈가 될 가능성이 있는지, 50% 이하에 중요한 이슈가 될 가능성이 있는지, 또는 산업군 내 어느 산업에도 중요한 이슈가 될 가능성이 없는지를 검토하여, 산업 내 다른 기업과 비교 가능한 방식으로 데이터를 공개하도록 하고 있다.

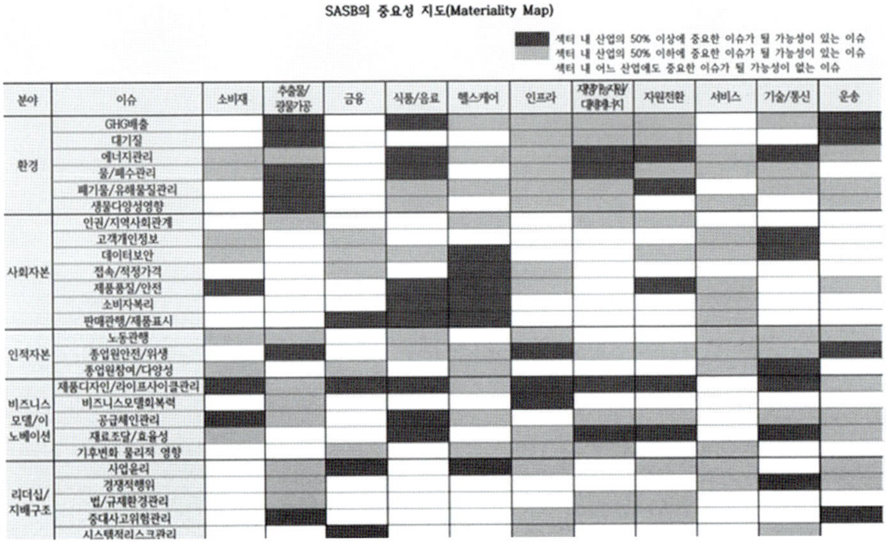

[그림 9-1] SASB 산업별 중대성 지도(Materiality map)

출처: SASB

2) 모건 스탠리 캐피털 인터내셔널(Morgan Stanley Capital International)

모건 스탠리 캐피털 인터내셔널(Morgan Stanley Capital International: MSCI)은 10가지 업종분류를 하고 있다.

〈표 9-3〉 모건 스탠리 캐피털 인터내셔널 업종분류

구분	업종	E	S	G
1	IT			
2	금융			
3	산업재			
4	경기관련 소비재			
5	커뮤니케이션 서비스			

6	필수 소비재			
7	소재			
8	건강관리(헬스케어)			
9	유틸리티			
10	에너지			

출처: 우리금융경영연구소(2021), MSCI ESG Rating(Industry Watch 2021-1,2021-2)

3) 국내 서스틴베스트

서스틴베스트는 21가지의 업종분류를 채택하고 있다.

〈표 9-4〉 서스틴베스트 업종분류(단위: %)

구분	섹터	E	S	G
1	유틸리티	25	35	40
2	통신서비스	15	35	50
3	반도체 및 반도체장비	25	35	40
4	하드웨어 및 IT장비	25	35	40
5	소프트웨어 및 IT.서비스	5	40	55
6	보험	5	40	55
7	다각화된 금융	5	40	55
8	은행	5	40	55
9	제약, 생명공학 및 생명과학	15	35	50
10	건강관리 서비스 및 장비	15	35	50
11	가정 및 개인용품	25	35	45
12	음식료 담배	25	35	45
13	음식료 소매	25	35	45
14	소매	15	35	50
15	미디어와 엔터테인먼트	5	40	55
16	소비자 서비스	5	40	55
17	내구소비재 및 의류	5	40	55
18	자동차 및 부품	25	35	45
19	자본재	25	35	45
20	소재	25	35	45
21	에너지	25	35	45

출처: 서스틴베스트

4) 한국 ESG기준원

- ESG 평가 가중치 설정(환경: 15~30%, 사회: 25%, 지배구조: 45~60%)
- 분류체계: 환경산업 분류체계(21개), 사회산업 분류체계(28개), 지배구조 분류체계(9개), 금융사지배구조 분류체계(7개)

2 ESG 평가지표

1) K-ESG 가이드라인

정보공시(Public), 환경(Environmental), 사회(Social), 지배구조(Governance) 등 4개 영역, 61개 항목을 통해 기업들이 ESG 경영 수준을 자체적으로 점검하며, 중견·중소기업의 경우 4개 영역, 27개 항목을 선별해서 활용한다.

- 정보공시 영역: 5개 항목, 정보공시의 형식, 내용 그리고 검증과 관련한 내용
- 환경 영역: 14개 항목, 환경경영 목표 및 추진체계, 온실가스 배출, 용수 및 에너지 사용, 폐기물 및 오염물질 배출, 환경관련 법규 위반 등
- 사회 영역: 22개 항목, 노동, 다양성 및 양성평등, 산업안전, 인권, 동반성장, 지역사회 등
- 지배구조 영역: 20개 항목, 이사회 구성과 활동, 주주권리, 윤리경영, 감사기구 등

〈표 9-5〉 K-ESG 가이드라인 평가지표

대분류	분류	내용
정보공시 (5개 문항)	정보공시	ESG 경영 정보공개 방식, 사업장 범위, 목표
환경(E) (14개 문항)	환경경영 정책	환경정책 및 조직, 기후변화 대응 등
	환경경영 성과	친환경 비즈니스, 폐기물 배출량·재활용률 등 환경경영 성과, 이해관계자 소통 등
	환경경영 검증	협력업체 환경경영 지원 등
	법규준수	환경 법규 위반
사회(S) (22개 문항)	사회책임경영 정책	사회책임경영 전략 및 목표 등
	임직원	임직원 다양성, 채용 등
	인적자원관리	임직원 교육, 역량 개발 등
	근로환경	사업장 안전관련 사항 등
	인권	인권정책, 교육 등
	협력사	공급망, 동반성장 관련 성과 등
	지역사회	지역사회 사회공헌 참여 및 활동 등
	정보보호	개인정보보호 현황 등
	법규준수	사회 부문 법규 위반
지배구조(G) (20개 문항)	이사회	이사회 다양성, 활동 등
	주주	주주권리, 배당 등
	소유구조	소유구조 등
	윤리경영 및 반부패	윤리경영 및 반부패, 준법 현황 등
	감사	감사기구 관련 등
	법규준수	지배구조 법규 위반

출처: K-ESG가이드라인

2) 한국 ESG 기준원

한국 ESG기준원의 평가지표는 다음과 같다.

〈표 9-6〉 한국ESG기준원 평가지표 분류

구분	대분류	중분류
환경 (E)	리더십과 거버넌스	거버넌스, 전략 및 목표, 환경경영 내재화
	위험관리	위험관리
	운영 및 성과	기후변화, 자원 순환, 물/토양/생물다양성, 오염물질/화학물질, 친환경 공급망, 친환경 제품 및 서비스
	이해관계자 소통	이해관계자 대응, 환경정보 공개
사회 (S)	리더십과 거버넌스	전략과 방침
	노동관행	공정하고 차별없는 고용, 일과 생활의 균형 지원, 건전한 노사관계 형성, 근로자 역량 개발 및 지원
	직장 내 안전보건	안전보건 거버넌스, 안전보건 위험 관리
	인권	인권경영 거버넌스, 인권 위험 관리
	공정운영 관행	공정운영 거버넌스, 공정운영 위험 관리, 동반성장 기반 확립, 공급망 위험 관리
	지속가능한 소비	소비자 권익 보호 거버넌스, 소비자 권익 침해 위험 관리, 소비자와의 소통, 적극적이고 효과적인 피해보상, 지속가능한 소비 진작
	정보보호 및 개인정보보호	정보보호 및 개인정보보호 거버넌스, 정보보호 및 개인정보보호 위험관리, 정보보호 투자, 정보 주체 권리 보장
	지역사회 참여 및 개발	지역사회 참여 거버넌스, 지역사회 위험관리, 지역사회 참여성과 관리
	이해관계자 소통	사회책임경영 정보 공개
지배구조 (G)	이사회 리더십	이사회 독립성, 이사회 다양성 및 전문성, 이사회 운영, 이사회 내 위원회 · 보상위원회, 이사회 내 위원회 · 사외이사후보추천위원회
	주주권 보호	주주의 권리, 주주환원, 소유구조
	감사	감사기구 구성, 감사기구 운영, 회계투명성, 내부통제 및 리스크관리
	이해관계자 소통	정보공개
금융사 지배구조 (FG)	이사회	이사회의 역할과 책임, 이사의 역할과 책임, 이사회의 구성, 이사회의 운영, 임원(최고경영자 제외)의 선임
	주주권 보호	주주의 권리, 주주총회, 소유구조, 계열회사와의 거래
	최고경영자	
	보수	보수위원회, 보수체계
	위험관리	위험관리위원회, 위험관리
	감사기구 및 내부통제	감사기구 구성, 감사기구 운영, 내부통제
	이해관계자 소통	공시일반, 연차보고서 공시, 홈페이지 정보공개

출처: 한국ESG기준원

〈표 9-7〉 한국ESG기준원 평가지표 내용

구분	항목	세부항목	내용
환경(E)	기후 변화	탄소배출	운영 중 발생하는 탄소집약도와 기후 관련 위험 리스크관리
		제품 탄소 발자국	제품의 탄소집약도와 밸류체인 전 과정에서 발생하는 탄소 저장
		친환경 금융	대출자산의 탄소배출 리스크 관리, 친환경 녹색산업 성장에 필요한 금융 지원
		기후변화 취약성	보험회사의 경우 기후변화가 피보험 자산 보험자에게 미치는 물리적 위험을 평가
	천연자원	물 부족	작업 중 물 집약도, 물 부족 등 물 관련 위험 기회 관리
		원자재 채굴	제품 원자재의 환경오염 수준, 공급망 추적 가능성, 환경인증 확보
		생물 다양성 토지 이용	작업장소 내 생물의 다양성을 유지하고 환경에 미치는 영향을 관리
	오염폐기물	독성물질 배출	발생 가능한 독성 발암물질 매출 수준과 환경 관리시스템 구축 여부를 평가
		전자 폐기물	잠재적 전자 폐기물 생산 가능성, 폐제품 수거 및 재활용 노력
		포장재 폐기물	폐기물 관리 및 포장 규정 준수, 포장재 환경오염 피해 감축 노력
	환경적 기회	청정기술 개발	청정기술 개발 역량 계획, 청정기술 기반 발생 수익 규모
		신재생에너지 활용	재생에너지 발전용량, 관련 네트워크 확장
사회(S)	인적자원	인적자원개발	고도로 숙련된 인력 유치 및 개발 능력
		보건 · 안전	작업장 안전 관리 및 작업장 안전 표준 준수 여부
		공급망 노동력 관리 규정	공급망 관리 투명성, 공급업체 작업 표준 준수 평가
	제품 책임	제품안전 품질	리콜, 제품 불량가능성, 공급망 관리 능력, 조달 시스템, 품질 관리 노력을 평가
		개인정보 데이터 보안	개인정보보보 규정 준수, 잠재적 침해여부, 개인정보보호시스템 구축
		화학적 안전성	제품 내 유해물질 존재 가능성, 관련규정 반영, 대체물질 개발 노력
		책임투자	기업의 자산관리 시 환경, 사회 및 거버넌스 요소 고려 여부를 평가
		금융소비자보호	비윤리적 대출 관행, 불공정영업행위 방지를 위한 스튜어트십, 투명성 평가
	이해관계자 상충	분쟁지역 조달	분쟁지역에서 조달되는 원자재 의존도, 구매량, 추적 가능성, 인증 확보 노력

<table>
<tr><td></td><td></td><td>지역사회 관계 관리</td><td>지역사회 갈등과 인권에 대한 정책 수립, 지역사회 대상 이익 배분 노력</td></tr>
<tr><td></td><td rowspan="4">기회균등</td><td>통신접근성</td><td>개발도상국, 서비스 소외지역 대상 통신서비스 확장 노력</td></tr>
<tr><td></td><td>금융접근성</td><td>소기업 대출, 혁신금융 등 기존 금융서비스가 미진한 영역을 대상으로 서비스를 확대</td></tr>
<tr><td></td><td>헬스케어 접근성</td><td>의료 제품 서비스 공정가격 책정, 개도국 서비스 소외 지역 서비스 확장 노력</td></tr>
<tr><td></td><td>영향 및 건강 측면 기회</td><td>식품의 표준영양성분 함유량 준수, 영양 성분 개선 제품 개발 노력</td></tr>
<tr><td rowspan="2">지배구조 (G)</td><td colspan="2">기업지배구조</td><td>기업소유권, 이사회 독립성 투명성, 보상 회계 관행, 투자자에 미치는 영향</td></tr>
<tr><td colspan="2">기업 행동</td><td>부패관행, 자금 세탁 또는 반독점 위반과 같은 기업윤리 문제의 감독 관리 역량과 과세 투명성</td></tr>
</table>

출처: 한경 ESG(2021), MSCI, 공개 정보 바탕 위기 대응 평가...업종·핵심사업 따라 중점 항목 달라, https://www.hankyung.com/article/202106242377i(검색일: 2023.12.14.)

3) MSCI 지표

MSCI는 세계 3대 투자은행(IB) 중 하나인 모건스탠리가 만든 글로벌 평가기관이며, 2009년부터 2021년 6월 기준 2,800여 개 기업에 대한 ESG 지수를 공개하고 있다.

- 점검기준은 환경(13개), 사회(16개), 지배구조(6개) 등 분야별로 총 35개 기준으로 구성되며, 탄소배출량·친환경 기술 활용 여부(환경), 화학물질 안전성·지역사회 관계 공급망에서의 근로 기준 준수 여부(사회), 이사회 구성·투명한 납세·소유권 분리(지배구조) 등이다.
- 평가 대상 기업의 핵심 비즈니스 모델이나 소속 산업의 특성을 고려해 중요 평가 기준 6~10개를 선정한 후 해당 기준을 중심으로 평가한다.

3 공공기관 ESG 경영공시 및 ESG지표[2)]

정부는 공공기관에 대한 ESG 경영관리를 도입·강화하겠다는 방침의 일환으로, 공공기관 경영공시 항목에 ESG 항목을 포함시키고 있으며, 경영실적 평가지표에도 ESG 지표를 마련하는 등 공공기관의 ESG 경영을 강조하고 있다.

1) ESG 경영공시

국제기구 및 주요국(EU, 미국)을 중심으로 논의 중인 ESG 국제 공시기준에 맞춰 공공기관이 선도적으로 대응할 수 있도록 관련 공시 항목을 신설하는 등 ESG 공시를 지속 강화한다.[3)]

- 기획재정부는 공공기관운영에 관한 법률 제11조에 따라 공공기관이 공공기관의 경영과 관련된 사항을 주기적으로 공시하도록 하고 있다. 이러한 경영공시 항목 중 2022년을 기준으로 ESG 경영과 관련된 공시항목으로는 안전관리 및 정보보호, 온실가스 감축실적 등 환경보호, 사회공헌활동, 인권경영 등이 있으며, 그 세부항목 및 공시 시기는 〈표 9-8〉과 같다.
- (2021년) 온실가스 배출, 녹색제품 구매실적, 중증장애인 생산품 구매실적 등 10개 항목 신설
- (2022년) 에너지 사용량 등 E(5개), 인권경영 등 S(3개), 청렴도 평가결과 등 G(2개) 항목 신설

2) 2023 대한민국 공공기관, 국회예산정책처

3) 기획재정부 보도자료(2023.02), 공공기관 통합공시(Alio) 전면 개편(검색일: 2023.12.14.)

〈표 9-8〉 공공기관 경영공시항목 중 ESG 경영지표

구분	중분류	공시항목	세항목	공시시기
기관 운영	ESG 경영	안전관리 및 정보보호	안전경영책임보고서	1분기
			개인정보보호	2분기
		환경보호	온실가스 감축실적	3분기
			에너지 사용량	2분기
			폐기물 발생량	2분기
			용수 사용량	2분기
			환경법규 위반 현황	수시
			저공해 자동차 현황	2분기
			녹색제품 구매실적	2분기
		사회공헌활동	기부실적	2분기
		인권경영		2분기
		이사회 회의록		수시
		일·가정 양립 지원제도 운영 현황		분기

기후공시(E, 환경) 강화 등을 고려하여 온실가스 감축실적 항목의 공시를 현행 직·간접배출(Scope1·2)에서 외부배출(Scope3)까지 단계적으로 확대한다.

- 2023년에는 자율공시로 하되, 국제기준 및 「온실가스 목표관리 운영 등에 관한 지침(환경부)」 확정시 全 공공기관으로 확대

▸ (Scope1): 제품생산단계에서 배출되는 직접배출(화석연료, 운송수단 사용시 등)
▸ (Scope2): 사업장에서 에너지 사용(전기, 열, 물) 등으로 발생하는 간접배출
▸ (Scope3): 기업활동 결과로 기업이 소유하거나 통제하지 않는 시설(협력사 등), 공급망(운송 등)에서 발생하는 기타 간접배출(외부배출 또는 금융배출)

공공기관 ESG 공시 강화를 위해 국회 등에서 필요성이 제기된 사회(S) 항목, 기관운영 투명성 및 ESG 추진체계와 관련하여 보강이 필요한 지배구조(G) 항목을 추가 신설하였다.

사회(S) 항목

▸(장애인 고용률)
「장애인고용촉진 및 직업재활법」에 따른 공공기관의 장애인 의무 고용률 현황 공시(7월)

▸(중소기업제품 구매실적)
「중소기업제품 구매촉진 및 판로지원에 관한 법률」에 따른 공공기관의 중소기업 생산품 구매율 현황 공시(7월)

지배구조(G) 항목

▸(비상임이사 활동내용)
기관운영 투명성 강화를 위한 공공기관의 비상임이사 활동내용(출석률, 안건별 찬·반 현황 등) 공시(수시공시)

▸(ESG 운영위원회)
ESG 추진체계와 관련 공공기관의 ESG 위원회 설치 및 운영현황(위원명단, 근거규정, 회의록 등) 공시(4월)

'ESG 경영 현황' 항목을 신설하여 기관별 ESG 관련 추진사항, 경영전략, 추진체계 등을 'ESG 경영보고서' 형태로 공시하되, ESG 운영위원회 항목과 함께 2024년까지 자율공시 후 2025년부터 단계적 의무화 추진한다.

〈표 9-9〉 통합공시 항목별 세부공시기준 중 ESG항목

대분류	중분류	항 목	기 준	갱신주기
II. ESG 운영	ESG 현황	17. ESG 경영 현황 (신설)	■ESG 추진체계 및 현황	– 정기공시: 연 1회 (1월말)
	E (환경)	18. 환경보호	■온실가스 감축실적 ■녹색제품 구매실적	– 정기공시: 연 1회 (10월말)
			■에너지 사용량 ■폐기물 발생량 ■용수 사용량	– 정기공시: 연 1회 (4월말)
			■환경법규 위반 현황	– 수시공시 * 사유 발생일 기준 14일 이내
			■저공해 자동차 현황	– 정기공시: 연 1회 (7월말)
	S	19. 안전관리 및	■안전경영책임보고서	– 정기공시: 연 1회 (4월말)

	(사회)	정보보호	■ 개인정보보호	– 정기공시: 연 1회 (7월말)
		20. 사회공헌 활동	■ 봉사활동 실적 ■ 기부 실적(액수, 대상물, 주요내용, 상세내역)	– 정기공시: 연 1회 (7월말)
		21. 인권경영	■ 인권경영 * 인권경영선언, 지침, 인권경영계획서, 인권영향평가 보고서 등	– 정기공시: 연 1회 (7월말)
		22. 일·가정 양립 지원 운영 현황	■ 육아휴직 사용자수 ■ 출산·배우자출산휴가 사용자 수 ■ 임신기·육아기 근무시간 단축제 사용자 수 ■ 유연근무현황 및 유연근무 성별 실시 인원수 ■ 가족돌봄휴가 사용자 수 ■ 가족돌봄휴직 사용자 수 ■ 직장어린이집 운영비	– 정기공시: 연 1회 (4월말)
		23. 동반성장 평가결과	■ 동반성장 평가결과	– 정기공시: 연 1회 (7월말)
		24. 장애인 고용현황 (신설)	■ 장애인 의무 고용률 현황	– 정기공시: 연 1회 (7월말)
		25. 구매실적(신설)	■ 혁신조달 구매실적 ■ 중증장애인 생산품 구매실적 ■ 중소기업 생산품 구매실적	– 정기공시: 연 1회 (7월말)
	G (지배구조)	26. 이사회(신설)	■ 이사회 회의록 ■ 개별 비상임이사 활동내용	– 수시공시 * 사유 발생일 기준 14일 이내
			■ ESG 운영위원회	– 정기공시: 연 1회 (4월말)
		27. 자체 감사부서 현황	■ 자체 감사부서 현황	– 정기공시: 연 1회 (4월말)
		28. 청렴도 평가결과	■ 청렴도 평가결과	– 정기공시: 연 1회 (7월말)

출처: 기획재정부 보도자료(2023), 공공기관 통합공시(Alio) 전면 개편(검색일: 2023.12.14.)

2) 경영실적 평가 ESG지표

2022년 10월 기획재정부는 공공기관의 효율성과 공공성을 균형 있게 평가하기 위하여 전반적인 경영실적 평가지표 체계를 개편하도록 공공기관 경영평가편람을 수정하였다.

수정된 2022년도 공공기관 경영실적 평가 편람에 따르면, ESG 평가지표는 일자리 및 균등한 기회, 안전 및 재난관리, 친환경·탄소중립, 상생·협력 및 지역발전, 윤리경영 5개 영역으로 구분된다.

특히, 경영평가 편람 수정에서 평가 지표의 배점을 조정하였는데, ESG 관련 지표 중 환경과 관련한 지표의 배점은 확대된 반면 그 외의 사회적 책임과 관련된 지표의 배점은 줄어들었다.

〈2022년도 경영평가편람(기존)〉

평가지표	배점
2. 사회적 가치 구현	25
• 일자리 창출	6
• 균등한 기회와 사회통합	4
• 안전(4) 및 환경(1)	5
• 상생·협력 및 지역발전	5
• 윤리경영	5

➡

〈2022년도 경영평가편람(수정)〉

평가지표	배점
2. 사회적 책임	15
• 일자리 및 균등한 기회	5
• 안전 및 재난관리	2
• 친환경·탄소중립	1.5
• 상생·협력 및 지역발전	4
• 윤리경영	2.5

[그림 9-2] 공공기관 경영평가 지표체계 변경(ESG 관련)

사회적 책임과 관련된 지표의 전반적인 배점 자체가 기존의 25점에서 15점으로 줄어들었다.

기존의 '일자리 창출'(6점), '균등한 기회와 사회통합'(4점) 지표가 '일자리 및 균등한 기회' 지표로 통합되고 배점이 10점에서 5점으로 조정되었으며, 기존의 '안전(4점) 및 환경(1점)' 지표를 '안전 및 재난관리'(2점), '친환경·탄소중립'(1.5점) 지표로 분리하면서 환경 지표의 배점을 확대한 반면, '윤리경영'(5점) 지표의 배점은 2.5점으로 하향 조정하였다.

〈표 9-10〉 ESG 지표 세부 평가내용

<table>
<tr><th colspan="2">구분</th><th>내용</th></tr>
<tr><td rowspan="4">일자리
및
균등한
기회</td><td>계량지표</td><td>① 청년미취업자고용실적(1.5)
② 장애인 의무고용(0.3), 국가유공자 우선 채용(0.1), 용역근로자 보호지침 준수(0.1)</td></tr>
<tr><td>배점</td><td>공기업 및 준정부기관: 계량 2점</td></tr>
<tr><td>비계량지표</td><td>일자리 창출과 고용의 질 개선, 사회형평적 인력 활용과 균등한 기회보장을 위한 노력과 성과를 평가</td></tr>
<tr><td>배점</td><td>공기업 : 비계량 3점, 준정부기관 비계량 1점</td></tr>
<tr><td rowspan="4">안전 및
재난관리</td><td>계량지표</td><td>① 안전관리등급제 심사결과, 안전활동수준평가 결과(0.5)
② 개인정보보호 관리수준진단 및 정보보안관리실태평가 결과 반영(0.5)</td></tr>
<tr><td>배점</td><td>공기업 및 준정부기관: 계량 1점</td></tr>
<tr><td>비계량지표</td><td>재난관리시스템(예방 · 대응 · 복구) 구축 · 운영 등을 통해 국민의 생명 · 재산을 보호하기 위한 노력과 성과</td></tr>
<tr><td>배점</td><td>공기업 및 준정부기관: 비계량 1점</td></tr>
<tr><td rowspan="4">친환경 ·
탄소중립</td><td>계량지표</td><td>① 온실가스 감축 및 에너지 절약 실적(0.3)
② 녹색제품 구매실적(0.2)</td></tr>
<tr><td>배점</td><td>공기업 및 준정부기관: 계량 0.5점</td></tr>
<tr><td>비계량지표</td><td>기관별 여건·특성을 고려한 친환경·탄소중립 노력 및 성과</td></tr>
<tr><td>배점</td><td>공기업 및 준정부기관: 비계량 1점</td></tr>
<tr><td rowspan="4">상생 · 협력
및
지역발전</td><td>계량지표</td><td>지역경제 활성화와 중소기업, 소상공인, 사회적 경제 기업 등과의 상생 · 협력을 위한 구매실적</td></tr>
<tr><td>배점</td><td>공기업 및 준정부기관: 계량 2점</td></tr>
<tr><td>비계량지표</td><td>지역사회 발전 및 지역경제 활성화와 중소기업 · 소상공인 등과의 상생·협력을 위한 노력과 성과</td></tr>
<tr><td>배점</td><td>공기업: 비계량 2점, 준정부기관: 비계량 1점</td></tr>
<tr><td rowspan="4">윤리경영</td><td>계량지표</td><td>자체감사기구 운영 등 내부통제시스템 구축 및 운영성과</td></tr>
<tr><td>배점</td><td>공기업 및 준정부기관: 계량 1점</td></tr>
<tr><td>비계량지표</td><td>경영활동시 경제적 법적 책임과 더불어 사회적 통념상 기대되는 윤리적 책임을 준수하려는 노력과 성과</td></tr>
<tr><td>배점</td><td>공기업 및 준정부기관: 비계량 1.5점</td></tr>
</table>

3) 지방공기업 경영평가편람

2024년도 지방공기업 경영평가편람에[4] 의하면 평가기본방향은 다음과 같으며, ESG 경영원리 구현을 위한 노력과 성과를 지속 반영하고 있다.

① 공공성과 효율성의 균형적 평가 기반 마련

- 사회적 책임경영은 강화하되 비효율성이 발생하지 않도록 경영관리와 경영성과를 균형 있게 평가
- ESG 경영원리 구현을 위한 노력과 성과 지속 반영
- 직무중심의 조직·인사관리 체계로 전환 유도
- 지방공기업의 인력 효율화 등 자율적인 혁신 유도
- 재무 건전성 및 경영 효율성 강화
- 질 높은 대국민 서비스 제공 중심의 주요사업 성과 평가

② 재무 건전성 및 경영 효율성 강화

- 재무위험이 높은 기관에 대한 집중관리 등을 통한 재무 건전성을 강화하고 동시에 경영실적 등 코로나19 이전 수준의 회복 노력을 중점적으로 평가

③ 수요자 중심의 평가 및 공정성 제고

- 지방공기업 의견수렴을 통한 평가방식 및 평가지표를 지속적으로 개선하고 평가 부담의 완화를 위해 중복지표의 간소화, 기관 및 유형 맞춤형 지표개선 등을 지속 추진
- 주민참여단 평가 참여 확대, 전문가로 구성된 외부평가단의 운영 및 교육 등을 통해 평가의 공정성, 객관성 및 전문성을 제고

④ 평가결과 환류 등 지방공기업 발전 유도

- 경영전략의 개선 및 혁신의 계기 마련, 경영개선 추진, 경영진단 점검 등 평가결과의 환류를 통해 지방공기업의 발전 유도

4) 행정안전부·지방공기업평가원(2023). 2024년도 지방공기업 경영평가편람(안)(검색일: 2023.10.02.)

• 유형별·분야별 우수사례 선정, 우수기관 인센티브 제공 등을 통해 지방공기업 우수사례 공유 및 확산

• 주민 복리 증진 및 질 높은 서비스 제공 등 지역과 상생 발전하는 지방공기업 실현 유도(경영평가 ↔ 지방공기업 ↔ 지역)

〈표 9-11〉 지방공기업 ESG 관리항목

구분	세부지표		ESG	정성	정량	ESG 관련 내용	비고
경영관리	리더십·전략	경영층의 리더십	ESG	●		• EGS 경영원리 구현을 위한 기관장의 노력과 성과	ESG
			S	●		• 사회적 가치 실현을 위한 기관장의 노력과 성과 • 대내·외 이해관계자와의 협력 증진 문제해결	
			E	●		• 친환경 경영 등 기관장의 노력과 성과	
		전략 및 혁신	ESG	●		• ESG를 반영한 경영계획의 수립	ESG
			E	●		• 친환경 등 경영계획 수립	
			S	●	●	• 사회적 책임을 포함한 경영계획의 수립 • 개인정보보호 수준체계 및 대응대책 수립 실행(1.0점)	
			S	●		• 공공서비스·혁신기술 융합 활성화 노력과 성과 • 기관 보유 데이터 공유·개방 노력과 성과	
	경영시스템	조직인사 관리	G	●	●	• 인사관리의 합리성·공정성을 확보하기 위한 노력 • 채용 비리 방지의 적정성(-3.0점)	G
		윤리경영	SG	●	●	• 윤리경영체제 구축·운영의 노력 및 성과 • 인권경영 체계 구축의 노력과 성과 • 인권경영의 실행·공개 노력과 성과 및 구제 절차 제도화 • 공정사회 구현을 위한 노력과 성과 • 채용 비리 방지의 적정성(-3.0점)	SG
		재무관리	G	●	●	• 중장기 재무관리계획 수립 관리 등(공사·공단) • 회계담당자의 전문성(상·하수도) • 예산편성 및 집행관리 기준 준수 여부 등 • 공사채 발행절차 및 승인목적 사용여부 적정성	G
	사회적 책임	재난·환경	S	●	●	• 재난·안전관리 계획 수립 및 운영 적절성 • 안전사고건수(4.0점)	S
			E	●	●	• 환경보전 및 에너지 사용의 효율화 노력과 성과 • 친환경 경영실적(1.0점) – 녹색제품 우선구매, 온실가스 감축 목표 달성률, 친환경차량	E
		지역상생·일자리	S	●	●	• 지역사회·경제 공헌 • 사회적 약자 배려 • 일자리 창출의 위한 노력과 성과 • 산불, 수해, 감염병 등 재난구호 지원 노력(가점)	S

		소통·참여	S	●		• 고객 및 주민 의견수렴 및 반영 • 상생과 협력의 공공 노사관계 구축 및 유지	S
경영성과	주요사업		ES	●	●	• 유형별 상이(철도, 개발, 관광, 시설, 특정, 환경 등)	ES
	경영효율성과		–	–	–	• 해당 없음	–
	고객만족성과		S		●	• 고객만족도 조사 결과(8.0점)	S
	정책이행성과		SG		●	• 청년의무고용(1.0점) 및 장애인의무고용(1.0점) • 체험형 인턴제 채용실적(가점) • 사회적기업 등 구매실적(3.0점) 및 상생결제 실적((가점) • 혁신구매(0.6점) 및 혁신자향 공공조달(0.4점) • 성과공유제 및 협력이익공유제 실적(선택, 0.5점) • 통합경영공시 업무 매뉴얼 등 준수(1.0점) – 공시 충실성, 공공데이터 활용, 잡플러스, 사전정보공표 • 개인정보보호 수준체계 및 대응대책 수립 실행(1.0)	SG

출처: 행정안전부·지방공기업평가원(2023), 2024년도 지방공기업 경영평가편람(안)(검색일: 2023.10.02.)

4) 출자 · 출연기관 경영평가

(1) 경영실적평가 기본방향[5)]

• 공공성과 효율성의 균형적 평가 기반 마련

– 사회적 책임경영은 강화하되 비효율이 발생하지 않도록 경영관리와 경영성과를 균형 있게 평가

• 재무 건전성 및 경영 효율성 강화

– 재무위험이 높은 기관에 대한 집중관리 등을 통한 재무 건전성을 강화하고 동시에 경영실적 등 코로나19 이전 수준의 회복 노력을 중점적으로 평가

• 수요자 중심의 평가 강화와 평가의 공정성 제고

– 지방출자 · 출연기관의 의견수렴을 통한 평가방식 및 평가지표를 지속적으로 개선하고 평가 부담의 완화를 위해 중복지표의 간소화, 지표개선 등을 지속 추진

– 전문가로 구성된 외부평가단 운영 등을 통해 평가의 공정성, 객관성 및 전문성 제고

5) 행정안전부 공기업정책과, 2023년 지방출자·출연기관 경영실적평가 제안모델(2023.2), 3~4쪽

- 평가결과 환류를 통한 지방출자·출연기관 발전 유도
  - 주민 복리 증진 및 질 높은 서비스 제공 등 지역과 상생 발전하는 지방출자·출연기관 실현 유도(경영실적평가 ↔ 지방출자·출연기관 ↔ 지역발전)
  - 경영전략 계획 수립, 경영개선 추진, 경영진단 등에 활용하여 지방출자·출연기관의 발전 유도
  - 유형별·분야별 우수사례 선정, 우수기관 인센티브 제공 등을 통해 지방출자·출연기관 우수사례 공유 및 확산

(2) 2023년 경영실적평가 개선방향[6)]

2023년 경영실적평가 지표는 '새정부 지방공공기관 혁신가이드라인(2022.9)'에 따라 지방출자·출연기관의 공공성과 효율성의 균형 있는 경영 및 재무건전성과 경영효율성과를 강화하는 방향으로 개선하였다.

- 공공성과 효율성의 균형 있는 지표체계 개편
  - 3분류에서 2분류 체계로 전환: 경영관리 + 경영성과
  - 기존 사회적 가치의 주요 내용을 경영관리의 중분류 수준에서 통합·조정하고 중복되는 세부 지표 간 통합 조정 및 간소화
- 재무건전성 지표 강화
  - 재무관리 배점 상승(2점 상승: 출자: 7점 → 9점, 출연: 10점 → 12점)
  - 재무관리 지표의 배점을 상승시켜 지방출자·출연기관의 재무건전성 강화를 유도함
- 경영효율성과 지표 강화
  - 사업성과 적절성 배점 상승(2점 상승: 출자: 5점 → 7점, 출연: 5점 → 7점)
  - 사업성과 적절성 지표의 배점을 상승시켜 지방출자·출연기관 고유사업에 대한 목표달성을 촉진

6) 행정안전부 공기업정책과, 2023년 지방출자·출연기관 경영실적평가 제안모델(2023.2), 16~18쪽

- ESG 경영원칙 등 사회적 역할과 책임 강화
  - 경영층의 리더십지표와 전략경영지표에 ESG 관련 평가내용 신설
  - ESG 실행계획과 ESG 경영 실천 노력 등과 관련된 평가내용을 신설하여 지방출자·출연기관의 사회적 역할과 책임 강화를 유도
- 수요자 중심의 평가 강화
  - 세부 지표 간 통합 조정 및 간소화
  - 중복 지표의 간소화, 용어의 내용과 범위 명확화, 모호한 표현의 삭제 등을 통해 수요자의 평가 부담 완화

〈표 9-12〉 지방출연기관 평가지표 개선사항

평가영역	평가부문	평가지표	배점		비 고
			정성	정량	
Ⅰ. 경영관리 (58점)	리더십 (12점)	경영층의 리더십	6		'ESG 경영' 신설
		전략경영	6		'ESG 경영' 신설
	경영시스템 (20점)	조직·인사관리	4	4	'직원 역량 제고' 항목 신설
		재무관리	5	7	'재무·예산관리의 적정성'을 '재무관리의 적정성'으로 변경
	일자리 확대 (7점)	일자리 창출 및 일·가정 양립	5	2	'근로기준법 준수' 삭제 (정성, 정량 배점 오류 수정)
	사회적 책임 (19점)	소통 및 참여	3	1	
		윤리경영	2		'이해충돌 방지' 평가항목 신설
		인권경영	2		
		재난·안전관리	4	1	'안전 관련 예산', '재난안전관리 체계 적정성' 등 평가항목 신설
		지역상생발전	4	2	
Ⅱ. 경영성과 (42점)	주요사업(7점)	사업성과 적절성	7		(배점 오류 수정)
	경영효율 성과(25점)	유형별 경영성과지표		25	
	고객만족 성과(10점)	고객만족도		10	'고객만족도 조사결과'를 '고객만족도'로 변경 (배점 오류 수정)
합 계			48	52	

출처: 행정안전부 공기업정책과, 2023년 지방출자·출연기관 경영실적평가 제안모델(2023.2), 18쪽

5) 공공기관 ESG 경영지원 조례

2023년 5월 전국 최초로 제정한 경상북도 공공기관 ESG 경영 지원 조례는 공공기관에 공익과 사회적 가치 실현의 선도적 역할을 요구하고 있다. 조례는 도지사에게 산하 공공기관의 ESG 경영 정책 추진 방향, 목표 수립, ESG 역량 제고 방안, 교육·홍보 등이 포함된 지원계획을 수립, ESG 경영 촉진을 위한 예산을 지원하는 내용을 담고 있다.

경상북도 공공기관 ESG 경영 지원 조례

(제정) 2023-07-13 조례 제 4851호

제1조(목적) 이 조례는 경상북도 소속 공공기관의 ESG 경영 지원에 필요한 사항을 규정함으로써 공공기관이 ESG 경영의 선도적 역할을 하고 공익실현에 이바지하는 데 그 목적이 있다.

제2조(정의) 이 조례에서 사용하는 용어의 뜻은 다음과 같다.
1. "ESG 경영"이란 지속가능한 발전을 위해 경영전략·위험관리·보상체계 등에서 환경(Environment), 사회(Social), 지배구조(Governance) 등 비재무적 측면의 성과를 관리하는 것을 말한다.
2. "공공기관"이란 다음 각 목에 따른 기관을 말한다.
가. 「지방공기업법」에 따라 경상북도(이하 "도"라 한다)가 설립한 공사 및 공단
나. 「경상북도 출자·출연 기관의 운영에 관한 기본조례」에 따른 출자·출연기관

제3조(책무) ① 경상북도지사(이하 "도지사"라 한다)는 도내 공공기관의 ESG 경영 지원을 위한 여건 조성 및 시책 개발을 위해 노력하여야 한다.
② 공공기관은 도지사가 추진하는 공공기관 ESG 경영 지원 계획 및 각종 시책에 협력하고, 사업과 기관 운영에 있어 사회적 책임을 다하고 공익을 실현하기 위하여 기본계획과 운영지침을 준수하도록 노력하여야 한다.

제4조(실태조사) ① 도지사는 공공기관의 ESG 경영 지원에 필요한 실태조사를 할 수 있다. 이 경우 외부 전문 기관에 위탁할 수 있다.
② 도지사는 실태조사를 위해 공공기관에 자료제출이나 의견 진술 등을 요구할 수 있다.

제5조(지원계획의 수립·시행) ① 도지사는 공공기관의 ESG 경영 지원에 필요한 지원계획을 수립·시행할 수 있다.
② 지원계획에는 다음 각 호의 사항이 포함되어야 한다.
1. ESG 경영 현황 및 전망
2. ESG 경영 정책의 추진 방향 및 목표 수립
3. 공공기관의 ESG 경영 역량제고 방안

4. ESG 경영 지원사업 및 교육·홍보에 관한 사항
5. ESG 경영을 위한 공공기관 및 관계기관 간 협력에 관한 사항
6. 그 밖에 도지사가 공공기관의 환경·사회·투명 경영(ESG 경영) 지원에 필요하다고 인정하는 사항

제6조(지원사업) 도지사는 공공기관의 ESG 경영을 위하여 다음 각 호의 사항을 예산의 범위에서 지원할 수 있다.
1. ESG 경영 촉진을 위한 경영 진단 및 전략 수립
2. 환경, 사회, 지배구조 등 분야별 전문가의 컨설팅 및 법률 상담
3. ESG 경영 홍보 및 교육
4. ESG 경영 우수 공공기관의 발굴 및 홍보
5. 그 밖에 공공기관 ESG 경영을 위해 도지사가 필요하다고 인정하는 사항

제7조(협력체계 구축) 도지사는 공공기관 ESG 경영 지원을 위하여 필요한 경우 정부, 공공기관, 시·군, 연구기관과 협력체계를 구축할 수 있다.

제8조(인증 및 포상) 도지사는 공공기관에 대한 정기적인 ESG 경영 성과평가를 통해 우수 기관에 대해서는 인증을 부여하고 「경상북도 포상조례」에 따라 포상할 수 있다.

제9조(시행규칙) 이 조례의 시행에 관하여 필요한 사항은 규칙으로 정한다.

부 칙
이 조례는 공포한 날부터 시행한다.

10
CHAPTER

ESG 대응전략

1 ESG 및 탄소중립 동향과 기업의 대응전략[1]

1) 들어가며

세계는 지난 3년간 코로나19 사태 및 경제적 침체와 기후변화 등 복합 위기를 극복코자 최대한의 노력을 경주해 왔다. 이러한 위기들은 상호 밀접히 연계되어 있으며, 생태계 교란을 유발한 기후변화와 코로나19 사태 사이의 상관관계가 인지되면서 인류와 지구의 공존이 필수적이라는 의견 또한 지배적이다. 코로나19 사태를 겪으면서 사람들은 물 부족과 기후변화 같은 비전통적 안보 위협이 세계 경제와 국가 안보에 미치게 될 영향을 경험하였으며, 이에 대응하기 위한 국제적 연대의 필요성 역시 절감하였다.

각국은 기후변화에 관한 '파리 협정'의 규정에 따라 2020년 하반기에 탄소 중립 선언을 잇따라서 했다. 물론 EU는 이에 앞서 2019년 12월 그린 딜 정책 발표와 더불어 2050년까지 유럽 전체를 세계 최초의 탄소 중립 대륙으로 만들겠다고 선언하였다. 이후 중국도 2020년 9월 UN 총회에서 2060년 이전까지 탄소 중립 목표를 달성하겠다고 발표한데 이어, 일본 및 우리나라도 기후변화에 대한 대응을 가속화하려는 국제사회의 노력에 동참하고자 2020년 10월 '2050 탄소 중립 목표'를 발표하였으며, 미국은 조 바이든 대통령 당선자의 새 행정부가 2021년 1월 출범하면서 탄소 중립 목표를 발표하였다.

2020년 하반기에 각국의 탄소 중립 발표가 이어졌다면, 2021년 상반기에는 각 기업들의 ESG(Environment, Social, Governance) 경영 선언이 잇따랐다고 해도 과언이 아니다. 세계 최대 자산 운용사인 블랙락의 'ESG 요구 서한'이나 각국의 '2050년 탄소 중립 선언'은 ESG가 더 이상 피할 수 없는 전 세계적인 현상임을 보여주고 있으며, 지속 가능한 성장을 위해서는 ESG 관련 다양한 이해 관

1) 제10장은 유연철 유엔글로벌콤팩트 한국협회 사무총장(前 기후변화대사) 집필함

계자들과의 공존이 필수적임을 강조하고 있다.

2) 유엔글로벌콤팩트와 ESG의 등장 배경

유엔글로벌콤팩트(UN Global Compact)는 기업이 유엔글로벌콤팩트의 핵심가치인 인권, 노동, 환경 및 반부패의 4분야에 있어 10대 원칙을 기업의 경영전략에 내재화시켜 지속가능성과 기업시민의식 향상에 동참할 수 있도록 권장하고 이를 위한 실천적 방안을 제시하는 세계최대의 자발적 기업시민 이니셔티브이다. 이를 한마디로 요약하자면, 유엔글로벌콤팩트는 유엔차원에서 기업의 지속가능경영 또는 요즘 용어로는 ESG 경영을 하도록 지원하는 기관이다. 그럼 유엔글로벌콤팩트와 ESG는 어떠한 관계가 있는가?

많은 사람들이 ESG라는 용어가 2006년 코피아난 전 UN사무총장이 주도한 책임투자원칙(PRI)을 통해 등장했다고 알고 있으나, 실제로는 2004년 유엔글로벌콤팩트(UNGC)와 여러 금융기관들이 공동 작성한 보고서 'Who cares wins'에서 최초로 사용되었다. 이러한 보고서를 기반으로 책임투자6대원칙 중 제1원칙에 "ESG 이슈들을 투자분석 및 의사결정시 적극적으로 반영한다"고 명시하면서 ESG 용어가 널리 사용하고자 된 것이다.

여기서 상기 보고서의 제목(Who cares wins)은 매우 압축된 표현인데 이를 풀어 쓰자면 'Those who care for others are to win' 즉, 다른 대상을 배려하는 자가 승리한다고 볼 수 있다. 여기서 '승리'라는 것은 지속가능발전의 성취라고 볼 수 있겠으며, 또한 다른 대상은 지구(E, 환경), 사람(S, 인권·노동), 조직(G, 반부패·거버넌스)을 의미한다고 볼 수 있다. 즉, '다른 사람, 다른 대상에 대한 배려'가 ESG 경영의 근본 신인 것이다.

2004년에 처음 등장한 ESG의 역사가 이렇게 짧지 않다면 왜 2020년 전후 전 세계적으로 ESG 열풍이 일어났는가? 이에 대해서는 정부차원에서의 2015년 기후변화관련 파리협정의 체결과 2020년 전후 각국의 탄소중립 목표의 설정과 더불어 기업차원에서의 2019년 Business Roundtable 개최를 통한 다양한 이해관계자 중심의 흐름과 밀접한 연관이 있다고 말할 수 있겠다. 이에 대해 좀 더 살펴보도록 한다.

3) 파리협정의 체결 및 신기후체제의 확립

국제사회는 기후변화에 대응하기 위해 그간 꾸준히 노력해왔다. 이에 각국은 1992년 국제사회가 기후변화에 대응하는 기본 틀의 역할을 하는 'UN 기후변화 협약(UN Framework Convention on Climate Change: UNFCCC)'을 채택하였고, 1997년 선진국들의 온실가스 감축을 구체적으로 실행하기 위한 '교토 의정서'도 채택하였다. 이후 2015년에는 모든 당사국이 온실가스 감축 목표를 자발적으로 설정하고 이행하는 '파리 협정'을 타결하였다.

기후 체제는 기본 협약인 'UN 기후변화 협약(UNFCCC)'과 이를 구체화하는 이행 규정으로 구성되며, 이행 규정이 '교토 의정서'일 경우 '구(舊)기후 체제', 이행 규정이 '파리 협정'이면 '신(新)기후 체제'라고 불린다. '파리 협정'은 모법(母法)에 해당하는 'UN 기후변화 협약'과 더불어 '신기후 체제(New Climate Regime)'를 형성하고, 국제사회는 이를 지속적으로 이행해나갈 것으로 전망된다.

2015년은 기후·환경 논의와 관련하여 매우 중요한 해이다. 왜냐하면 2015년에 국제사회는 지속 가능한 평화와 번영을 위해 '지속 가능한 발전 목표(Sustainable Development Goals: SDGs)'와 '파리 협정'을 채택하였기 때문이다. 국제사회가 그간 축적해온 빈곤 퇴치와 기후변화에 대한 대응 관련 경험을 바탕으로 마련된 이 두 가지 체제는, 인류의 생존과 삶의 질 개선을 위해 '새로운 접근법'을 취했다. 핵심은 모든 이해 관계자들의 참여를 독려하는 포용성(Inclusiveness)과, 과거뿐만이 아닌 현재와 미래에 대한 책임을 강조하는 지속가능성(Sustainability)에 있다.

이는 각각 이전에 채택된 '새천년 개발 목표(Millennium Development Goals: MDGs)'와 '교토 의정서'의 단점을 보완한 것이다. 즉, '교토 의정서'의 경우 지구 온난화에 대한 역사적 책임이 있는 '선진국'에만 온실가스 배출을 감축하도록 했고, 따라서 실패하고 말았다. 미국은 '교토 의정서'를 비준하지 않았고, 캐나다는 제1차 공약 기간 후 '교토 의정서'에서 탈퇴하였다. '교토 의정서'는 한쪽에만 책임과 강제적인 의무를 부여하였기에 현실적으로 작동하지 않은 것이다. 이로부터 교훈을 얻은 국제사회는 어느 한쪽이 아닌 '모든 국가'가 '자발적'으로 참여할 수 있도록 하는 신기후 체제를 구상하였고, 이를 구현하기 위해 선진국뿐만 아니라 개도국도 포함하는, 즉 '교토 의정서'의 공간적 확대 체제로서의 '파리 협정' 체제를 2015년에 출범시켰다.

'파리 협정' 체제는 지구온난화 관련 과거 역사에 대한 책임뿐만 아니라 '현재와 미래에 대한 책임'에 대해서도 이야기한다. 결국 과거부터 온실가스를 배출해온 선진국만이 아닌, 현재 온실가스를 배출하고 있는 모든 국가가 책임을 지고 자발적으로 감축 노력을 함으로써 미래에도 지속 가능한 성장 체제 구현을 목표로 하는 것이다. 이러한 측면에서 '파리 협정'은 '교토 의정서'를 시간적으로 확대한 체제라고도 할 수 있겠다. 다시 말하면, '파리 협정'은 '교토 의정서'의 시간적·공간적 확대 체제로서 지속 가능한 체제라고 평가할 수 있다.[2)]

국제사회가 직면한 중점 과제 그리고 새로운 접근법

2015년
- 기후변화 관련 '파리 협정' 채택
- 지속 가능한 발전 목표(SDGs) 채택

⇨ **새로운 체제를 모색 : 포용성과 지속 가능성 강조**

	구체제	신체제
기후변화	'교토 의정서' – 선진국의 온실가스 감축 의무: 과거의 역사적 책임 강조	'파리 협정' – 모든 당사국 참여(자발적 공약 / 과거·현재·미래에 대한 책임 강조
지속 가능한 발전	새천년 개발 목표(MDGs): 개도국의 빈곤 퇴치에 중점	지속 가능한 발전 목표(SDGs): 모든 국가와 이해 관계자의 참여를 통한 사회 공동체 회복 및 지구 생태계 복원

2) 박덕영, 유연철 외, 2020, "파리협정의 이해", 박영사, pp.466–467

지속가능한 기후체제라고 평가받고 출범한 파리협정체제는 2017년 새로 취임한 미국 도널드 트럼프 대통령이 '파리 협정'을 탈퇴한다고 선언하여 위기를 맞았다. 그래서 '파리 협정'이 끝내 살아남지 못하는 것은 아닌가 하는 우려의 목소리가 높았다. 이는 2001년 미국에서 조지 W. 부시 행정부가 출범하면서 '교토 의정서'의 종말을 고하는 비준 거부 선언이 나왔을 때와 매우 유사한 상황이었기 때문이다.

이를 부연 설명하면, 1997년에 채택된 '교토 의정서'는 2015년 '파리 협정'으로 대체되는데, 시장에서의 반응은 2001년과 2017년이 완전히 달랐다. 즉, 2001년 미국의 '교토 의정서' 거부 때 각 기업들은 더 이상 기후변화에 대한 대응 사업들을 추진하지 않기로 하였다. 예를 들어, 대형 차량을 계속 생산하기로 한 것이다. 그러나 2017년에는 미국의 10개 주정부와 289개 도시 및 2,239개 기업 등이 WASI(We Are Still In, 우리는 계속 있다)라는 성명서를 발표하는 등 '파리 협정'의 이행을 견지하였다.

이는 '파리 협정'이 선진국만의 온실가스 감축 의무를 규정한 '교토 의정서'와는 달리, 선진국과 개도국 모두의 '자발적인' 참여를 규정하여 각국이 이를 거부할 명분이 없을 뿐만 아니라, 지구온난화가 가속화되면서 폭염·폭우·폭풍 등 기후변화의 부정적 영향들을 현실에서 직접 체험하였기 때문이다. 그래서 2017년 당시에는 기후 위기에 대한 대응의 필요성이 절박하다는 사실을 인식하였기 때문이다.

이러한 기업들이 중심이 되어 미국에서 2019년 Business Roundtable 회의가 개최되었는데 Apple, Pepsi, Walmart, JPMorgan 등 미국 200여명의 CEO들이 기업의 목적에 관한 성명을 발표하면서 "이해관계자 자본주의(Stakeholder Capitalism)"선언을 하였다. 즉, 주주에게는 단기적인 아닌 장기적인 주주가치를 추구하고 아울러, 소비자, 직원 등 다양한 이해관계자를 위한 경영을 모색하면서 배제가 아닌 포괄적 성장을 지향한다는 것이다.

다시 말하면, 기업의 목적인 수익 개념이 단기적에서 장기적인 이익으로 시간적인 확대가 되었으며, 책임대상도 과거 주주에게 치중되었으나 이제는 고객 등 다양한 이해관계자를 포용하는 것으로 확대한다는 것이다. 또한, 기업의 성과측정의 개념도 종전의 영업순이익이라는 단기적·재무적 성과 지표에서 장기적이고 비재무적인 환경(E), 사회(S), 지배구조(G)의 개선으로 변하고 있다는 점이다.

한편, '파리 협정' 관계자들은 초안을 작성하면서 동 협정의 지속 가능성에 대한 신뢰를 가지게 되었으며, 이에 따라 각국 정부에 '2030년의 목표'를 제시하면서 '2050년을 위한 장기 전략'을 요청하는 규정도 만들어졌다. 이는 '교토 의정서'를 채택하던 당시 2008년부터 2012년까지의 1차 목표만 부여했을 뿐 "그 이후에 대해서는 추후에 협의하기로 한다"는 내용을 수록했던 것과는 대조적이다. 이에 따라 세계 대부분의 정부는 '기후변화에 관한 정부 간 패널(IPCC)'의 권고대로 2020년 하반기에 '2050 탄소 중립'을 선언하게 되었다.

이제 국제사회에는 '그린 대세론(大勢論)'이 화두로 부상되고 있다. 각 기업은 '그린 대세론 시대의 생존(Green survival)'을 위해 소비자들 및 글로벌 투자자들 등의 요청에 따라 친환경 기준을 수용할 수밖에 없는 상황에 직면하게 되었다. 예를 들어, 최근 기후변화에 대한 대응의 주체로 급부상한 스웨덴의 청소년 환경운동가 그레타 툰베리 등 미래 세대는 기성세대에게 기후변화에 적극적으로 대처할 것을 강력히 요청하면서, 친환경 제품을 소비하거나 친환경 기업을 선호하고 있다. 곧 주력 소비층이 될 미래 세대의 선호에 맞춰 이미 글로벌 투자자들이 반응하고 있으며, 이들은 기업에 "기후 위험(Risk)에 대처하고, 제품 생산 및 서비스 제공 과정이 친환경적인 요건을 충족하게 할 것"을 요청하고 있다.

기후변화에 장기적으로 대응하지 않는다면 인류가 치러야 할 비용은 천문학적일 것이며, 이미 일부 작은 섬나라들은 생존(生存)의 기로에 놓여 있다. 매년 초 개최되는 다보스 포럼에서 발간한 「2020년 글로벌 위기 보고서」[3]는 향후 10년간 기후변화와 환경 문제로 인한 위기를 강조하였다. 사실, 2006년에 이 보고

3) 「2020년 글로벌 위기 보고서」에서는 이상기후 및 기후변화에 대한 대응 실패, 대규모 자연재해, 생물 다양성 손실 및 생태계 파괴, 인위적 환경 손상 및 재해 등 5가지가 향후 일어날 가능성이 큰 5대 위기로 꼽혔으며, 향후 10년간 심각성 측면의 5대 위기도 대량 살상 무기(WMD)를 제외하고는 4대 위기(기후변화에 대한 대응 실패, 생물 다양성 손실 및 생태계 파괴, 이상기후, 물 위기)가 기후변화와 환경 관련 문제였다.

서가 최초로 발간된 이래, 향후 일어날 가능성이 큰 5대 위기 모두가 기후변화와 환경 문제인 경우는 처음이었다.

현재 기후변화에 대한 대응을 위해 각국 정부는 '2050 탄소 중립'의 목표를 수립하고, 각 기업들은 RE100 계획 수립 및 ESG 경영을 선언하고 있으며, 시민단체들은 '쓰레기 · 플라스틱 제로'와 같은 목표를 설정하였다. 그리고 유럽을 위시한 주요국들은 이를 달성하기 위해 '탄소 가격의 내재화(Internalization of carbon price)'를 도모하는 등 탄소 국경 조정 제도의 도입을 검토하고 있다. 우리나라가 이에 대응하기 위해서는 과감한 에너지 전환과 저탄소 관련 기술을 개발해야 하고, 아울러, 순환경제로의 전환을 도모해야 하며, 이를 위해 관련 이해 관계자 모두의 협업이 필요하다.

4) ESG 및 탄소중립으로 재편중인 신국제경제질서

이와 같이 각 국가 및 글로벌 기업들이 탄소중립 선언과 동참을 요구하면서 정치 · 경제적으로 국제 질서에 새로운 변화가 나타나고 있다.

기후 대응을 통한 글로벌 질서 재편과정에서 가장 눈에 띄는 국가는 중국이다. 중국은 근대 산업화 시대에서는 후발주자였지만 에너지의 전환이 이루어지면서, 즉 세계에서 가장 빠른 속도로 신재생에너지 관련 설비용량과 발전량을 증가시키면서 신국제경제질서를 주도하고 있다는 것이다. 예를 들면, 중국은 폴리실리콘과 태양광전지, 모듈 등 생산량이 모두 세계 1위이며 전기자동차, 배터리와 태양광 모듈, 풍력터빈 관련 기술은 세계 상위 10대 기업가운데 중국기업이 5개 내지 7개 정도 차지한다.

다만, 최근 미국과 중국 간 보조금 문제, 대금결제 및 희토류 자원 확보 측면 등에서 갈등 요인이 부각되고 있는데, 이는 현재 중국의 권위주의체제로의 회귀 및 보조금 등 국가중심의 경제 운영과 향후 시장경제 체제로의 전환 여부와도 밀접한 관련이 있다고 본다.

이와 같이 미 · 중 간에 다양한 측면에서 갈등이 부각되고 있지만 미 · 중 간에 협력할 여지가 있는 분야는 기후 대응 분야라고 할 수 있다. 2021년 제 26차 기후변화 당사국 총회시 미·중 양국은 기후대응 공동 선언문(US-China Joint Declaration on Enhancing Climate Action)을 발표한 바 있다. 바야흐로 그린대세론의 시대를 맞이하여 불가피한 선택인 것이다.

5) ESG 및 탄소중립시대에 있어 기업의 역할과 대응 전략

이러한 그린 대세론의 시대에 기업의 역할은 무엇이며 어떻게 대응해야 할 것인가?

기업은 기후 행동의 주체로서 문제 해결의 추진동력(Driving Force for solution)이며 각종 규제에 대한 대응이라는 방어적인 역할과 기술혁신 등을 통한 새로운 가치를 창출하는 적극적인 역할을 수행한다고 볼 수 있다. 이에 각 기업은 각종 공시 등에 대한 방어적인 역할에서 벗어나 다양한 이해관계자의 필요를 충족시키는 해결사의 역할을 적극 수행하면서 미래 비즈니스의 기회 확보와 일자리 창출에 기여를 해야 할 것이다.

이를 위한 기업의 지속성장을 위한 대응전략으로 '양면전략의 동시수행'을 고려해 볼 수 있다.

이와 관련하여 스포츠 경기에서의 사례를 보면 영국 프로축구의 득점왕 손홍민 선수, 프로 농구의 우승제조사 유재학 감독, 프로 야구의 타격천재 이정후 선수에게는 모두 공통점이 있다. 이들은 모두 오른발·왼발 또는 오른손·왼손을 자유자재로 사용하여 매우 뛰어난 성적을 올리는 선수다. 손흥민 선수는 왼발·오른발 슈팅의 강도가 거의 동일하여 왼발 슈팅이 여의치 않을 경우 골키퍼의 허를 찔러 오른발로 슈팅을 하여 골을 넣는다. 유재학 감독은 선수시절 오른손·왼손의 드리블 속도가 동일하여 상대방 선수가 가장 수비하기 어려운 선수였다. 이정후 선수는 왼손 타자로서 수비할 때는 오른손으로 공을 던진다. 이는 야구 경기가 오른쪽으로 돌아가는 경기여서 매우 유리한데 현재 가장 뛰어난 타율과 더불어 좋은 수비로 팀 승리에 결정적인 기여를 한다.

이는 기업의 사례에도 적용될 수 있다고 본다. 즉 기업의 지속 성장을 위해서는 기존 전략의 보강·개선과 더불어 미래 전략으로서의 새로운 성장동력을 추진하는 양면전략의 동시 수행을 해야 한다는 것이다.

이를 기후대응에 적응해 보면 ① 단기적으로는 기존에 사용하는 화석에너지의 에너지 절약(수요측면)과 에너지 효율성 향상(공급측면)을 도모하면서 ②중·장기적으로 신·재생에너지로의 전환과 기후기술(C-Tech)의 개발 등을 추구하는 것이다. 이를 통해 다양한 이해관계자의 요구 충족과 기술혁신 과제의 수행을 할 수 있다. 스포츠에서와 마찬가지로 기업측면에서도 양면전략의 동시 수행을 통해 복합적인 위기를 극복해 나가기를 바란다.

이러한 양면전략의 동시 수행을 위해 현재 부단히 노력하고 있는 우리나라의 모 철강업체의 사례를 소개해 보도록 하겠다.

먼저, 전 세계적으로 저탄소·친환경 시대로의 전환, 기술혁신의 가속화 및 ESG 경영 강화 등 생존을 위한 근본적인 변화의 시기를 맞이하여 모 철강업체는 지주회사로의 체제 전환을 최근 결정하였다. 이를 통해 기존 주력 사업의 역량을 끌어 올리는 한편, 성장 사업과 새로운 미래 사업의 발굴을 더욱 강화함으로써 그룹의 균형 성장을 이끌어 가려고 한다. 즉 철강 사업은 자회사가 친환경 제철전환이라는 고유의 혁신적 과제 해결에 매진하고, 이차전지소재 및 수소 등 신성장 사업은 지주회사가 기존의 철강중심 관리방식의 한계를 극복하고, 전문인력의 육성과 그룹경영자원의 집중을 통해 본격적인 새로운 성장의 실현을 모색한다는 것이다. 다시 말하면, 지주회사 체제 전환을 통해 성공 방정식이라고 할 수 있는 양면전략의 동시 수행 체제를 도모하여 기업의 지속 성장을 위한 인프라를 구축한 것이다.

이를 통해 기존 철강 산업의 수소환원제철 등을 통한 탄소중립의 달성, 이차전지소재 개발 등 신 모빌리티 견인 및 그린 에너지 선도 등을 모범적으로 지향하고 있다.

둘째, 양면전략의 동시수행측면의 일환과 ESG의 “G”차원에서 환경·에너지 통합경영체제의 구축을 도모하고 있다. 최근의 각종 문제는 복합·다층적인 이슈

여서 융합적·복합적 접근방식이 요구된다. 기후위기 대응이 대표적인 사례인데 지속가능한 저탄소 친환경 경제구현을 위해 환경 따로 에너지 따로가 아닌 환경·에너지 통합 경영체제 등을 구축하여 매우 효과적인 대응을 하고 있다.

셋째, 양면전략의 동시수행 측면의 일환과 E의 "S"차원에서 또한 "주주" 뿐만 아니라 직원을 포함한 "다양한 이해관계자"의 요구를 들어주고 배려하여 최근 추세인 이해관계자 자본주의의 확립을 위해 노력하고 있다. 지난 9월말 이 업체 직원에게서 네 쌍둥이가 태어났다는 기쁜 소식이 있었다. 그것도 각각 남녀 일란성 쌍둥이 2쌍인데 이를 임신할 확률이 7,000만분의 일이고 이를 자연분만하는 시도는 최초의 일이어서 매우 어려운 상황이었다고 한다. 다행히 네 쌍둥이가 무사히 이 세상에 태어났다고 하는데 더욱 더 눈길을 끈 것은 이 직원에게 축하의 선물로 회사에서 9인승 차량을 주었다는 소식이었다. 매우 훈훈한 이야기였다. 전 세계적으로 경쟁이 치열한 상황에서 인재확보가 무엇보다 중요한데 이러한 회사측의 배려가 있다면 어느 누구라도 이 기업을 위해 헌신할 것이다.

6) 맺으며: ESG에 대한 비판적 고찰과 향후 전망

최근의 우크라이나 전쟁과 경제 위기 등으로 기업 경영이 어려워진 상황에서 ESG 회의론이 대두되고 있기도 한다. 이에 대한 전망에 대해 결론부터 말하자면, 과거보다는 감속이 되면서도 ESG 경영은 꾸준히 진행될 것이라고 본다. ESG 경영은 기후정의라는 당위적인 측면과 지속가능성 공시 등 기업 규제로 인해 피할 수 없는 과제가 되고 있다. 당위성 측면에서 볼 때 ESG 경영의 필요성은 사라지지 않았다. 2022년 12월 제27차 기후변화 당사국총회(COP27)에서 1.5℃ 제한을 위한 Net Zero가 재천명되었고, 기후위기 대응, 이해관계자 자본주의로의 진화, 커뮤니케이션 기술의 진보로 인해 ESG 경영의 필요성은 사라지지 않고 계속 남아있다.

그렇다면 ESG 회의론이 왜 나왔는지 그 배경을 살펴보면, 물론 에너지 위기나 미·중 간 갈등에 따른 공급망 붕괴와 같은 외부적인 요인으로 ESG 경영환경이 악화된 측면도 있겠지만, 내부적으로도 ESG에 대한 전반적이고도 심층적인 이해가 부족하지 않았나 싶다. 즉, ESG를 하나의 일시적인 트렌드나 마케팅 수단이라고 보는 측면이 있는 것 같다. 그것은 기업 내부적으로는 ESG에 대한 조직문화가 부족한 데 기인한 것이며, 외부적으로는 그간 명확한 공시 표준이 없는 가운데 혼란스럽기 때문인 것으로 보인다. 2023년에는 EU의 기업지속가능성보고지침(CSRD)과 국제지속가능성기준위원회(ISSB)의 공시기준안이 확정 발표되었으며 미국도 조만간 기후공시를 할 것으로 전망되는데 이러한 ESG 제도화의 윤곽이 드러나면서, 이러한 내부요인들 ESG 경영을 견인해가는 시그널이 되지 않을까 생각된다.

우리나라의 경우 당초 2025년부터 도입할 예정이었던 "ESG 공시의무화"를 2026년 이후로 연기한 것은 현재 우리 기업의 여건을 고려한 것으로 볼 수 있는데, 기업은 이 같은 정책적 조치를 ESG 경영 도입 자체를 늦추는 방편으로 삼아서는 결코 안 될 것이다. 오히려 기업들은 이 유예조치를 잘 활용해서, ESG를 더욱 내실 있게 준비하고 고도화하는데 힘써야 할 것이다.

인생과 마찬가지로, 우리 기업들의 ESG 경영 역시 육상경기로 단거리 100미터 경기가 아닌 42.195km의 마라톤과 같다고 생각한다. 1992년 바르셀로나 올림픽 마라톤에서 금메달을 획득한 황영조 선수는 마라톤의 가장 힘든 맨 마지막 구간에서 평지가 아닌 몬주익(Montjuïc) 언덕이라는 가장 커다란 제약상황에 직면했을 때 그때까지 선두 레이스로 같이 뛰었던 일본 선수를 제치고 힘차게 나아감으로써 금메달을 획득했다. 지금 우리 앞의 제약이 바르셀로나의 몬주익 언덕과 같다고 생각한다. 모두가 힘든 상황에서 그 언덕을 누가 더 빨리, 힘차게 넘어서서 갈 수 있는지가 승리의 관건이라고 생각한다. 어려운 여건속에서도 더욱 힘을 내어 각 국가 및 기업들은 피할 수 없는 과제인 탄소중립의 실현과 ESG 경영에 박차를 가해 미래 시장을 선점해 나가면서 사회공동체의 회복과 지구생태계의 복원에 힘써 나가야 할 것이다.

11
CHAPTER

글로벌 ESG 경영 사례

ESG 경영 실적이 투자 시장에서 기업을 평가하는 중요한 기준으로 부각되면서 국·내외의 기업들이 앞을 다투어 ESG 경영을 추진해 왔다. 따라서 ESG 경영의 우수 사례는 무수히 많다고 할 수 있다. 그러나 ESG의 영역이 매우 광범위하므로 한 기업이 어떤 영역에서 부분적으로 우수한 실적을 보인다고 해서 전체적으로 ESG 경영 실적이 모범적이라는 보장은 전혀 없으며, 앞에서도 언급한 대로 실적 부풀리기를 통한 거짓 정보도 많으므로 ESG 경영 모범사례에 대한 분석은 매우 신중해야 한다. 여기에서는 E, S, G의 전 영역에 걸쳐 종합적인 ESG 경영을 추구해 온 대표적인 글로벌 기업을 살펴본다. 이 기업들은 ESG 경영의 선두주자로 잘 알려져 있으나 완벽하게 ESG 경영을 하고 있다고 장담할 수만은 없는 것 또한 사실이다. 다만, 이 기업들의 사례로부터 ESG 경영의 본질과 방향을 확인하고 ESG 경영에 대해 구체적으로 이해할 수 있기 바란다.

1 Microsoft의 ESG 경영

Microsoft 없는 세상은 이제 상상하기 힘들다. 시가총액이 2조 4천억 달러에 달하는 이 거대 기업의 거취는 언제나 모든 사람들의 관심일 수밖에 없다. 그런데 최근 이 Microsoft가 지속가능성 및 ESG 분야를 선도하고 있으며 사람과 지구를 우선시하는 기업이라는 평가를 받고 있다.

첫째, Microsoft는 기후변화에 맞서 탄소 배출량을 줄이는 데 앞장서고 있다. 또한 Microsoft는 디지털 기술을 사용하여 수천 개의 기업 고객이 자체적인 지속가능성 목표를 달성할 수 있도록 지원하고 있다. Microsoft가 개발한 "Microsoft Sustainability Manager"는 데이터 분석을 표준화하고 지속 가능성 정보의 포괄적이고 통합적이며 자동화된 관리를 보장하는 확장 가능한 솔루션이다. 이 솔루션은 데이터 흐름을 자동화하여 조직이 배출량을 보다 효율적으로 추적, 보고 및 줄일 수 있도록 지원한다. 특히 이 솔루션은 모든 비즈니스 시스템과 통합할 수 있으며, 계산을 자동화하고 범용 Microsoft 지속가능성을 위한 클라우드 데이터 모델을 적용할 수 있다. 또한 유연한 Power Platform 도구를 사용하여 핵심 기능을 빠르고 쉽게 확장할 수 있어, Microsoft Sustainability Manager를 사용하면 배출 관련 정보에 대한 지속적인 인사이트를 얻을 수 있으므로 거의 실시간으로 영향과 진행 상황을 정확하게 보고할 수 있다는 것이다. 기업이 자신의 특장점을 활용하여 ESG 경영에 기여하는 한편 사업영역을 확장한 사례라고 할 수 있다.

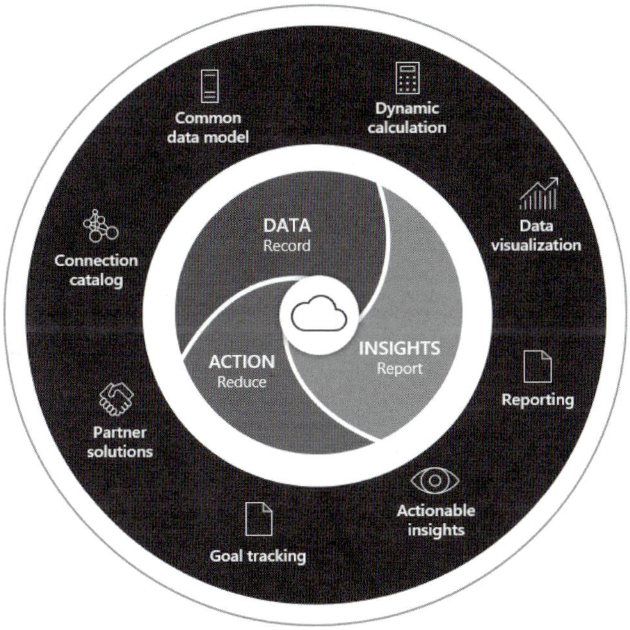

[그림 11-1] Microsoft Sustainability Manager

출처: https://netwisedigital.com/solutions/power-esg

둘째, Microsoft는 백악관의 AI 권리장전을 지원하고 직장 내 인권 문제를 해결하는 데에도 적극적으로 나서고 있다는 평가를 받고 있다. 이는 과거 인권 문제 등에 소극적이라는 비판에 대한 대응이라고 볼 수도 있을 것이다.

셋째, CEO 사디아 나델라(Satya Nadella)가 주주에게 이득이 돌아갈 것, 회사와 지구가 함께 지속가능한 미래를 위한 길을 구축할 것을 선언하며 ESG 경영에 대한 의지를 강력하게 천명하고 있는 것 또한 G 분야에서 높은 평가를 받은 것으로 보인다.

마지막으로 2030년까지 탄소중립, 물 사용량 줄이기, 쓰레기 없는 기업이라는 목표를 설정하여 지속적으로 추진하고 있는 것도 좋은 평가를 받고 있다.

이러한 실적을 인정받아 Microsoft는 IBD(Investor's Business Daily)의 2023년 100대 ESG 최우수 기업 목록에서 최고의 ESG 기업으로 1위에 올랐다(investors, 2023. 10. 27.).

IBD는 비즈니스 모델과 혁신, 환경, 인적자원, 리더십과 거버넌스, 사회적 자본 등 5개 분야를 평가하여 ESG 100대 기업을 선정하는데 Microsoft는 5가지 분야에서 전체 1위의 성적을 거두는 동시에 컴퓨터 산업에서도 1위를 차지한 것이다.

하지만 위에서 언급한 대로 높은 등급을 받았다고 해서 그 회사의 ESG 경영이 완벽하다는 뜻은 아니다. Microsoft는 2023년 AI 사업을 대거 확장하면서 인수한 액티비전 블리자드와 관계된 한 게임사업 직원의 9%에 해당하는 약 1,900명에게 감원을 통고한 것으로 알려졌다(ESG.ONL, 2024.02.06). 첨단기술이 노동에 미치는 영향이 계속 심각해지는 상황에서 ESG 경영은 어떤 방향으로 나아가야 하는가를 깊이 고민하게 하는 사례다.

2 유니레버의 ESG 경영

1) 유니레버의 ESG 경영 체제

유니레버는 전 세계의 지속가능경영 관련 전문가들이 지속가능경영을 잘하는 기업과 NGO/NPO 등을 선정하는 〈Sustainability Leaders〉에서 2011년 이후 기업분야 1위를 차지해 왔다. 유니레버의 지속가능경영은 Unilever Sustainable

Living Plan(USLP)을 바탕으로 이루어진다. USLP는 2010년 당시 유니레버의 CEO였던 폴 폴먼(Paul Polman, 2009~2018 재임)이 수립한 지속가능경영 전략체계를 말하는데 3대 중점 영역에 걸쳐 9개의 기둥(Pillar), 그리고 73개의 세부 실행 과제(2020년 기준)로 구성되어 있다. 3대 영역은 (1) 10억 명의 건강과 웰빙 개선, (2) 환경 영향을 절반으로 감축, (3) 100만 명에 대한 삶의 질 개선으로 설정되어 있다.

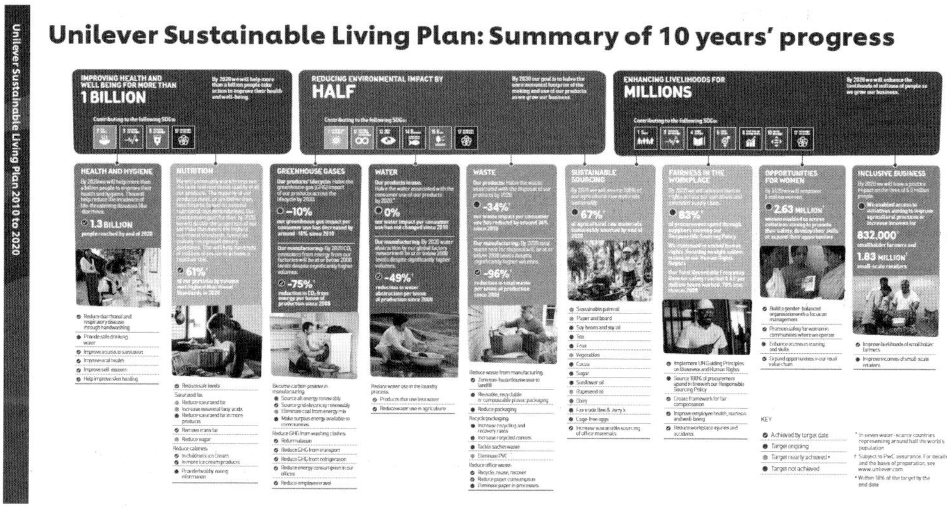

[그림 11-2] Unilever Sustainability Living Plan

출처: Unilever, "Unilever Sustainable Living Plan 2010 to 2020: Summary of 10 years' progress", 2021

유니레버는 USLP의 실천을 추진하는 과정에서 상당한 성과를 내는 한편, 경제적으로 꾸준히 성장하여 두 마리 토끼를 잡았다는 평가를 받는다. 예를 들어, 2020년까지 농산물 원재료 100%를 지속가능한 재료로 조달하겠다는 목표는 달성하지 못했지만 2022년 현재, 81%를 달성하는 성과를 거두는 한편, USLP 추진 기간 중 매출은 2010년 443억 유로에서 520억 유로로 17.4% 증가했으며, 순이익 역시 45억 유로에서 60억 유로로 35% 증가했다.

또한 ESG 경영은 상당한 수준의 비용 절감 효과도 가져온 것으로 나타났다. 2008년부터 총 10억 유로 이상의 비용을 절감했는데 그 세부 내용은 아래와 같다.

- 공장 에너지 효율성 개선 효과: 7억 3,300만 유로 이상
- 물 효율성 개선 효과: 1억 2,200만 유로 이상
- 재료 절약 효과: 2억 600만 유로 이상
- 폐기물 처리 절감 효과: 1,700만 유로 이상

유니레버의 USLP가 가진 장점을 요약해 보면 다음과 같다.

① 중장기적(10년 이상) 계획 추진 및 전사적 운영 체계 확립

유니레버는 ESG 경영을 강력하게 추진하고 모든 구성원의 참여를 유도했으며 회사를 책임지는 최고경영조직에게 USLP를 주도하는 역할을 분명하게 부여하였다. 유니레버는 USLP를 런칭한 직후, ULE(Unilever Leadership Executive)라는 조직을 신설하여 CEO, CFO, CMO 등을 포함한 C-레벨 13명의 최고 경영진이 ESG 경영을 상시적으로 주도하도록 하였다.

② ULE를 통한 ESG 경영 내재화

유니레버는 ULE에 재무적 경영 책임 및 USLP를 구현하고 성과를 이끄는 책임을 부여하고 지속가능성 업무가 회사 전체 경영에서 '고립'되지 않도록 통합하는 기능을 실행하도록 했다. 즉, ESG 경영이 기업의 영리 활동과는 별개인 "착한 일" 만들기나 "점수따기"로 따돌림당하지 않도록 한 것이다.

③ ESG 경영을 위한 내·외부 커뮤니케이션 활성화

유니레버는 조직 개편과 동시에 집중적으로 ESG 경영을 위한 소통 캠페인을 시작했다. 임직원을 대상으로 하는 포럼을 비롯해 담당자가 지역/부서를 방문해 USLP에 관한 비전을 논의하고 USLP의 성과를 공유하는 등 소통을 활성화한 것이다.

유니레버의 ESG 경영전략을 살펴보면 ESG 경영이 성공하기 위해서는 조직구성, ESG 경영전략의 수립은 물론 경제적 이익 추구와 지속가능경영의 통합을

위한 구체적인 운영방침 수립, 실천 전략, 소통체제를 전사적으로 실행하는 것이 중요하다는 것을 알 수 있다.

④ 유니레버의 지속가능 경영 철학: '목적 나무' 프레임워크

전 유니레버 글로벌 소셜미션 책임자인 미리암 시디베(Myriam Sidibe)는 '목적 나무(purpose tree)'라는 프레임워크를 제시하여 ESG 경영의 방향을 제시한 것으로 유명하다.

'목적 나무'는 모든 브랜드가 기업의 기본 목표를 사업에 결합하고 사회적 영향을 극대화할 수 있도록 돕는 프레임워크로, (1)행동 변화, (2)내부의 지지, (3)측정, (4)파트너십, (5)시스템 전반의 변화라는 다섯 개의 뿌리로 구성된다([그림 11-3] 참조). ESG 경영을 지속적으로 추진하기 위해서는 이처럼 지속가능성 경영의 핵심 가치를 기업의 근본 목표로 제시하는 것이 필요하다.

[그림 11-3] 유니레버 목적나무 프레임워크

출처: Myriam Sidibe, Brands on a Mission How to Achieve Social Impact and Business Growth Through Purpose, 2020, p. 24

2) USLP의 실천 전략

유니레버가 USLP에 기반한 ESG 경영을 구체적으로 실천하는 전략을 살펴보자. 유니레버는 선제적으로 자체적인 기준과 목표를 설정하여 ESG 경영을 추진했다. ESG의 공급망 실사 기준, Scope 3 등에 앞서 높은 목표를 설정하고 전사 차원의 지속가능경영을 내재화한 것이다. 이를 위해 각 부서의 구체적 실천과 성과를 공유하고 소통하는 'USLP Refresh'를 운영하고 있다. 'USLP Refresh'는 USLP 9개 분야별로 리더를 선임, 해당 리더가 비즈니스 카테고리 및 브랜드팀과 협력을 추진하는 기구로서 비즈니스 모델을 평가하고, 변화 방향을 모색하여 ESG 경영의 실행을 촉진하는 기능을 한다. 'USLP Refresh'는 ESG 경영이 구체적으로 경영 전략에 반영되고 실천될 수 있는 조건과 전략 등을 도출하는 역할을 하는데, 몇 가지 중요한 주제를 열거하면 다음과 같다.

기업의 성장과 지속가능한 경영의 공존은 어떻게 가능한가?

- USLP는 경영전략, 브랜드 전략과는 분리된 별도의 이니셔티브인가, 아닌가?
- USLP의 장기적 목표 달성을 비즈니스 부서들이 실행하려면 어떻게 해야 하나?
- 비즈니스와 사회적 가치의 연결 지점 찾기

이러한 노력을 바탕으로 2014년, 유니레버는 지속가능성을 위한 경영의 실천 프레임워크를 제시했는데 그 내용은 다음과 같다.

① 지속가능성을 위한 비즈니스 사례를 정의하기 위한 구조화된 접근법의 개발 및 파일럿 추진

비즈니스의 4가지 주요가치 동인(더 많은 성장, 더 낮은 비용, 위험 감소, 더 많은 신뢰)을 정량화하고 각 범주 및 기능 전반에 걸친 비즈니스 계획에 전략적 정보를 제공함으로써 ESG 경영의 목표를 달성할 수 있도록 하였다. 즉, USLP 등 지속가능성을 높이기 위한 활동이 실제 비즈니스에 어떤 도움을 주는지 정량화

해서 보여주는 것이다.

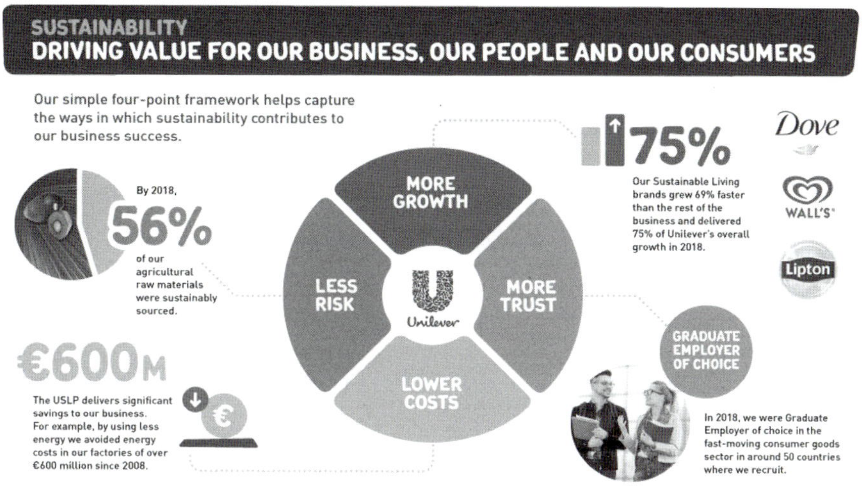

[그림 11-4] 비즈니스, 이해관계자, 고객을 위한 가치를 견인하는 지속가능성

출처: https://blog.naver.com/campsis/222163248857

② '지속가능한 생활브랜드'를 정의하는 방법론

이 프레임워크를 통해 브랜드의 사회적, 환경적 요인 전반에 걸친 현황을 체계적으로 파악할 수 있도록 하고 환경적, 사회적 목적을 전달하는 브랜드에 대한 구체적인 규정을 다음과 같이 제시했다.

- 2014년~2015년, 제품 중 하나 이상의 USLP 목표에 기여하고(지속가능한 소싱, 환경 영향 감소, 건강 및 위생 개선 등), 지속가능한 삶의 목표에 기초한 브랜드를 '지속가능한 생활 브랜드'로 내부 인증
- 첫 해에 11개 브랜드를 인증, 2019년 11월 기준, 총 28개의 브랜드를 '지속가능한 생활 브랜드'로 인증–유니레버 10대 브랜드 중 7개(Dove, Knorr, Omo/Persil, Rexona/Sure, Lipton, Hellmann's, Wall's ice cream)가 포함됨

이러한 목표를 달성하기 위해 유니레버는 USLP의 73개의 세부 과제별로 정량화된 목표를 설정하고 매년 모니터링하고 있다. 즉, 1995년부터 데이터를 축

적해오고 있으며, 축적된 데이터를 활용하여 제품 생산부터 소비까지 전 과정의 환경 영향 측정하고 유니레버 제품의 라이프사이클 전체에 걸쳐 온실가스 영향을 절반으로 줄이는 노력을 하고 있다.

위에서 살펴본 유니레버의 ESG 경영 목표와 전략이 집약된 자료가 바로 "The Unilever Compass"이다. 이 자료에서 유니레버는 "지속가능한 삶의 보편화(Sustainable Living Commonplace)"를 목표로 제시하고 비전으로서 "지속가능한 비즈니스의 글로벌 리더로서 성공적인 성과를 제공하는 것"을 천명하고 있다. 특히 유니레버는 이러한 목표와 비전의 성취를 위해 4가지의 실천 목표를 제시하고 다음과 같이 설정하고 있다.

- 차별화된 과학 및 기술을 통한 성과
- 지구 환경 개선
- 사람들의 건강, 자신감, 웰빙의 향상
- 더 공정하고 사회적으로 포용적인 세상 만들기에 기여

지금까지 유니레버의 ESG 경영에 대해 살펴보았다. 유니레버가 매우 종합적이고 치밀한 ESG 경영전략과 실천을 실행해 온 것을 알 수 있으며 ESG 경영에 모델을 수립하는 데 큰 도움이 될 수 있을 것이다. 하지만 이러한 유니레버조차 그동안 여러 가지 비판을 받았는데 그 대표적인 사례가 2019년 11월, 그린피스의 「불타는 집(Burning down the house)」 보고서가 밝힌 인도네시아의 열대우림 파괴 사건이다(Greenpeace, 2019). 이 보고서에 따르면 2019년 1월부터 9월까지 인도네시아 토지의 85.7만 헥타아르가 불에 탔으며, 영국의 연간 온실가스 배출량과 비슷한 양인 465메가톤이 방출됐다는 것이다. 이 산불은 종려유(팜유) 생산 등을 위해 의도적으로 방화된 것이었는데 유니레버, P&G, 네슬레, 몬덜레즈, 카길 등 식품회사들이 관여되어 있었다. 이 중에서 유니레버는 8,900개의 발화점, 20개 생산자 그룹과 연관되어 있었음이 드러났다. 이는 아무리 좋은 목

적과 실천을 통해 ESG 경영을 추진한다고 하더라도 지속가능한 경영이 쉽사리 달성되기 어렵다는 것을 보여주는 사례이며, 개별 기업, 국가를 넘어 글로벌 차원의 지속가능 경영을 위한 구조적 변화가 필요함을 다시 한번 상기시켜 준다.

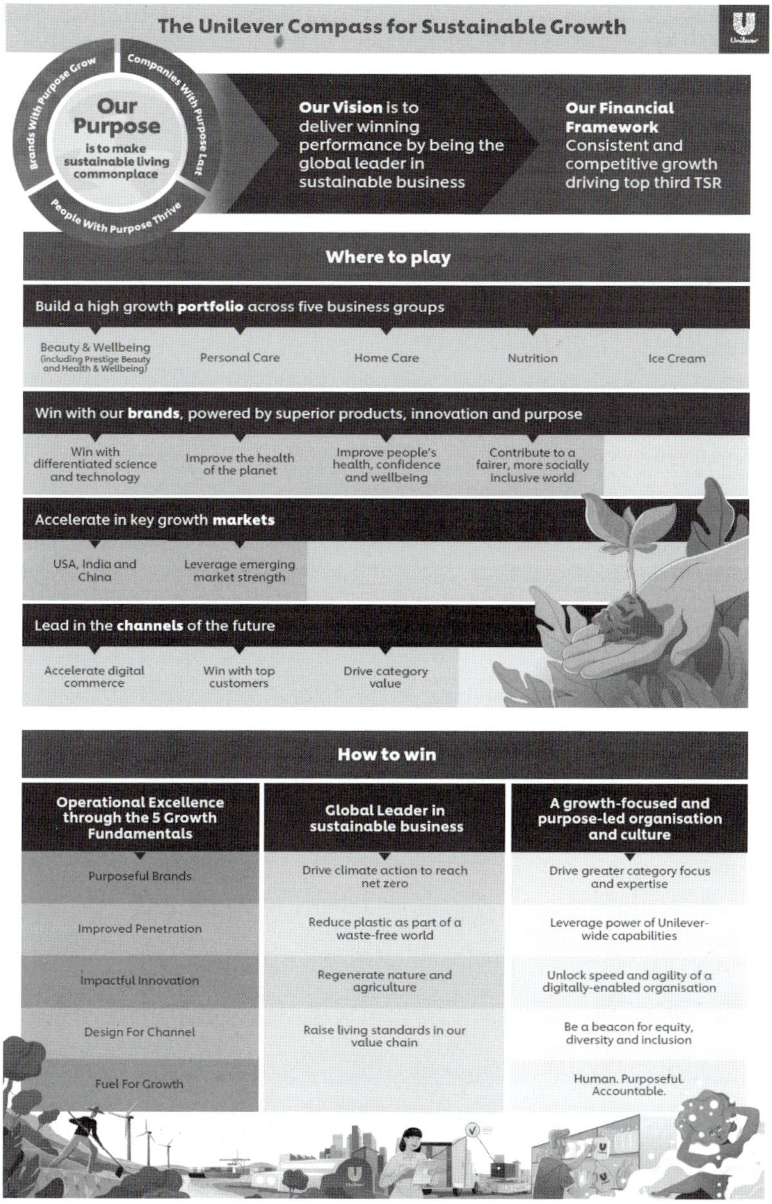

[그림 11-5] The Unilever Compass 2023

출처: https://www.unilever.com/files/8f9a3825-2101-411f-9a31-7e6f176393a4/the-unilever-compass.pdf

3 파타고니아의 ESG 경영

1) 파타고니아의 ESG 경영 성과

파타고니아는 캘리포니아에서 설립된 회사로 미국에서 노스페이스에 이어 아웃도어 의류부분 2위의 시장점유율을 차지하고 있다. 파타고니아는 특히 환경, 사회, 거버넌스(ESG) 실천의 리더로 널리 인정받고 있다. 1973년 등반가이자 환경운동가였던 이본 쉬나드(Yvon Chouinard)가 설립한 파타고니아는 "우리는 우리의 고향인 지구를 구하기 위해 사업을 합니다."라는 비전을 강조하고 있다. 지속적인 환경경영을 통해 파타고니아는 기업의 사회적 책임(CSR), 지속가능경영, 환경경영 분야에서 전 세계적으로 주목받고 있는 기업 중의 하나가 되었다. 예를 들어, 파타고니아는 2017년 1월에 개최된 다보스포럼에서 환경보존과 사회적 책임에서 모범적인 비즈니스 모델을 제시하는 선도적인 기업으로 선정된 바 있다.

파타고니아는 가치 사슬 전반에 걸쳐 다음과 같은 다양한 ESG 이니셔티브를 시행하고 있다(파타고니아 홈페이지, https://www.patagonia.com).

① 제품에 유기농 면, 재생 폴리에스테르, 대마, 양모 및 기타 천연 또는 재활용 소재를 사용

② 네오프렌을 대체하는 식물성 소재인 Yulex와 화학물질 사용을 줄이는 발수 코팅인 H2No와 같은 혁신적인 기술 개발

③ 생산 시설에 태양광 패널과 풍력 터빈과 같은 재생 에너지원을 투입하여 탄소 발자국 저감

④ 매출의 1% 또는 수익의 10%(둘 중 더 높은 금액)를 지구를 보호하는 풀뿌리 단체에 기부하여 환경보호 활동을 지원

⑤ "낡은 옷 프로그램"을 통해 고객이 제품을 수리, 재사용 또는 재활용하도록

장려

⑥ 공정 거래, 다양성 및 포용, 인권, 동물 복지 등과 같은 사회 정의 문제를 옹호

⑦ 높은 수준의 사회적, 환경적 성과를 충족하는 기업의 일종인 B 코퍼레이션 인증을 통해 투명하고 책임감 있는 거버넌스를 실천

한눈에도 파타고니아가 ESG의 전 부문을 아우르는 ESG 경영 프레임워크를 실행하고 있음을 알 수 있다.

파타고니아의 ESG 노력은 충성도 높은 고객 기반과 탄탄한 평판을 얻었을 뿐만 아니라 탄탄한 재무 성과도 달성한 것으로 나타났다(Patagonia, 2022). 파타고니아는 2011년부터 본사, 유통 센터, 소매점에 태양광 패널을 설치하여 2,000만kWh 이상의 전력을 절약한 것으로 알려졌으며 2019년에 네바다주 리노에 위치한 수선 센터에서 45,329벌의 의류를 수선하여 174톤 이상의 폐기물을 줄였다. 파타고니아는 공정무역 인증을 2014년 10개에서 2019년 480개로 늘려 전 세계 공장에서 일하는 75,000명 이상의 근로자에게 혜택을 제공했고 벤처 캐피털 펀드인 틴 셰드 벤처스를 통해 환경 및 사회적 가치를 공유하는 200개 이상의 기업에 1억 1,000만 달러 이상을 투자하는 등 사회 공헌에도 앞장서왔다.

파타고니아의 ESG 경영을 기업의 사회적 책임(CSR)과 환경경영에 초점을 맞춰 살펴보기로 하자.

2) 파타고니아의 CSR 및 환경경영

(1) CSR 경영

창업자인 이본 쉬나드는 "최상의 제품을 만들고, 자연과 환경에 불필요한 해악을 끼치지 말 것이며, 비즈니스를 통해 환경위기에 대한 해결방안을 제시하고 실천한다."라고 선언하고 제조생산에 CSR 관점을 결합하기 위해 협력업체를 선

정 · 유지하는 기준에 '사회'와 '환경'을 추가했다. 이에 따라 생산 협력업체는 일반적인 비즈니스 관점의 기업경영, 품질뿐만 아니라 사회, 환경조건도 갖추어야 하며, 파타고니아는 매년 정기적으로 생산 협력업체에 사회환경책임팀을 보내 생산 환경을 직접 확인하고 있다. ESG 기준에 기반한 공급망 실사를 자체적으로 시행해 온 셈이다. 특히 파타고니아는 협력업체를 선정하고 유지하는 기준에 근로자들에게 최저임금이 아닌 생활임금(Living Wage)[1]을 보장하는 것을 포함시켜 적극적으로 노동자의 권리를 보장하고 있다.

(2) 환경경영

파타고니아의 환경경영은 종합적이고 구체적인 체제와 실천으로 유명한데 그 내용은 다음과 같다.

① 친환경 생산체제

파타고니아는 생산 공정에 사용되는 용수와 폐수를 줄이는 노력을 기울여왔다. 예를 들어, 파타고니아의 협력업체 스위스텍스는 자체적으로 용수 절약 생산관리시스템을 개발하여 염색공정에 용수사용을 50% 절감하고 폐수의 열도 재활용하고 있다. 또한 2011년부터 모든 생산협력 업체가 완벽한 폐수정화시스템을 갖추고 상시 가동할 수 있도록 기준을 구체화하고 이를 실행하도록 지속적인 관리와 감독을 실시하고 있다.

② 환경보호 캠페인

파타고니아는 광고비 대부분을 제품 판매를 위한 상업광고가 아니라 3~4년 단위로 진행하는 환경보호 공익 캠페인에 사용하고 있다. 그동안의 공익 캠페인으로 유명한 것으로는 1970년대 요세미티 암벽을 손상하지 말자는 캠페인, 유전자 변형 식품 도입 반대, 야생 연어 보존, 오래된 댐을 철거하여 산란지로 회

---

1) 생활임금: 근로자들의 주거비, 교육비, 문화비 등을 종합적으로 고려해 최소한의 인간다운 삶을 유지할 수 있을 정도의 임금수준으로서 통상 법정최저임금보다 평균적으로 10~15% 높은 수준

귀하는 어류의 이동을 원활하게 하자는 캠페인 등이 있다.

③ 파타고니아 환경 마케팅: "Don't buy this jacket."

파타고니아를 유명하게 만든 것이 바로 환경 마케팅인 "이 재킷을 사지 마세요!"일 것이다. 이 광고는 파타고니아의 공동자원활용(Common Threads Initiative) 캠페인을 내세우며 5R운동을 주창하여 큰 호응을 얻었다. 5R운동은 고객이 구매하여 입던 옷을 재사용, 재활용하는 것을 말하는데 구체적으로 아래와 같은 5R을 파타고니아가 선도하겠다는 것이다.

출처: patagonia.com

- Repair(고쳐서 입기): 파타고니아는 소비자들이 옷에 문제가 생겼을 경우 고쳐 입기가 편하도록 처음부터 제품을 설계하고 수선 서비스를 제공
- Reuse(재사용): 파타고니아는 소비자들이 사용하지 않는 제품이 있다면, 그 제품의 계속 쓰일 수 있도록 필요한 사람에게 주거나 판매할 수 있도록 함
- Recycle(재활용): 고칠 수도 누군가에게 줄 수도 없는 상황이라면 재활용
- Reduce(절약): 소비를 줄이는 것
- Reimagine(재상상): 지속가능한 세상을 다시 상상하기

5R운동의 일환으로 파타고니아는 "원 웨어(Worn Wear)" 고객 서비스를 제공

하고 있다. "원 웨어(Worn Wear)"는 판매한 옷의 평생 보증을 약속하고 모든 제품에 철갑보증서(Ironclad Guarantee) 라벨을 붙인다. 이 철갑보증서에는 구입 시기와 상관없이 사용 도중 불만족스럽거나 기능상의 문제가 있으면 구매한 곳이나 본사로 보내면 수선, 대체, 환불이 가능하며 또한 오래 사용하여 마모된 것은 실비로 고쳐준다고 명시되어 있다. 환경과 마케팅 효과를 함께 고려한 아이디어로서 큰 반응을 얻은 것으로 유명하다.

원웨어란?

브랜드를 막론하고 어떤 의류 제품이든 무상으로 수선해주는 원웨어(Worn Wear)는 새 옷을 구매하기보단 기존 옷을 수선해 오래 입는 것을 권장하는 파타고니아의 대표적인 캠페인입니다.

옷을 수선해 입는다는 게 익숙하지 않으신가요?

파타고니아는 수선을 "낡거나 헌 물건을 고친다"라는 사전적 의미를 넘어 지구를 위한 급진적인 환경 운동으로 바라봅니다. 수선하여 오래 입는 것은 익숙하지 않은 일이지만 우리의 터전인 지구를 위한 멋지고 위대한 일입니다.

출처: https://www.patagonia.co.kr/wornwear/about

④ 파타고니아 발자국(Patagonia Footprint)

파타고니아는 자체 개발한 이력추적제를 통해 파타고니아의 공급망을 투명하게 제시하고 있다. 즉, 제품정보와 함께 제품 생산에 관여하는 주요공급업자를 온라인에 공개하고 있는 것이다. 공급망 전체에 대한 정보를 제공함으로써 파타고니아의 ESG 경영을 투명하게 공개한다는 원칙을 실천하고 있는 것으로 볼 수 있다.

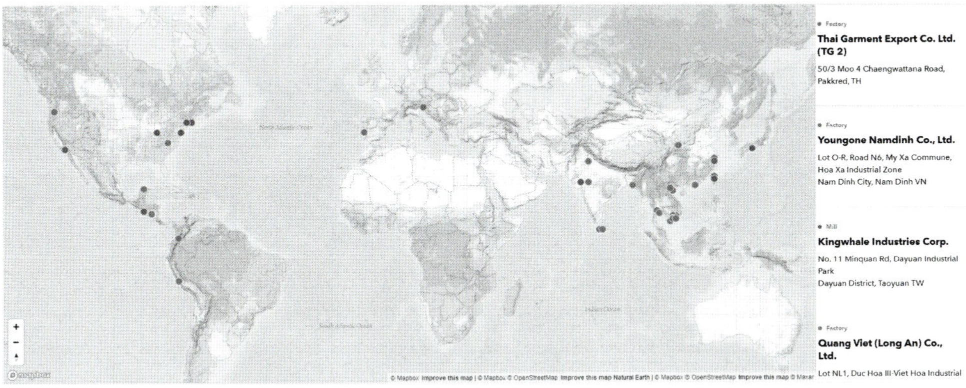

[그림 11-6] 파타고니아 발자국: 생산지 정보

출처: https://www.patagonia.com/factories-farms-mills

(3) 의류산업의 문제점

파타고나아의 사례를 통해 ESG 경영의 방향과 전략에 관한 많은 아이디어를 얻을 수 있다. 하지만 세계적 차원에서 보면, 의류산업의 문제가 여전히 심각하며 파타고니아도 여기에서 벗어날 수는 없는 것이 현실이다. 의류산업은 여전히 목화 생산을 비롯해 생산과정에서 발생하는 고질적인 환경오염 문제를 안고 있다. 특히 패스트패션(fast fashion) 산업은 최신 트렌드를 즉각 반영해 대량생산하고 유행이 끝나면 바로 폐기하는 시스템으로 저렴한 가격, 빠른 생산·유통이 특징인데, 옷을 대량생산, 폐기하는 과정에서 대량의 에너지, 용수, 화학약품, 살충제 등의 사용에 따른 온실가스 및 수질오염, 폐기물, 해양 미세플라스틱 등의 환경문제를 대량으로 발생시킨다. 섬유 패션산업은 전 세계 온실가스 배출량의 6~10%, 해양 미세플라스틱 배출량의 20~35%, 그리고 살충제 사용량의 10~25%를 차지하는 등 환경오염 물질을 대량으로 발생시키는 것이다(투데이신문, 2021. 12. 14.).

이에 더하여 대부분의 의류 생산이 제3세계의 OEM 의류생산업체에서 이루어지는 까닭에 노동환경 악화, 아동노동, 안전사고 등의 문제가 매우 심각하다. 파타고니아의 모델이 더욱 발전, 확산되어야 하고 ESG 평가에서 공급망 실사가 더 큰 비중으로 반영되어야 할 것이다. 나아가 의류 소비문화의 변화를 위한 모든 이해관계자의 노력이 필요하다.

12
CHAPTER

공공기관 경영 사례

국내 공공기관의 ESG 경영 사례에 대해 알아본다. 위탁집행형 준정부기관인 대한무역투자진흥공사, 한국가스안전공사 및 기금관리형 준정부기관인 한국자산관리공사 등의 ESG 우수 사례를 살펴본다.

1 「위탁집행형 준정부기관」 ESG 우수 사례

1) 대한무역투자진흥공사[1)]

(1) ESG 경영 추진조직

지속가능경영위원회, 사무국, 지속가능경영 외부자문단 및 4개 분과(일자리, 상생협력, 윤리경영, 안전·환경)으로 구성되어 있다([그림 12-1] 참조).

(2) ESG 경영 전략체계

KOTRA는 국내외 ESG 기준의 모범적인 실천(Integrity)과 ESG 경영 내재화를 위한 혁신(Innovation)을 선도적으로 추진하고 있다. 또한 그린산업, 국제사회, 우리 기업에 긍정적 영향(Influence)을 창출하고 있다. ESG 경영전략에 포함된 3I(Integrity, Innovation, Influence)는 글로벌 ESG 플랫폼이 되겠다는 KOTRA의 철학과 KOTRA ESG의 정체성을 담고 있다([그림 12-2] 참조).

1) 2021 KOTRA 지속가능경영보고서

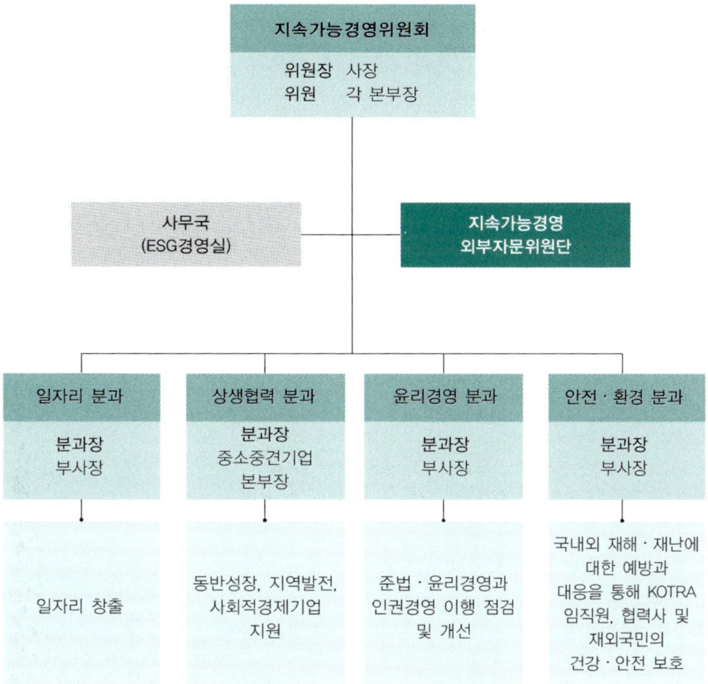

[그림 12-1] KOTRA ESG 경영 추진조직

출처:2021 KOTRA 지속가능경영보고서

[그림 12-2] KOTRA ESG 경영전략체계

(3) E. 친환경 경영체계 구축 및 실천

KOTRA는 우리 정부의 기후위기 대응 노력에 동참하여 2050년까지 기관 사용 전력량을 100% 재생에너지원으로 충당하는 「K-RE100」에 선제적으로 가입하였고. 이를 체계적으로 달성하기 위해 환경경영 전략과 목표를 수립하여 친환경 프로그램을 확대하고, 외부 검증을 통해 실효성 있는 친환경경영을 이행하고 있다.

- 목표: 2025년까지 온실가스 배출 50% 감축
  2050년까지 신재생에너지 100% 사용
- ISO 14001(환경경영체제) 인증 취득(2022년 6월)
- 전 직원의 ESG 역량 강화: 역량평가에 ESG 관점을 반영한 「KOTRA형 역량모델」을 통해 친환경경영 실천을 위한 직원들의 자발적 노력을 촉진하고 있다. 해외무역관장 역량평가, 반기별 역량평가 등에 ESG 관점을 포함하였으며, 지속적으로 평가과제를 개선하여 ESG 경영을 내재화하고 있다.
- 친환경 교육: 내부 구성원으로 TF를 구성하고 외부 강사를 초청하여 기후위기·탄소중립·온실가스 감축사업에 대한 친환경 교육을 시행하고 있으며, 모든 임직원이 기후변화와 탄소중립의 중요성과 심각성을 인식하고 함께 친환경 경영을 실천하기 위해 노력하고 있다.
- 친환경 중심 업무 혁신
  ① 기관 차원의 노력 추진
  ② 구성원 실천 확대
  ③ 효율적인 에너지 절약활동
- 그린산업 글로벌화 확대
  ① 온실가스 국제감축 기반조성사업
  ② 정부의 온실가스 국제감축 노력 지원
  ③ 친환경 분야 기업의 글로벌 시장 진출 기회 확대

- 글로벌 파트너십 확대: 우리 친환경 기업의 글로벌 밸류체인(GVC) 진입을 적극적으로 지원하고 있으며. 그린에너지, 수소, 전기차 등 탄소중립 분야별로 유망 협력 대상을 발굴하고, 각 분야별 글로벌 파트너십을 확장 및 지원하여 우리 기업의 글로벌 시장 진출 기회를 창출하고 있다.
- 그린 프로젝트 수주 지원: 설비와 토목 플랜트 건설 분야에 집중되었던 해외 프로젝트 수주 지원 사업을 친환경·그린 프로젝트 위주로 재편하고, 그린 프로젝트 발굴을 강화하고 기존 전력·발전 사업을 친환경적으로 전환하여 그린프로젝트 122건 발굴, 국내기업 151개사 지원, 수주액 3.1억 달러를 달성하였다.

(4) S. 인권·안전경영 내재화

근무환경 혁신과 채용제도 선진화를 통해 다양성과 인권·안전을 존중하는 사내 문화를 확산하고 있다. 또한 사각지대 없는 재난·안전관리 시스템을 통해 임직원뿐 아니라 우리 국민의 안전 보호에 최선을 다하고 있다.

- 대한민국 무역·투자 전문가 양성
- 스스로 배우고 성장하는 교육 시스템
  - 구성원들의 니즈에 따라 스스로 배우고 성장하는 교육을 지향하며, 개인의 성장욕구와 역량을 진단하고 이에 따른 맞춤형 교육을 제공하여 구성원이 자신의 역량을 적극적으로 개발하고 자아를 실현할 수 있도록 지원하고 있다.
  - 교육부와 인사혁신처로부터 2020년 '인적자원개발 우수기관(Best HRD)'으로 선정되었다.
- 일과 삶의 균형
  - 일·가정 양립 전략을 수립하고, 육아휴직제도, 자녀돌봄휴가제도 등을 비롯한 유연근무제도와 가정친화제도를 활성화하여 구성원들의 만족도를 높이기 위해 노력하고 있다.

- 2019년 '근로복지공단 가족친화기관 특별상' 수상, 2021년 '여성가족부 가족친화인증' 재인증 심사 9년 연속 인증 취득, 복지후생제도 직원만족도 역대 최고치(4.45/5점) 등의 성과를 달성하였다.

• 선진적 노사문화 확대

- 노사가 함께 경영 파트너이자 동반자로서의 역할을 제고하기 위해 노력하고 있다.
- 상호신뢰와 협력에 기반하여 노사협의체, 노사워킹그룹 등을 통한 소통채널을 강화하고 근로자 이사회 참관제를 운영하여 근로자의 경영참여를 확대해 나가고 있다.
- 2021년 한국경영인증원으로부터 '노사관계 우수기업 인증'을 획득했다.

• 다양성과 형평성을 지향하는 채용문화

- 다양성과 형평성에 기반한 채용문화를 지향하여. 청년고용을 창출하고 고졸자·장애인·국가유공자 및 지역인재를 적극적으로 채용하여 사회적 다양성을 포용하고 있다.
- 2021년에는 인사혁신처로부터 '균형인사 우수기관'으로 선정되었으며, 정부의 청년고용 부여목표(3%)를 90% 이상 초과 달성하여 청년 일자리 창출에 적극적으로 공헌하였다.
- 지역인재 채용 비중도 2021년 역대 최대치를 달성했다.

• 여성 리더십 확대

- 여성 인재가 자신의 역량을 마음껏 펼칠 수 있는 근무환경을 만들기 위해 노력하고 있다.
- 블라인드 채용과 경력단절여성 가점제도(공무직)를 실시하여 여성 신규채용을 확대하고, 일·가정양립지원 제도를 통해 경력단절을 예방하고 있다.
- 2021년 여성 고용비율과 여성관리자 비율 모두 역대 최대치를 달성하였으며, 위탁집행형 준정부기관의 평균치를 상회하는 여성 고용비율을 달성했다.

• 인권존중의 조직문화

- UN 인권기본헌장 등 국제기준 및 규범을 지지하고 준수하며 이를 기본원

칙으로 삼아 인권침해를 예방·구제하고 있다.

- 임직원의 인권의식 수준을 개선하고 전사적 윤리개선 과제를 집중적으로 수행하여 인권존중의 조직문화를 만들고 있다.

• 국민과 직원의 안전을 위한 안전관리 시스템 운영

- 사각지대 없는 재난·안전관리 시스템을 운영하여 산업재해와 안전사고를 선제적으로 예방하기 위해 노력하고 있으며, 지난 3년간 산업재해와 안전사고 Zero를 달성하였다.
- 2020년 제46회 국가품질경영대회에서 국민안전 서비스 부문 '행정안전부 장관상'을 수상하였고 2021년에는 '안전보건경영시스템(KOSHA-MS) 인증'을 획득하였다.

• 민첩한 재난대응체계 운영

- 위기·재난 상황에 민첩하고 효율적으로 대응하기 위해 체계적인 재난대응체계를 운영하고 있다.
- 중점 관리대상 재난유형을 선정하고 재난단계에 따른 대응 시스템을 구축하여 코로나 19, 내전, 쿠데타, 자연재해 등의 재난위기로부터 국민의 생명과 재산을 보호하고 있다.

• 재외국민의 안전보호

- 광범위한 해외 인프라를 적극 활용하여 재외국민의 안전을 보호하기 위해 노력하고 있다.
- 현지 공관, 한인회 등과 공조하여 안전관리 채널을 구축하고 자체적인 교민 비상연락망을 운영하고 있으며, 교육훈련, 구호물품 지원 등의 활동을 통해 재외국민 안전 관리의 구심점 역할을 수행하고 있다.

• 동반성장과 지역사회 기여 확대

① 대·중소기업 동반성장 지원

② 사회적 약자 기업 ESG 지원 강화

③ K-스튜디오를 활용한 디지털 소외기업 지원

④ 온라인 상설전시관 활용 및 온라인 전시 참가 지원

⑤ 공정경제 확산

⑥ 지역경제 활성화

(5) G. ESG 중심의사결정 체계 고도화

• 이사회 구성 다양화

– 이사회는 경영과제 및 성과지표에 대해 심의 및 의결하는 최고 의사결정 기구로서, 현재 상임이사 5명, 비상임이사 7명, 상임감사 1명으로 구성되어 있다.

– KOTRA는 기관의 운영 및 경영관리에 대한 경험을 보유한 국제통상·기업·외교·법률 등 다양한 분야의 전문가들로 이사회를 구성하고 있으며, 여성 비상임이사 1인을 선임하여 이사회의 다양성을 확보하기 위한 노력을 지속하고 있다.

• 이사회 운영 활성화

– 비상임이사에 대한 업무 보고 방식을 개선하여 기관 경영 및 사업 이해도를 높이고, 사전질의제를 확대하여 충분한 안건 검토시간을 이사회에 제공하고 있다.

– 투명한 이사회 운영을 위해 근로참관제를 확대 시행하고 있으며 공공기관 통합 시스템인 알리오를 통해 이사회 회의록을 공개하고 있다.

• 윤리경영체계 구축: 기관 내 산재된 윤리경영 관리체계를 통합·보강하여 이행기반을 강화하였으며. 윤리경영 이행점검체계 도입, 해외윤리 전담조직 신설, 청렴지킴이 지정 등의 개선을 통해 실천하는 윤리조직을 만들어 나가고 있다.

• 윤리문화 정착: 전방위적 윤리·청렴위반 예방활동을 통해 구성원의 윤리의식을 제고하고 있으며. 실천서약·점검·연극·토론 등 다양한 사내 프로그램을 통해 구성원들이 직접 참여하는 기회를 확대하여 전사 차원에서 윤리문화를 내재화하고 있다.

- 데이터 개방과 국민소통 강화: 전사적 디지털 전환을 통해 데이터 및 플랫폼의 활용을 제고하고, 사업 운영과정에서의 이해관계자 참여와 소통을 확대하여 기관 운영과 서비스의 투명성·접근성을 높이고 있다.
- 체계적인 경영공시: 경영의 투명성을 확보하고 국민의 알 권리를 보호하기 위해 내·외부 검증을 강화한 경영공시 관리계획을 수립하였고, 부서 내 3중 점검과 노무법인의 상시 검증을 활용하여 실효성을 강화하고, 관련된 교육·평가 대상을 확대하여 공시의 정확성을 제고했다.
- 고품질 데이터 제공
  - 홈페이지, 공공데이터 포털 등을 통해 무역투자 데이터 112종을 국민에게 개방하고, '해외경제정보드림' 플랫폼을 활용하여 수요자 맞춤형 정보를 제공하고 있다.
  - 2021년 행정안전부 '공공데이터 제공 운영실태 및 품질관리 우수 등급'을 달성했다.
- 정보보안 전략체계
  - 정보보안 전략체계를 마련하여 개인정보 관리와 사이버 위기 대응에 만전을 기울이고 있다.
  - '국제표준 정보보안경영시스템(ISO 27001)' 인증을 획득한 후 정보보안 '적격'을 유지하고 있으며, 개인정보보호위원회 개인정보 관리수준에서도 최고등급(양호)을 달성했다.
- 이해관계자 소통 활성화
  - 국민, 고객, 유관기관 등 다양한 외부 이해관계자와의 소통 확대를 위한 노력을 계속해 나가고 있다.
  - 협의회, 간담회, 설문조사 등 기존의 오프라인 소통 채널과 더불어, 다양한 온라인·디지털 채널을 활성화하여 단절 없는 소통을 강화해 나가고자 하며, 2021년 대한민국 SNS 대상 공공부문에서 '과학기술정보통신부 장관상'을 수상했다.

(6) 글로벌 ESG 대응지원 강화

- ESG 대응 지원 체계: 중소·중견기업의 ESG 관련 이슈 대응을 보다 체계적으로 지원하기 위해 2021년 9월 「KOTRA ESG 경영 추진계획」을 수립하고 전사적인 지원체계를 마련하였다.
- ESG 정보조사 및 전파(트렌드 및 사례 심층조사, 기획속보 생산, ESG 전파)를 하고 있다.
- ESG 헬프데스크 운영을 통한 상담 제공, ESG 컨설팅 제공, 교육·전파 프로그램 운영을 통해 중소·중견기업의 ESG 대응역량을 강화하고 있다.
- 국내외 협업 네트워크을 구축하고 있다.
- 소부장 기업 GVC 진출 지원, ESG 우수 소비재 기업 GVC 진출 지원, 소셜·스타트업 해외실증 지원 등을 통해 우리 기업의 GVC 진출을 지원하고 있다.

2) 한국가스안전공사[2)]

(1) ESG 추진조직도

ESG 경영위원회와 3개분과(환경, 사회, 지배구조) 및 ESG 경영실무협의체를 운영하고 있다.

ESG 비전: 가스안전에 환경과 사람의 가치를 더하는 국민의 기관

2) 출처:한국가스안전공사 홈페이지(검색일:2023.12.14.)

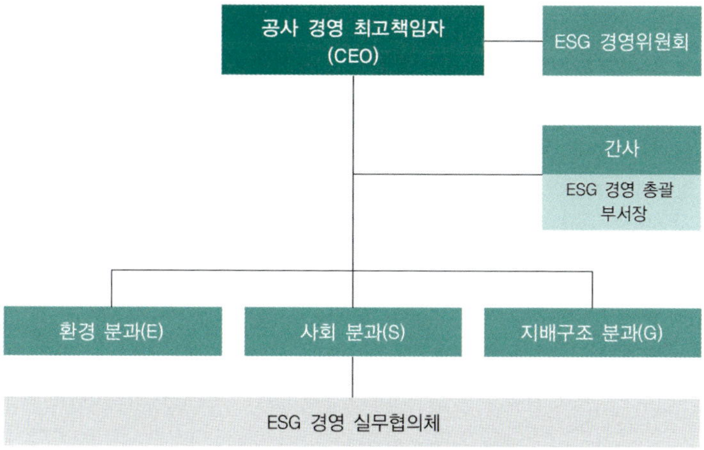

[그림 12-3] 한국가스안전공사 ESG 추진조직도

(2) ESG 경영 가이드라인 제정

- 구성: 4개 영역, 총 63개 항목
  - K-ESG(38개)
  - 정부경영평가(14개)
  - 한국 ESG기준원(10개)
  - 동반성장평가(1개)

- 평가유형
  - 단계형 44개(정성/정량 기준에 따라 3~5단계 설정)
  - 선택형 16개(해당 항목 수 충족)
  - 감점형 3개(해당 항목 수 감점)

- 배점기준
  - 각 항목당 최고점 100점(최저 0점)

  ※ 감점형 최소 -10점, 최대 -50점

(3) 성과관리 및 공유

추진조직은 기획조정실에서 ESG총괄관리를 하고, 이사회내 ESG 경영위원회를 운영하며, 성과관리는 반기단위로 성과점검회의를 개최하고 내부평가 ESG 지표 반영 및 확인절차를 수행하고, ESG 성과대회 개최 및 결과를 공유하고 ESG 포함 지속가능경영보고서를 발간한다.

추진조직	성과관리	공유 및 확산
• ESG 총괄관리(기획조정실) • 이사회 내 ESG 경영위원회	• 성과점검회의(반기) • 내부평가 ESG 지표 반영 및 확대	• ESG 성과대회 개최 및 결과 공유 • ESG 포함 지속가능경영 보고서 발간

2 「기금관리형 준정부기관」 한국자산관리공사[3)]

캠코는 새정부 국정과제를 반영하여 ESG 경영 전략을 고도화하였다. ESG 경영 목표를 'ESG기반의 지속가능한 공공서비스 플랫폼 전환'으로 설정하고, 이를 위해 저탄소·친환경 공공자산(E), 사회책임경영과(S), 청렴하고 투명한 조직(G)의 3대 추진방향, 15개 세부과제를 추진하였다.

2년 연속 대한민국 ESG 경영 대상, 한국 ESG혁신정책 최우수상 수상, UNGC주관 ESG 멘토 선정 등 가시적 성과를 창출하며 공공부문의 ESG 경영을 선도해 오고 있다.

3) 한국자산관리공사(2023), 2022년 ESG 경영 이행보고서

1) ESG 경영 전략

(1) 캠코형 ESG 경영전략 체계도

캠코는 글로벌 국제기준과 새정부 국정과제 등 대내외 환경변화 내용을 반영하여 캠코형 ESG 경영전략을 고도화하였으며, 핵심 성과지표를 중심으로 2030년까지의 중장기 목표를 설정 및 제시하였다.

[그림 12-4] 캠코 ESG 추진목표

출처: 한국자산관리공사(2023), 2022년 ESG 경영 이행보고서

〈추진목표〉 ESG기반의 지속가능한 공공서비스 플랫폼 전환

〈성과목표〉 2030년까지 캠코 ESG지수 100 달성으로 ESG 경영 선도

① 탄소중립

- 온실가스 감축률 50%
- 친환경 투자·지원 연간 2,000억 원 이상

② 상생협력
- 동반성장평가 최우수
- 중대재해 'ZERO'

③ 반부패 · 청렴
- 종합청렴도 1등급
- 정보공개 종합평가 '최우수'

〈추진방향 및 세부과제〉

① 저탄소 · 친환경 공공자산(E)
- 도시 저탄소화를 위한 친환경 공공건축 확대
- 제로웨이스트, 업싸이클링 등 친환경 기업문화 조성
- 2040 RE100, 2030 EV100 실현으로 탄소중립 가속화

② 사회책임경영(S)
- 코로나19 피해 소상공인 · 자영업자의 새출발 지원
- 동반성장을 위한 상생 · 협력 프로그램 강화
- 지속가능한 안전 · 인권 · 정보보호 중심경영 추진
- 지역사회 문제 해결을 위한 사회공헌활동 지속
- 일 · 가정 양립 지원, 역량개발 등 안정적 인재경영

③ 청렴하고 투명한 조직(G)
- 청렴 윤리 경영을 통한 대국민 신뢰 제고
- 이해충돌방지를 위한 제도적 기반 구축 및 예방적 관리 강화
- 국민 참여 활성화로 투명 캠코 실현
- 이사회 운영 활성화 및 역할 강화

〈공통과제〉

- 캠코형 ESG 가이드라인 이행 강화 및 지속적인 고도화
- ESG 정보 공개 확대를 통한 기관 운영 투명성 제고
- 자회사, 협력회사, 중소기업, 해운사 ESG 경영지원

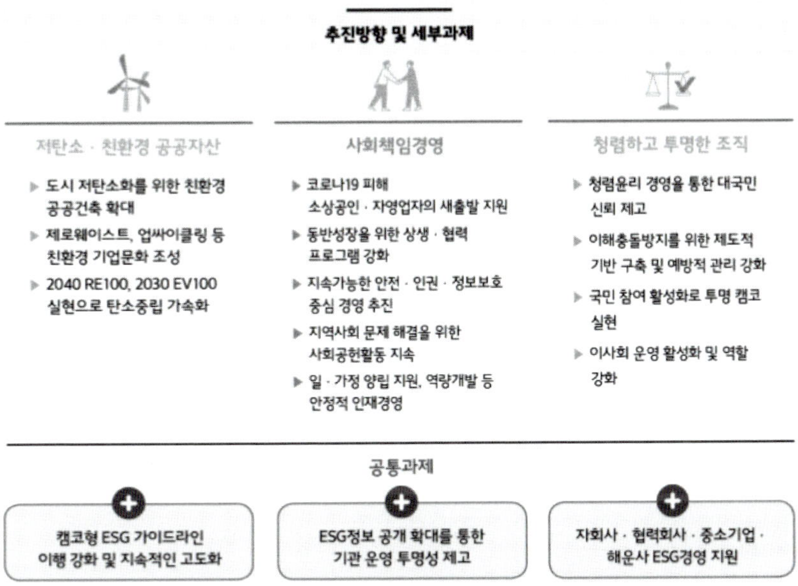

[그림 12-5] 캠코 추진방향 및 세부계획

출처: 한국자산관리공사(2023), 2022년 ESG 경영 이행보고서

(2) 캠코 ESG 경영지수 모델

캠코는 기관 고유 특성을 반영하여 맞춤형 ESG지수를 운영하는데, 전문기관 평가지수인 'ESG-K'와 캠코 ESG 경영전략 15개 추진과제별 31개 KPI로 구성된 실행지수인 'ESG-S'로 구분하고 있으며, 이를 결합한 'ESG-KS' 종합지수를 산출함으로써 연간 ESG 경영의 성과를 체계적으로 측정·관리하고 있다.

(3) 캠코 ESG 경영 가이드라인

캠코는 국제기준과 정부정책에 부응하기 위해 기업지원, 공공개발, 국유증권 관리 등 주요사업 전반의 '캠코형 ESG가이드라인 1.0'을 신속히 도입하였다.

그린 공공개발, S&LB·회생기업 지원 심사 시 ESG기준 적용, ESG중심 국세물납법인 관리 등을 주요 골자로 하여, 이를 통해 사회적 책임투자 기반을 마련하였고, 이후 ESG 가이드라인 항목을 대폭 확대한 '캠코형 ESG가이드라인 2.0'으로 고도화하여 운영하고 있다.

2) ESG 경영 거버넌스

(1) ESG 경영위원회 구성 및 운영

캠코는 2021년부터 ESG 경영의 추진동력 확보를 위해 대표이사인 사장을 위원장으로 하는 ESG 경영위원회를 구성·운영해 오고 있다. ESG 경영위원회는 공사의 ESG관련 주요 현안과 이슈를 검토하고, ESG 경영전략 및 계획 수립의 자문·심의 및 ESG 경영 전반의 방향성 점검과 이에 따른 성과와 문제점을 관리·감독하는 역할을 수행하고 있다. 캠코의 ESG 경영위원회는 대내외 환경변화 요인과 객관성, 독립성을 담보하기 위해 상임이사, 비상임이사, 외부전문가로 구성되어 있다.

(2) ESG 경영 수준 진단

ESG 경영 수준진단을 위해 국가기술표준원에서 개발한 IS026000 자가진단 체크리스트를 활용하여 진단 체크리스트에 따라 ESG 경영 프로세스와 7대 핵심 주제별 성과를 진단하고, 본사 및 지역본부 전 직원을 대상으로 조사를 진행하였다.

조사방법은 구조화된 설문지를 통해 인터넷 또는 모바일로 실시하였으며, ESG 경영 프로세스, 환경, 인권, 노동관행, 공정운영 관행, 고객이슈, 지역사회 참여와 발전, 조직 거버넌스 등 IS026000 주제에 따라 설문지를 구성하였다.

① 프로세스 부문

- IS026000에서 제시하는 기관의 ESG 경영 체계 구축 목적으로 프로세스인식, 참여, 분석, 전략, 실행, 의사소통, 검증, 개선을 바탕으로 진단

- 기관의 기존 경영시스템이나 체계 안에서 통합하고, 지속적 개선을 통해 사회적 책임 체계 구축 가능

② 성과 부문

- IS026000의 7대 핵심 주제환경/인권/노동관행/공정운영관행/고객이슈/지역사회 참여와 발전/조직 거버넌스에 대한 기관의 성과 수준 진단
- 7대 핵심주제와 37개 쟁점, 쟁점별 관련 활동과 기대에 사용된 개념과 용어에 대한 기관 이해력 제고
- 기관의 자발적 실천 여부를 평가

〈프로세스부문 진단결과〉

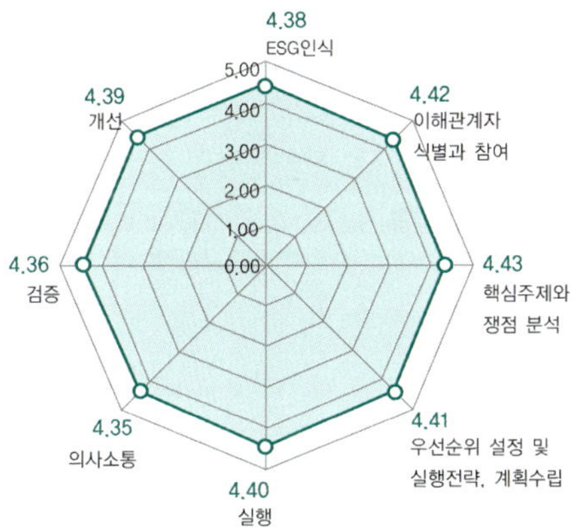

단계	주요내용	배점	진단점수	환산점수	
				'22	'21
1단계	ESG 인식	50	43.8	4.38	4.46
2단계	이해관계자 식별과 참여	60	53	4.42	4.4
3단계	핵심주제와 쟁점 분석	30	26.6	4.43	4.4
4단계	우선순위 설정 및 실행전략· 계획 수립	60	52.9	4.41	4.37
5단계	실행	40	35.2	4.4	4.37
6단계	의사소통	40	34.8	4.35	4.31
7단계	검증	30	26.1	4.36	4.31
8단계	개선	50	43.8	4.39	4.34
합계		360	316.1	4.39	4.37

〈성과부문 진단결과〉

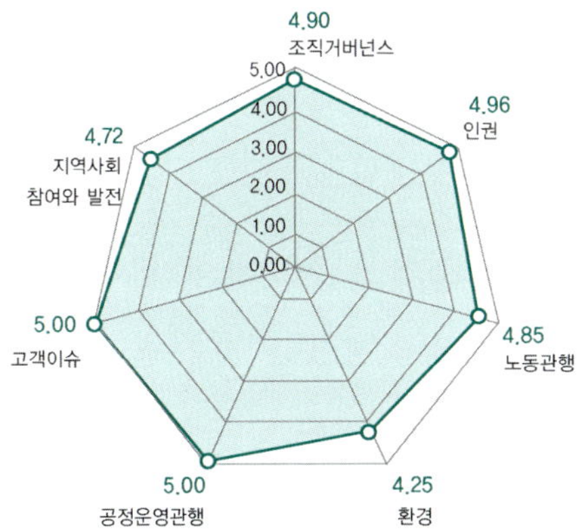

핵심주제	배점	진단점수	환산점수	
			'22	'21
환경	140	120	4.25	4.39
인권	116	114	4.96	4.91
노동관행	128	125.6	4.85	5
공정운영관행	76	76	5	5
지역사회 참여와 발전	64	59.7	4.72	4.72
고객이슈	96	96	5	5
조직거버넌스	20	19.5	4.9	4.9
합계	640	610.8	4.81	4.85

[그림 12-6] 캠코 ESG 경영수준 진단

출처: 한국자산관리공사(2023), 2022년 ESG 경영 이행보고서

(3) 이해관계자 참여

핵심 사업 중심의 소통체계 재편으로 소통 역량을 집중하여, 기존 가치사슬(가치수요, 가치나눔, 가치영향, 가치협력, 가치창출)에 의한 의사소통 체계에서 가계, 기업, 국유, 공공 등 본업(業) 중심의 국민친화적 소통체계를 구축하였다.

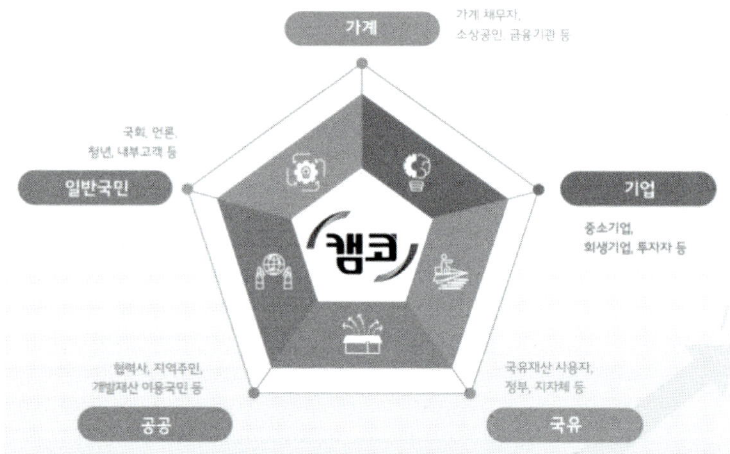

[그림 12-7] 캠코 소통체계

출처: 한국자산관리공사(2023), 2022년 ESG 경영 이행보고서

- 이해관계자와 함께하는 ESG 참여 활동
  ① 캠코의 따뜻한 선물
  ② 희망나눔 캠코버스
  ③ '힘내라! 청년 청백전' 라디오 수기 공모전 개최
  ④ 희망울림 콘서트 시즌4 개최
  ⑤ 유엔과 손잡고 'ESG 경영 멘토' 선정
  ⑥ 60일 걸음기부 캠페인
  ⑦ ESG 청년 서포터즈 운영
  ⑧ 캠코 전기차 충전소 설치 · 개방

(4) 중대성 평가

- 중대성 평가 프로세스
  - 캠코는 국제 가이드라인 Global Reporting Initiative에서 권고하는 중대성 평가 방법을 적용하여 경영 전반에서 주요하게 고려하고 관리해 야 하는 중대 이슈를 선정하였다.
  - 미디어 조사, 벤치마킹, 글로벌 표준 분석, 내부 정책 등을 분석하여 관련 이슈를 파악하고, 중대 이슈에 대한 우선순위화 및 내외부 검토를 통해 중점 보고 이슈를 선정하였다.

[그림 12-8] 중대성 평가 프로세스

출처: 한국자산관리공사(2023), 2022년 ESG 경영 이행보고서

• 중대성평가 결과

– 대내 · 외 분석을 통해 도출된 68개 이슈 중 내부협의를 거쳐 중대 이슈 15개를 도출하였으며, 이를 2022년 ESG 경영전략에 반영하였다.

– 2022년 중대성평가를 통해 ESG 이슈가 미치는 재무적 · 비재무적 영향도와 이해관계자의 관심도를 동시에 고려하여 중점 보고 이슈를 최종 선정하였다.

– 이와 함께 주요사업에 대한 내용을 추가적으로 보고서에 반영하였으며, 중대성 평가결과 도출된 중대 이슈에 대한 사업적 연관성, 접근 방법, 향후 계획, 주요 성과에 대해서도 보고하고 있다.

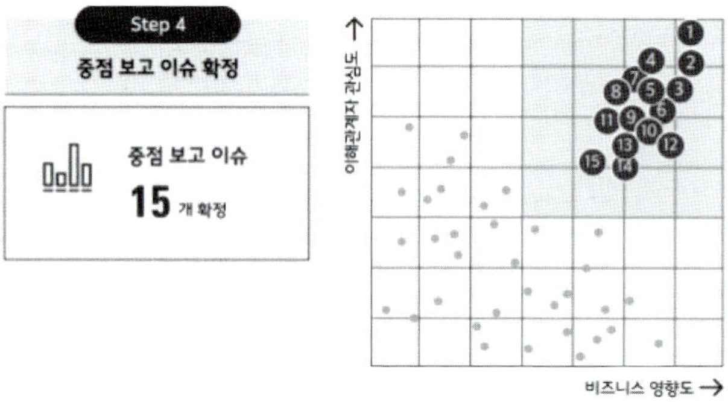

중대 이슈 우선순위화

No.		중대이슈
1	E	도시저탄소화를 위한 친환경 공공건축 확대
2	S	코로나19 피해 소상공인 · 자영업자 새출발 지원
3	E	2040 RE100, 2030 EV100 실현으로 탄소중립 가속화
4	S	일 · 가정 양립 지원, 역량개발 등 안정적 인재경영
5	G	청렴윤리 경영을 통한 대국민 신뢰 제고
6	S	동반성장을 위한 상생 · 협력 프로그램 강화
7	S	지속가능한 안전 · 인권 · 정보보호 중심 경영 추진
8	S	지역사회 문제 해결을 위한 사회공헌활동 지속
9	G	이사회 운영 활성화 및 역할 강화
10	공통	캠코형 ESG 가이드라인 이행강화 및 지속적인 고도화
11	G	국민 참여 활성화로 투명 캠코 실현
12	E	제로웨이스트, 업사이클링 등 친환경 기업문화 조성
13	G	이해충돌방지 제도적 기반 구축 및 예방적 관리 강화
14	공통	자회사 · 협력회사 · 중소기업 · 해운사 ESG경영 지원
15	공통	ESG정보 공개 확대를 통한 기관 운영 투명성 제고

[그림 12-9] 중대이슈 우선 순위화 1

출처: 한국자산관리공사(2023), 2022년 ESG 경영 이행보고서

ESG경영전략과 보고이슈 연계			글로벌 가이드라인			비즈니스 영향		이해관계자 영향
중점 보고 이슈		2022년 ESG경영 전략 (중대 이슈)	GRI	TCFD	UN SDGs	재무적 (비용 리스크)	비재무적 (환경·사회적)	
E	캠코 환경경영 추진체계 고도화		GRI 302: 에너지 GRI 305: 배출	●	SDG 7 SDG 13 SDG 17	○	◐	임직원, 정부·유관기관
	캠코형 탄소중립 이행	도시저탄소화를 위한 친환경 공공정책 확대 2040 RE100, 2030 EV100 실현으로 탄소중립 가속화				○	●	중소기업, 지역사회, 협력사, 정부·유관기관
	함께하는 친환경 기업 문화 조성	◦ 제로웨이스트, 업싸이클링 등 친환경 기업 문화 조성 ◦ 자회사, 협력회사, 중소기업, 해운사 ESG경영 지원 ◦ 캠코형 ESG 가이드라인 이행강화 및 지속적인 고도화				◐	●	임직원, 중소기업, 지역사회, 협력사, 정부·유관기관
S	동반성장 및 상생·협력	동반성장을 위한 상생 협력 프로그램 강화	GRI 203: 간접경제효과 GRI 401: 고용 GRI 402: 노사관계 GRI 403: 산업안전보건 GRI 413: 지역사회 GRI 414: 공급망관리		SDG 9	◐	◐	중소기업, 지역사회, 협력사
	지속가능한 안전·인권·정보보호	지속가능한 안전 인권 정보보호 중심 경영 추진			SDG 3 SDG 5	●	●	임직원, 중소기업, 지역사회, 협력사
	양질의 일자리 창출	-			SDG 8 SDG 10	◐	●	임직원, 중소기업, 지역사회, 협력사
	지역사회 문제 해결 및 사회공헌	지역사회 문제 해결을 위한 사회공헌 활동 지속			SDG 9	◐	◐	임직원, 지역사회
	존중·행복·전문 일터 구현	일 가정 양립 지원, 역량 개발 등 안정적 인재경영			SDG 4 SDG 5 SDG 8	◐	◐	임직원, 협력사
G	이사회 운영 활성화	이사회 운영 활성화 및 역할 강화	GRI2 : 일반 공시			○	◐	임직원, 정부·유관기관
	청렴·윤리 경영 내재화	청렴 윤리 경영을 통한 대국민 신뢰 제고	GRI 205 : 반부패			●	●	임직원, 지역사회, 협력사, 정부·유관기관
	선제적 리스크 관리	-	GRI2 : 일반 공시			●	○	임직원, 중소기업, 지역사회, 협력사, 정부·유관기관
	국민참여 활성화로 투명캠코 실현	국민참여 활성화로 투명 캠코 실현 ESG정보 공개 확대를 통한 기관 운영 투명성 제고	GRI2 : 일반 공시			○	○	임직원, 중소기업, 지역사회, 협력사, 정부·유관기관
B	가계·기업의 위기 극복과 재도약 지원	코로나19 피해 소상공인 자영업자의 새출발 지원	GRI 203: 간접경제효과			●	●	중소기업, 지역사회, 정부·유관기관
	효율성 중심 국가 자산 활용 확대	-				●	●	중소기업, 지역사회, 협력사, 정부·유관기관
	국민과 미래를 위한 공공혁신 선도	-				◐	◐	임직원, 중소기업, 지역사회, 협력사, 정부·유관기관

[그림 12-10] 중대이슈 우선 순위화 2

출처: 한국자산관리공사(2023), 2022년 ESG 경영 이행보고서

13
CHAPTER

기업윤리와 ESG

1 기업윤리

1) 글로벌 현황

기업윤리는 일반적으로 기업들이 자신들이 설정한 가치와 윤리적 책임감을 완수함으로써 고객, 주주 또는 임직원 등의 이해관계자(stakeholder)에게 신뢰와 믿음을 얻을 수 있도록 기업을 경영하는 것을 의미한다.

2000년대 초기 엔론, 월드컴, 타이코, 아델피아 등의 미국의 많은 기업들이 연루된 부정행위관련 대형 스캔들이 발생했고, 2002년 말 엔론사와 월드컴사는 회계부정사건을 만들었다. 미국 역사상 월드컴은 최대 규모의 파산사건으로 기록하였고 엔론사는 사상 두 번째 규모의 파산 사건을 일으켰다. 2008년 9월 금융위기에는 리먼 브라더스가 미국 역사상 최대의 파산사태를 만들었다.

이런 사태에 대응하기 위하여 미국 연방양형기준도 2004년 개정에서 "compliance and ethics program"을 명문화함으로써 법규준수를 넘어서 윤리적 기업문화를 구현할 수 있는 내용이 프로그램에 담겨야 함을 명확히 규정하고 있다. 그리고 사베인즈 옥슬리법(Sarbanes-Oxley Act Section 406, "SOX")에 의거해서 미국 증권관리위원회(Securities and Exchange Commission: SEC)는 2003년부터 상장법인의 주요 경영진, 주요 재무 회계 담당 경영진 및 기타 이에 준하는 업무를 수행하는 자들에게 적용되는 Code of Ethics(윤리강령)를 채택하여 운영하고 있는지를 회사의 연차보고서(Annual Reports)와 공식 웹사이트에 공시하도록 하고 있다.

내부통제를 선도해온 영미계 국가에 있어서는 이미 오래전부터 기업의 목표에 준법경영 실천까지를 포함하고 있다. 예를 들어 미국의 기업들은 내부통제 구현을 위한 기업 내부 강령을 제정함에 있어 경영진이나 업무담당 임직원의 윤리적 태도에 관한 사항을 법규 준수 사항과 대등한 비중으로 다루는 것이 관례이다.

2) 국내 현황

글로벌 기업인 삼성그룹이 외부 전문가를 위원장으로 하는 삼성준법감시위원회("준법감시위원회")를 발족하고 운영 중이다. 이 준법감시위원회는 삼성의 준법경영을 위해 법 위반 여부를 감시하는 외부 독립기구이며, 삼성 계열사들의 준법 감시·통제 기능을 강화하여 삼성의 핵심가치인 정도경영을 실천하고 사회적 신뢰를 제고하기 위해 설치된 독립적·자율적 위원회이다. 준법감시 분야에 전문적인 지식과 경험이 있는 위원장을 포함한 6인의 외부위원과 1인의 내부위원으로 구성되어 있다.[1)]

삼성 준법감시위원회의 권한과 역할

- 삼성 계열사 최고경영진의 준법의무 위반을 독립적으로 감시·통제한다.
- 위원회는 삼성 계열사의 준법의무 위반 리스크가 높은 사안을 직접 검토하고, 이에 대한 의견을 회사측에 제시한다.
- 위원회는 삼성 계열사의 준법감시제도에 대해 주기적으로 보고받고, 실효적으로 작동하는지 점검하며, 준법감시제도의 개선에 관하여 권고한다.
- 위원회는 매월 1회 이상 개최를 원칙으로 하고 있으며 필요할 경우 수시로 회의를 개최한다.

출처: https://www.samsungcompliance.com/common/committee/role.do

준법감시위원회는 이재용부회장에게 경영권승계, 노조와해 논란, 준법감시위원회 활동과 재판논란 등 세 가지와 관련하여 사과를 권고하였고, 이재용부회장은 이를 따른 바가 있다.

1) 준법감시위원회는 현재 삼성의 7개 주요 계열사(삼성전자 주식회사, 삼성물산 주식회사, 삼성SDI 주식회사, 삼성전기 주식회사, 삼성에스디에스 주식회사, 삼성생명보험 주식회사, 삼성화재해상보험 주식회사)에 대한 준법감시활동을 하고 있다. 삼성전자 주식회사, 삼성물산 주식회사, 삼성SDI 주식회사, 삼성전기 주식회사, 삼성SDS 주식회사, 삼성생명보험 주식회사, 삼성화재해상보험 주식회사 등 삼성의 7개 관계사들(이하 관계사)은 2020년 1월 30일 '삼성준법감시위원회 설치 및 운영에 관한 협약'을 체결하여 삼성 준법감시위원회(이하 위원회)를 신설하였다.

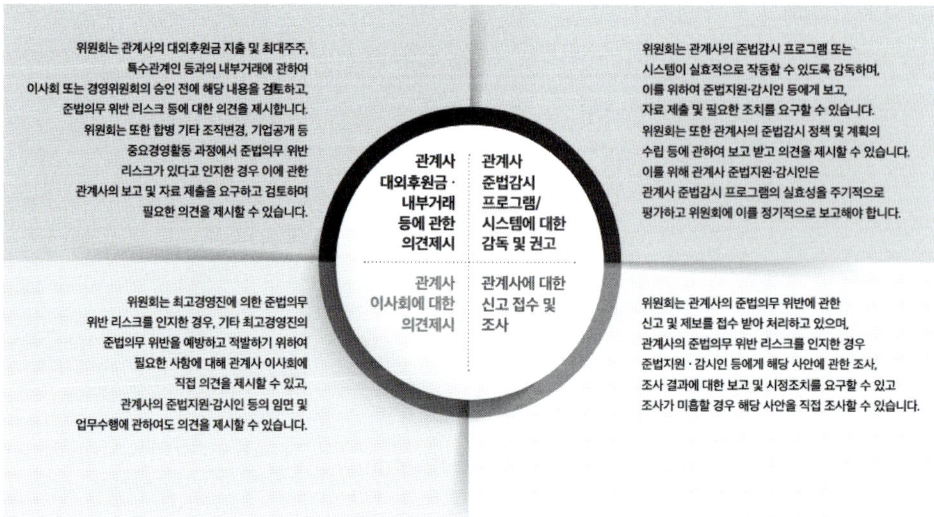

출처: 2022 삼성 준법감시위원회 연간보고서

출처: 2022 삼성 준법감시위원회 연간보고서

3) 기업윤리

법률은 사회질서를 유지하기 위한 최소한의 강제규범이지만, 기업의 윤리는 법률을 초월하여 정직성이나 공정성을 중요한 잣대로 삼는 지표이며, 상대적인 대가성이 없는 사회적 책임만을 요구하는 사항까지 망라하는 상당히 넓은 영역의 개념으로 이해된다.

기업윤리는 원칙적으로 내부통제 시스템에 의해 점검되어야 하는 대상으로 보아야 한다. 또한 모든 기업의 윤리적 사항을 법규준수 사항과 동일하게 취급하거나 윤리경영과 준법경영 어느 한 쪽이 상대 개념을 완전히 포섭하는 것으로는 보기 어렵다.

잘못된 관행이나 비용구조를 윤리적 기준에 적합하게 조절하여 기업의 경쟁력을 강화시킨다는 점에서 윤리경영은 고객의 이익이나 사회적 가치 보호뿐만 아니라 기업의 이윤추구와도 일맥상통하다고 생각할 수 있다. 윤리경영의 실패는 기업평판 저하나 고객의 이탈뿐만 아니라 정부 또는 정책당국의 감독강화, 민사적 손해배상 가능성 등의 위험을 내포하고 있다. 그러므로 기업의 비윤리적 행위는 법률적 및 사회적 비용을 초래할 수 있는 것이므로 궁극적으로는 회사의 이익과 연계성이 있다고 볼 수 있다.

선량한 관리자의 주의의무로 내부통제의 한 축을 담당하는 준법지원인(상법 542조의13 제7항)이 직무를 수행함에 있어서, 법률 위반으로 인한 손해배상 등의 의무 발생과 유사성을 가지는 회사의 중요한 정책이나 윤리적 사항을 점검하는 것은 당연한 일로 여겨진다.

기업의 고객은 기업과의 거래에 있어서 위법행위와 비윤리적인 행위를 거의 유사하게 느끼고 행동한다. 특히 입법부나 정부당국이 사회적으로 비난가능성이 큰 비윤리적 경영행위나 거래형태에 대하여 규제를 하려고 하거나 관련 법률을 제정할 가능성이 크다. 그러므로 비윤리적 경영행위나 업무집행행태는 장래에 위법사항이 될 소지가 많으며, 사회적으로 물의를 일으키는 "갑질 행위"에 대해서도 입법화하는 것도 이런 추세의 하나이다.

현재의 비윤리적 태도에 의한 법적 비난여부와 상관없이 윤리경영은 기업의 내부통제시스템이나 위험관리시스템에 의해서 기업 내부에서 체계적이고 공식적으로 관리되어야 할 것이다.

윤리라는 개념이 가진 본질적으로 추상적인 특성으로 인하여 기업윤리의 점검과 수행이라는 막연한 요구가 눈에 보이는 가시적 효과 없이 내부통제시스템과 위험관리시스템의 운영에 부담을 줄 수도 있다는 점은 운영을 하면서 염두에 두어야 할 사항이다.

기업들이 임직원들이 지켜야 하는 가장 필수적인 윤리 사항을 선정하고 이러한 사항들을 윤리강령 등을 통해 최소한으로 문서화하고 제도화함으로써 내부통제시스템 내에서 운영의 실효성을 확보할 경우에만 윤리적 직무수행을 점검하는 내부통제시스템이 존재의미를 가질 수 있다.

2 윤리경영

1) 윤리경영 개념

국민권익위원회에서 2009년 발간한 윤리경영보고서 표준안에 의하면 기업의 사회적 책임 중 경제적 책임, 법적 책임, 윤리적 책임의 수행을 윤리경영으로 정의하고 있다. 이 정의에 의하면 사회공헌 및 사회기여는 자선적 책임에 해당되므로 윤리경영에서 사회공헌은 배제하고 있다. 윤리경영은 기업이 지속적으로 성장하기 위하여 경제적 책임뿐만 아니라 사회적·환경적 책임을 다함으로써 경쟁우위를 창출하는 경영전략이다.

윤리경영은 소비자에게 가치 있는 서비스를 제공하고 임직원들에게는 윤리적 인간으로서 마음의 고통을 느끼게 하지 않게 하면서 보람 있는 일자리를 만들고, 회사는 지속가능한 이익을 내는 것이다. 기업은 영리성 추구가 가장 본질적인 목표이므로 기업에 있어서의 준법이나 윤리의 실현, 사회적 역할의 증가 등도 건전한 이윤창출 그리고 기업의 지속적인 발전과 함께 맞물려서 검토되어야 한다. 이러한 한계점으로 인하여 준법경영이나 윤리경영에 대한 접근과 판단은 조심스럽고 까다로울 수밖에 없다.

〈표 13-1〉 윤리경영, 사회적책임 및 지속경영 비교

구분	윤리경영	사회적 책임	지속경영
개념발전 과정	법규 준수 및 직원의 윤리적 의사결정과 판단기준	기업이 갖는 책임으로서 사회적 측면에서 발전	지구환경을 보전하기 위한 지속가능한 발전 개념에서 출발
현재 정의	기업정보 공개에 관한 투명경영과 시업의 사회적 책임 개념까지 일부 도입되었으나 직원의 윤리적 의사결정을 위한 준거기능이 더 강함	사회적 측면 이외에 환경적 측면까지 수용하게 됨	지속가능한 발전이라는 개념에 경영방식을 접목시켜 기업의 지속가능성을 향상시키기 위한 지속경영 개념이 발전됨

출처: 산업연구원, 산업정책연구원, 지속가능경영 논의동향과 대응방안(2005), 국민권익위원회, 2010년 기업윤리경영모델 재인용

무엇보다 실효적 효율적이며 불필요한 낭비나 소모 없이 준법과 윤리를 실현해 가는 방법은 준법 및 윤리적 자세를 기업문화의 내용으로 만드는 것이다. 내부통제가 바로 이러한 접근태도의 산물이라고 볼 수 있다. 내부통제는 한마디로 말해서 포괄적인 경영상 위험을 관리하는 체제를 의미하는 것으로, 적정하고 합리적인 내부통제체제 구축과 운용에 성공한다면 자연스럽게 기업들은 법률은 물론이고 윤리나 건전한 경영철학 등에 충실한 업무수행을 행하게 되고 사회적 책무까지 자체적으로 점검할 수 있기 때문에, 외부의 강제적 통제나 규제 없이 높은 수준의 준법 및 윤리 경영에 다가갈 수 있게 된다.

엔론, 월드컴 등의 회계부정문제로 인하여 글로벌 선진기업들이 윤리경영을 적극적으로 도입하게 되었지만, 윤리경영의 도입은 기업들이 단기적인 이윤추구로는 기업의 지속가능성을 보장하기 할 수 없기 때문이다.

기업뿐만 아니라 WTO, OECD, ICC와 같은 국제기구들도 부패방지라운드를 추진하였고, OECD, UNEP, ISO 등에서도 윤리경영의 규범화와 표준화를 추진

하고 공정하고 투명한 경쟁규칙을 국제거래에 적용하려고 노력하고 있다.

OECD는 1999년 외국 공무원에 대한 뇌물방지협약을 발표하여 정부조달 관련 뇌물, 환경문제, 탈세, 규제관련 등 비윤리적 행위를 사전에 예방할 수 있도록 형사처벌을 요구하고 있다. ISO 26000은 ISO가 제정하는 조직의 사회적 책임에 관한 국제표준으로 기업, 공공기관 및 시민단체 등 모든 조직에 적용되고 있다.

국내 윤리경영과 관련되는 법률들은 다음과 같다.

〈표 13-2〉 국내 윤리경영 관련 법 규정

No	구분	법률명
1	지배구조 및 주주	상법, 자본시장법, 공정거래법, 금융지주회사법, 여신전문금융업법, 은행법, 저축은행법, 보험업법, 금융실명제법, 유가증권 상장규정, 공정공시제도, 내부회계관리제도, 내부회계관리제도 모범규준, 준법감시인제도
2	고객	제조물 책임법
3	임직원	장애인 고용촉진 등에 관한 법률, 남녀고용 평등법, 요양보상, 장해보상, 산재보험, 노사협의회법, 산업안전보건법
4	협력업체	건설산업기본법

출처: 국민권익위원회, 2010년 기업윤리경영모델

윤리경영관련 핵심요소는 윤리경영방침, 조직 및 시스템, 주주 및 투자자, 고객, 임직원, 협력업체 및 지역사회 등이다.

〈표 13-3〉 국내외 윤리경영 관련 기준 영역별 핵심요소

No	구분	내용
1	윤리경영방침	윤리경영 의지, 윤리경영 비전, 윤리경영 규범
2	조직 및 시스템	지배구조, 추진조직, 회계 투명성, 부패방지, 평가 및 보고
3	주주 및 투자자	주주 및 투자자 보호
4	고객	고객보호, 고객만족
5	임직원	종업원 다양성, 인권보호, 보상 및 복리후생, 교육훈련, 보건 및 안건, 노사관계, 윤리경영제도, 부패방지
6	협력업체	계약 및 거래시스템, 상생협력, 커뮤니케이션, 부패방지
7	지역사회	사회공헌, 부패방지

출처: 국민권익위원회, 2010년 기업윤리경영모델

공공기관들이 실행하고 있는 윤리경영 헌장, 윤리경영 체계도, 윤리경영 활동 등은 다음과 같다. 익산시 도시관리공단 윤리경영 헌장, KOTRA CEO 윤리 청렴 메시지, KOTRA 윤리헌장, KOTRA 윤리경영 체계도 등을 살펴보자.

〈표 13-4〉 익산시 도시관리공단 윤리경영 헌장

익산시 도시관리공단 모든 임직원은'시민과 함께하는 행복한 도시 환경조성'을 위해 윤리와 청렴을 경영 활동의 최우선 가치로 삼아 업무를 추진하며, 고객들로부터 사랑받고 사회적 책임을 다하는 최우수 공단이 되고자 윤리헌장을 제정하고 그 실천을 다짐한다.

하나 우리는 고객에게 최상의 서비스를 제공하기 위하여 창의적인 사고와 도전정신으로 고객의 입장에서 생각하며 고객중심의 경영을 실천한다.
하나 우리는 법과 규정을 엄격히 준수하여 직무를 수행하고, 사적이해관계자와 이해충돌을 방지하여 청렴한 공기업 조성에 앞장선다.
하나 우리는 안전하고 쾌적한 환경조성을 위해 사람·현장 중심의 안전체계를 구축하고 환경보호에 앞장선다.
하나 우리는 임직원 각자의 인격을 존중하며 균등한 기회를 제공하고, 공정하게 평가하며, 임직원의 건강과 삶의 질 향상을 위해 노력한다.
하나 우리는 공단의 재산과 정보를 소중히 여기며, 직무상 취득한 정보나 비밀을 이용하여 사적인 이익을 취하지 않는다.
하나 우리는 지역사회 구성원으로 투명하고 윤리적인 경영에 솔선하며, 국가와 사회 발전에 공헌한다.

2023. 8. 1.
익산시도시관리공단 임직원 일동

출처: 익산시 도시관리공단

〈표 13-5〉 KOTRA CEO 윤리 청렴 메시지

청렴한 조직운영과 윤리·인권경영은 더 이상 선택이 아닌, 공공기관으로서의 책무이자 국민과의 약속입니다. 그렇기에 KOTRA는 '윤리적이고 투명한 경영을 통해 국민에게 신뢰받는 최우수 청렴기관 달성'이라는 새로운 목표를 세우고, 이를 달성하기 위한 4가지 추진방향을 제시하고자 합니다.

1. 공정성, 투명성 제고를 통해 윤리·청렴문화 확산
'공정성'과 투명성'은 모든 업무의 근간이 되어야 합니다. 인사, 계약, 사업 추진, 평가 등은 공정하고 투명하게 진행되도록 하겠습니다. 최근 공사 채용 관련 문제에 대해서도 재발 방지를 위한 대책이 마련 중에 있습니다. 공용차 사용과 같이 업무와 관련된 모호한 지침도 올해 개정하였습니다. 각 부서에서는 내년에도 설문과 전문가 자문 등을 통해 혹시 부족한 부분이 있는지 살펴봐 주시고 선제적으로 개선하도록 노력해 주시기 바랍니다.

2. 내부견제시스템 견고화로 실효적인 내부통제 강화
신뢰할 수 있는 내부견제시스템을 구축하겠습니다. 암행감찰 등 감사방식 전환을 통해 실효적인 기관의 감시·시정체계가 구축될 수 있도록 해 주시고 문제가 발생되면 일벌백계하여 경각심을 높여 주시기 바랍니다. 공간적으로 멀리 떨어져 있는 해외나 지방은 지역본부와 지원단에서 사전 견제시스템이 작동할 수 있도록 본사 담당부서와 적극적으로 협조를 해 주시기 바랍니다.

3. 인권경영 실천으로 인간존중의 사회적가치 창출

근로자의 '인권'은 언제나 보호되어야 합니다. 갑질, 힘희롱, 성 관련 비위 등 인권이 무시되는 상황은 예방책과 해결책을 계속 고민해 주시기 바랍니다. 임직원분들은 조직의 기대 수준뿐 아니라 변화된 사회의 기대 수준을 감안하여 행동하여 주시기 바라며, 관련부서에서는 교육 등을 통해 상시적으로 안내를 부탁드립니다. 또한 협력사 등 우리와 함께 하는 외부 근로자의 인권도 중요한 시점입니다. 특히 외부 협력사와의 인권경영을 통해 기존에는 보지 못 했던 "사회적가치"를 창출할 수 있을 것이라 생각합니다. 각 부서에서는 이런 부분까지 잘 살펴봐 주시기 바랍니다.

4. 윤리·청렴 체계 고도화로 윤리경영 실천

개선이 필요한 분야에 대해서는 "과제화"하여 효율적으로 관리하겠습니다. 내년도에도 50여개 과제를 부서별로 발굴·실행하겠으며, 권익위 등의 청렴도 평가결과를 분석하여 개선 방안을 마련하고, 추진 성과 등을 평가 및 보상과 연계하여 전사적 추진을 독려하겠습니다. 이런 노력들이 기존 제도와 유기적으로 움직여 올바른 방향으로 신속하게 움직일 수 있도록 추진 체계를 고도화 하겠습니다.

'윤리'와 '청렴'이 KOTRA인의 경영활동 DNA가 되고, 조직문화로 정착되도록 CEO로서의 책임과 경영지원을 다하겠습니다.

KOTRA 사장 드림

출처: KOTRA

〈표 13-6〉 KOTRA 윤리헌장

KOTRA는 우리기업의 해외시장 진출, 투자 유치, 글로벌 일자리 창출을 선도하고 국민에게 신뢰받는 청렴한 무역투자진흥기관으로서,
실천하는 윤리경영 신뢰받는 KOTRA를 위해 사회적 책임을 다하고, 이해관계자들과 더불어 지속가능한 발전을 추구하기 위해 아래 내용을 다짐합니다.

① 우리는 국내외 법규와 국제협약을 준수하고, 정해진 규정과 절차에 따라 업무를 수행하겠습니다.
② 우리는 이해충돌 상황을 회피하고, 직무수행 과정에서 발생할 수 있는 부정한 사익추구를 하지 않겠습니다.
③ 우리는 투명·공정하게 사업과 업무를 추진하며, 고객과 국민의 입장에서 담당업무를 신속하게 적극적으로 처리하겠습니다.
④ 우리는 협력업체 및 유관기관과의 청렴한 협력관계 구축을 통해 상생협력을 실현하고, 공정한 계약을 추진하겠습니다.
⑤ 우리는 어떠한 경우에도 금품 및 향응을 제공받지 않으며, 청렴성에 의심받을 행동을 일체 하지 않겠습니다.
⑥ 우리는 임직원을 포함한 모든 이해관계자에 대하여 인종, 성별, 종교, 지역, 정치적 견해 등을 이유로 차별하지 않겠습니다.
⑦ 우리는 성희롱, 힘희롱, 직장 내 괴롭힘 등 인권침해 행위 근절에 앞장서며, 상호존중과 배려를 조직문화의 근간으로 삼겠습니다.

⑧ 우리는 우월적 지위를 남용하여 공정한 직무수행을 저해하는 갑질, 사적노무 요구 등 부당한 지시를 하지 않겠습니다.
⑨ 우리는 안전한 근로환경을 조성하고 국민의 안전에 이바지하며 환경보전을 통해 지속가능한 사회발전에 기여하겠습니다.
⑩ 우리는 공공기관으로서 사회적 책임을 다하고, 국민, 고객, 지역사회까지 윤리문화가 확산되도록 선도하겠습니다.

출처: KOTRA

[그림 13-1] KOTRA 윤리경영 체계도

출처: KOTRA

공공기관의 윤리경영 활동은 내부통제와 감사견제의 방식으로 수행되며, 윤리경영 실행방법은 교육, 서약, 실천, 소통의 단계로 이루어지고 있다.

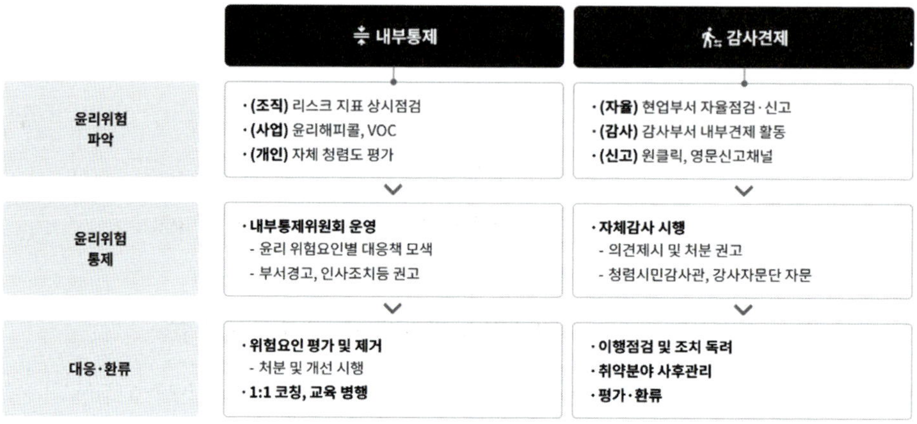

[그림 13-2] 윤리경영 활동

출처: KOTRA

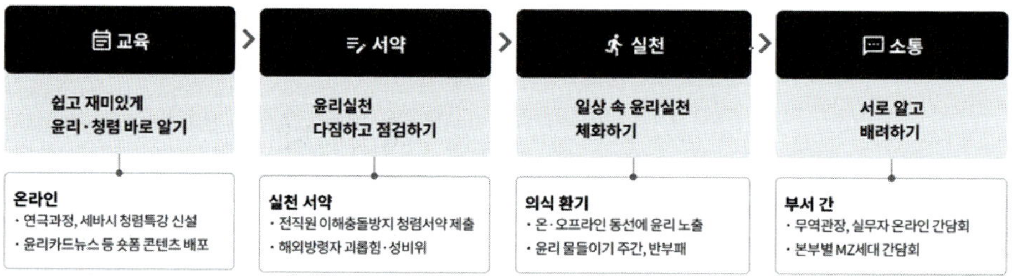

[그림 13-3] 윤리경영 실행방법

출처: KOTRA

Appendix

부록

『기업 등의 지속가능경영 지원을 위한 환경·사회·거버넌스 ESG 기본법(안)』

2023. 8. 28.

I. 입법배경 및 목적

II. 기대효과

III. 경과 일정

IV. 법률(안) 구성체계

총괄 황인경(글로벌ESG협회장)

연구단장 심보균(익산시도시관리공단이사장, 전북대겸임교수, 前 행안부차관)

임정근(경희사이버대학교 명예교수, 한국ESG학회 지속위위원장)

연구원 문철우(성균관대 교수, G7 Korea ESG위원회 위원장)

권기태(사회혁신연구소장)

김혜성(김&장 변호사, 하버드대 법학박사)

박종철(미국변호사/법학박사, 우리경영연구원장)

I. 입법 배경 및 목적

1. 입법 배경

(1) 가속화되는 기후변화와 경제위기, 선진국 주도의 ESG 기반 금융 체제 규제 강화의 압력 속에서 지속가능한 국제 경쟁력을 확보하기 위한 국가적 노력이 시급한 상황임

(2) 수출의존도가 높은 우리나라의 경우 EU 등 국제사회에서 법률로 규범화되고 있는 다양한 형태의 ESG 규제 압력은 한국경제에 매우 큰 위협요인이 되고 있음

(3) 이러한 상황에서 기업, 기관 및 정부 차원에서의 ESG 경영은 중장기적인 리스크 헤지 경영(Risk Hedge Management)이며, ESG 규제의 위협요인에 대처하고 한국 경제의 경쟁력을 강화하기 위한 국가적 과제임

(4) 국내 대기업의 경우 ESG 경영과 관련된 글로벌 규제에 대비하는 준비가 어느 정도 되어 있으나, 중소 및 중견기업의 경우 체계적인 대비가 미흡한 상황임

2. 목적

지속가능한 사회를 위하여 기업 등의 지속가능경영을 지원함으로써 환경, 사회, 거버넌스의 ESG 경영과 투자를 확립하고 지속가능한 경제를 이룩하여 세계 경제의 변화에 대응하고, 경쟁력을 강화함으로써 국가경제발전에 이바지

(1) 중소 및 중견기업을 포함하여 다양한 경제적, 사회적 주체들이 ESG를 내재화하고 발전시킬 수 있는 국가정책의 근거 마련

(2) 선도적 ESG 추진 활성화를 통한 국제협력 강화 및 글로벌 확산을 위한 ESG 입법화 작업이 필요하며, 민간과 공공, 행정 분야 등 국가 전반의 ESG

추진체계 구축과 실행력을 강화할 수 있도록 ESG 지원 법안 제정

(3) ESG 입법 규제에 대응하고 수출중심의 국가 경쟁력을 강화하기 위하여 ESG 기본법 입법을 통하여 중소 및 중견기업 지원

(4) 중앙행정부처, 지방자치단체별로 다양하게 실행하고 있는 ESG 행정의 일관성과 효율성을 제고하기 위한 컨트롤타워 설립 및 운영

3. 기본 방향(기본 원칙)

투명하고 체계적인 ESG 공시체제를 확립하고 자율적인 ESG 경영을 지원하기 위한 적극적인 정책을 시행

(1) ESG 경영은 환경·사회·거버넌스 요소가 기업에 미치는 재무적 영향을 고려하는데 그치지 않고 기업이 사회와 환경에 대해 미치는 영향을 포함한다.

(2) ESG 경영 관련 정책은 최소한의 국제적 규범을 받아들이되 동시에 국내기업 현실을 충분히 반영하여 기업 경영에 부담을 줄이고 기업의 자발적 지속가능경영을 지원하는 방향으로 한다.

(3) ESG를 경영, 투자, 의사결정과정에 적극적으로 통합시키도록 노력한다.

(4) ESG 관련 정보를 적극적으로 공개한다.

(5) ESG는 실행의 자율성을 최대한 보장한다.

(6) ESG는 지속가능경영의 국제적 경쟁력을 강화하기 위해 이해관계자의 참여를 확대한다.

Ⅱ. 기대효과

(1) ESG의 글로벌 확산에 대응해 국내 기업의 ESG 경영 지원과 선제적 조치

를 통해 지속가능한 국가경제의 발전과 기후위기 대응의 선도적 역할

(2) 통합적 ESG 추진체계와 전략, 평가와 모니터링 체계 구축

(3) 중소 및 중견기업 지원을 통한 국가경쟁력 향상 및 국제신인도 제고

(4) ESG 공시, 평가 등 법적 규율이 필요한 사항 수용

(5) ESG 책임관제, 인력양성체계 등 도입으로 안정적 ESG 실행력 강화

(6) ESG를 조달, 개도국 대상 ODA(공적원조), 국고보조, 융자사업 등 심사에 반영

(7) 각 부처별로 진행되고 있는 ESG 지원 정책 등에 대한 통합적인 지원

Ⅲ. 법률(안) 구성체계

1. 법안명: 『기업 등의 지속가능경영 지원을 위한 환경·사회·거버넌스 ESG 기본법(안)』(이하 "ESG 기본법")

2. 구성 체계: 총 6장, 35개 조문

장	조	조 제목
제1장 총칙	제1조	목적
	제2조	정의
	제3조	기본원칙
	제4조	국가와 지방자치단체의 직무
	제5조	공공기관, 기업 등의 책무
	제6조	다른 법률과의 관계
제2장 국가 ESG 기본계획 및 추진 계획	제7조	국가 ESG 기본계획
	제8조	지방 ESG 기본계획
	제9조	추진 계획의 수립· 이행
	제10조	추진상황의 점검
제3장 ESG공시 및 평가	제11조	ESG 공시
	제12조	ESG 지표 및 평가
	제13조	ESG 검증 및 인증

	제14조	지속가능경영 보고서
제4장 국가 ESG 위원회	제15조	국가ESG위원회의 설치
	제16조	국가위원회의 기능
	제17조	회의
	제18조	위원의 제척 · 기피 · 회피
	제19조	분과위원회 등의 설치
	제20조	지방ESG위원회의 구성 등
	제21조	공무원 또는 임직원의 파견 요청 등
	제22조	ESG책임관의 지정
	제23조	기업 등의 ESG 경영지원 전문기관의 지정
제5장 사회전반의 ESG 확산	제24조	금융감독체계
	제25조	위장 ESG 관련 정책, 조사 및 공표
	제26조	ESG 경영 촉진을 위한 조달
	제27조	중소 · 중견기업의 ESG 지원
	제28조	ESG 경영 기업 지원
제6장 보칙	제29조	ESG 상품 소비 및 생산 촉진
	제30조	ESG에 관한 교육 · 홍보
	제31조	자료 제출 등의 요구
	제32조	국제규범 대응
	제33조	국내외 협력
	제34조	국제개발협력
	제35조	국회 등 보고
부칙	제1조	시행일
	제2조	다른 법률의 개정

『기업 등의 지속가능경영 지원을 위한 환경·사회·거버넌스 ESG 기본법(안)』

제1장 총칙

제1조(목적) 이 법은 지속가능한 사회를 위하여 기업 등의 지속가능경영을 지원함으로써 환경, 사회, 거버넌스의 ESG 경영과 투자를 확립하고 지속가능한 경제를 이룩하여 세계 경제의 변화에 대응하고, 경쟁력을 강화함으로써 국가경제발전에 이바지함을 목적으로 한다.

제2조(정의) 이 법에서 사용하는 용어의 뜻은 다음과 같다.

1. "환경(Environmental) · 사회(Social) · 거버넌스(Governance)" 또는 "ESG"란 기업 등이 지속가능경영과 투자를 위해 실행해야 하는 핵심 경영 요소 및 전략을 말한다.

2. "지속가능성"이란 현재 세대의 필요를 충족시키기 위하여 미래 세대가 사용할 경제 · 사회 · 환경 등의 자원을 낭비하거나 여건을 저하(低下)시키지 아니하고 이들이 서로 조화와 균형을 이루는 것을 말한다.

3. "지속가능경영"이란 기업 등의 운영에서 지속가능한 사회 실현에 동참하며 경제적 수익성과 환경 및 사회적 영향을 함께 고려하여 지속가능성을 추구하는 경영을 말한다.

4. "기업 등"이란 민간기업을 비롯하여 공공기관운영에 관한 법률 제4조에 근거한 공공기관, 지방공기업법 제2조에 근거한 지방공기업, 지방자치단체의 출자 출연기관의 운영에 관한 법률 제2조에 근거한 출자출연기관 등(이하 공공기관, 지방공기업, 지방출자출연기관을 '공공기관 등'이라 한다)을 말한다.

제3조(기본원칙) 환경(Environmental)·사회(Social)·거버넌스(Governance)(이하 "ESG"라 한다)는 다음 각호의 기본원칙에 따라 추진되어야 한다.

1. ESG 경영은 환경·사회·거버넌스 요소가 기업에 미치는 재무적 영향을 고려하는데 그치지 않고 기업이 사회와 환경에 대해 미치는 영향을 포함한다.
2. ESG 경영 관련 정책은 최소한의 국제적 규범을 받아들이되 동시에 국내기업 현실을 충분히 반영하여 기업 경영에 부담을 줄이고 기업의 자발적 지속가능경영을 지원하는 방향으로 한다.
3. ESG를 경영, 투자, 의사결정과정에 적극적으로 통합시키도록 노력한다.
4. ESG 관련 정보를 적극적으로 공개한다.
5. ESG는 실행의 자율성을 최대한 보장한다.
6. ESG는 지속가능경영의 국제적 경쟁력을 강화하기 위해 이해관계자의 참여를 확대한다.

제4조(국가와 지방자치단체의 책무) ① 국가와 지방자치단체는 기업 등의 ESG 경영을 지원하기 위하여 제3조에 따른 ESG 기본원칙을 따라야 한다.

② 국가와 지방자치단체는 기업 등의 ESG 경영에 따른 애로사항을 파악하고, 주기적 점검과 모니터링을 통해 기업의 ESG 경영 촉진을 지원하여야 한다.

제5조(공공기관, 기업 등의 책무) ① 공공기관 등은 ESG의 실현을 위한 국가와 지방자치단체의 시책에 적극 협조하고 ESG 경영을 선도하여야 한다.

② 기업 등은 기업활동을 함에 있어 환경적·사회적·윤리적 책임을 다하는 ESG 경영을 이루어야 한다.

제6조(다른 법률과의 관계) ① 지속가능경영과 ESG에 관하여는 다른 법률에 우선하여 이 법을 적용한다.

② 지속가능경영과 관련되는 다른 법률을 제정하거나 개정하는 경우에는 이 법의 목적과 기본원칙에 맞도록 하여야 한다.

제2장 국가ESG기본계획 및 추진계획

제7조(국가ESG기본계획) ① 정부는 제3조의 기본원칙에 따라 10년을 단위로 하는 국가ESG기본계획(이하 "국가기본계획"이라 한다)을 수립하고 이행하여야 한다.

② 기본계획에는 다음 각 호의 사항이 포함되어야 한다.

1. ESG의 현황 및 여건변화와 전망에 관한 사항
2. ESG를 위한 비전과 목표에 관한 사항
3. ESG를 위한 추진전략과 원칙에 관한 사항
4. ESG를 위한 경제·사회·환경의 기본정책 방향에 관한 사항
5. ESG의 공시, 검증, 인증 및 평가에 관한 사항
6. ESG 금융투자의 활성화에 관한 사항
7. ESG의 발전을 위한 지원 제도 및 운영에 관한 사항
8. 기업 등의 ESG 실천을 지역으로 확산하기 위한 사항
9. ESG 전문인력 양성에 관한 사항
10. 그 밖에 ESG 발전을 위하여 필요한 사항

③ 국가기본계획을 수립하거나 변경하는 경우에는 국가ESG위원회(이하 "국가위원회"라 한다)의 심의를 거친 후 국무회의의 심의를 거쳐야 한다. 다만, 대통령령으로 정하는 경미한 사항을 변경하는 경우에는 위원회 및 국무회의의 심의를 생략할 수 있다.

④ 정부는 경제적·사회적·환경적 여건의 변화를 고려하여 국가기본계획을 5년마다 전반적으로 재검토하고 이를 정비하여야 한다.

⑤ 제1항부터 제4항까지의 규정에 따른 국가기본계획의 수립 및 변경의 방법·절차 등에 필요한 사항은 대통령령령으로 정한다.

제8조(지방ESG기본계획) ① 지방자치단체의 장은 국가기본계획과 조화를 이루며 그 지방의 ESG 활성화를 위하여 10년을 단위로 하는 지방ESG기본계획(이하 "지방기본계획"이라 한다)을 수립하고 이행할 수 있다.

② 지방자치단체의 장은 관할 지역의 경제적·사회적·환경적 여건의 변화를 고려하여 5년마다 지방기본계획을 전반적으로 재검토하고 이를 정비할 수 있다.

③ 지방자치단체의 장은 지방기본계획을 수립하거나 변경하려는 때에는 제20조에 따른 ESG 지방위원회(이하 "지방위원회"라 한다)의 심의를 거쳐야 한다. 다만, 조례로 정하는 경미한 사항을 변경하려는 경우에는 지방위원회의 심의를 생략할 수 있다.

④ 제1항부터 제3항까지의 규정에 따른 지방기본계획의 포함내용과 수립방법·절차 등에 관하여 필요한 사항은 조례로 정한다.

제9조(추진계획의 수립·이행) ① 중앙행정기관의 장은 국가기본계획을 추진하기 위하여 대통령령으로 정하는 바에 따라 매년 추진계획(이하 "추진계획"이라 한다)을 수립·이행하여야 한다.

② 중앙행정기관의 장은 추진계획을 수립하거나 변경하려는 때에는 대통령령으로 정하는 바에 따라 국가위원회의 심의를 거쳐야 한다. 다만, 대통령령으로 정하는 경미한 사항을 변경하려는 경우에는 국가위원회의 심의를 생략할 수 있다.

③ 지방자치단체의 장은 지방기본계획을 추진하기 위하여 지방추진계획의 수립이 필요한 경우 조례로 정할 수 있다.

제10조(추진상황의 점검) ① 국가위원회는 대통령령으로 정하는 바에 따라 매년 추진계획의 추진상황을 점검하고 그 결과를 관계 중앙행정기관의 장에게 송부하여야 한다.

② 관계 중앙행정기관의 장은 제1항에 따라 국가위원회로부터 송부받은 점검 결과에 관하여 필요한 경우에는 추진계획을 수정·보완하여야 한다.

③ 지방위원회는 조례로 정하는 바에 따라 매년 지방기본계획의 추진상황을 점검하고 그 결과를 해당 지방자치단체의 장에게 송부하여야 한다.

④ 지방자치단체의 장은 제3항에 따라 지방위원회로부터 송부받은 점검 결과에 관하여 필요한 경우에는 지방기본계획을 수정·보완하여야 한다.

제3장 ESG 공시 및 평가

제11조(ESG 공시) ① 기업 등은 ESG 경영에 관한 사항을 공시하여야 한다.

② 제1항의 대상기업의 기준, 적용시기, 내용 등 공시에 관한 세부사항은 대통령령으로 정한다.

제12조(ESG 기준) ①국가는 ESG 기준에 대한 가이드라인을 제공하여 ESG 경영 활성화를 지원하여야 한다.

② 제1항을 이행함에 있어 필요한 경우 전문기관을 둘 수 있다.

제13조(ESG 검증 및 인증) ①국가는 ESG 검증, 인증 및 평가기관 등에 대한 신뢰성, 투명성 제고와 이해상충 방지를 위하여 가이드라인을 제공하여야 한다.

② ESG 검증기관, 인증기관 및 평가기관의 기준 요건 등에 관한 사항은 대통령령으로 정한다.

제14조(지속가능경영 보고서) 기업 등은 국제기준 또는 국가 가이드라인에 부합하는 신뢰성 있는 지속가능경영보고서를 공시하도록 노력하여야 한다.

제4장 국가ESG위원회

제15조(국가ESG위원회의 설치) ① 사회전반의 ESG 추진을 위한 주요 정책 및 계획과 그 시행에 관한 사항을 심의·의결하기 위하여 국무총리 소속으로 국가ESG위원회를 둔다.

② 위원회는 위원장 1명을 포함한 40명 이내의 위원으로 구성한다.

③ 위원장은 위촉위원 중에서 국무총리가 지명하는 사람이 된다.

④ 위원회의 위원은 다음 각 호에 해당하는 사람으로 한다.

1. 기획재정부장관, 과학기술정보통신부장관, 행정안전부장관, 산업통상자원부장관, 환경부장관, 고용노동부장관, 국토교통부장관, 국무조정실장 및 그 밖에 대통령령으로 정하는 공무원

2. 학계, 산업계, 시민사회단체 등에서 ESG 분야에 관한 학식과 경험이 풍부한 사람 중에서 국무총리가 위촉하는 사람

⑤ 위원회의 효율적 운영 및 지원을 위하여 간사위원 1명을 두며, 간사위원은 기획재정부 장관 겸 경제부총리로 한다.

⑥ 위원장이 부득이한 사유로 직무를 수행할 수 없는 때에는 위원장이 미리 정한 위원이 위원장의 직무를 대행한다.

⑦ 제4항제2호의 위원의 임기는 2년으로 하며 한 차례에 한정하여 연임할 수 있다.

⑧ 제1항부터 제7항까지의 규정에 따른 위원회의 구성과 운영 등에 관하여 필요한 사항은 대통령령으로 정한다.

제16조(국가위원회의 기능) 국가위원회는 다음 각 호의 사항을 심의한다.

1. 국가기본계획의 수립·변경에 관한 사항
2. 추진계획의 수립·변경에 관한 사항
3. 추진계획의 추진상황 점검에 관한 사항
4. ESG 공시 제도와 기준의 제정, 검증 및 인증, 감사, 평가 등에 관한 사항
5. ESG 검증기관, 인증기관 및 평가기관의 기준 요건 등에 관한 사항
6. ESG금융투자 활성화 등 기반조성 사업에 관한 사항
7. ESG 인력양성과 홍보 확산에 관한 사항
8. 중소기업 등을 위한 ESG 역량개발 지원
9. ESG 관련 국제 및 국내 협력에 관한 사항
10. 그 밖에 ESG확산을 위하여 필요한 사항

제17조(회의) ① 위원장은 위원회의 회의를 소집하고 그 의장이 된다.

② 위원회의 회의는 위원 과반수의 출석으로 개의하고, 출석위원 과반수의 찬성으로 의결한다. 다만, 대통령령으로 정하는 경우에는 서면으로 심의·의결할 수 있다.

第18조(위원의 제척·기피·회피) ① 위원은 다음 각 호의 어느 하나에 해당하는 경우에는 위원회의 심의·의결에서 제척된다.

1. 위원 또는 그 배우자나 배우자였던 자가 해당 사안의 당사자가 되거나 그 사건에 관하여 공동의 권리자 또는 의무자의 관계에 있거나 있었던 경우
2. 위원이 해당 사안의 당사자와 친족이거나 친족이었던 경우
3. 위원이 해당 사안에 관하여 증언, 감정, 법률자문을 하거나 하였던 경우
4. 위원이 해당 사안에 관하여 당사자의 대리인으로서 관여하거나 관여하였던 경우

② 위원에게 심의·의결의 공정을 기대하기 어려운 사정이 있는 경우 당사자는 기피 신청을 할 수 있고, 위원회는 의결로 이를 결정한다. 이 경우 기피 신청의 대상인 위원은 그 의결에 참여하지 못한다.

③ 위원이 제1항 각 호의 어느 하나에 따른 제척 사유에 해당하는 경우에는 스스로 해당 안건의 심의에서 회피(回避)하여야 한다.

第19조(분과위원회 등의 설치) ① 위원회는 그 소관 업무를 효율적으로 수행하기 위하여 대통령령으로 정하는 바에 따라 위원회에 분과위원회 또는 특별위원회를 둘 수 있다.

② 분과위원회는 위원회의 위원으로 구성하며, 분과위원회의 위원장은 분과위원회 위원 중에서 호선한다.

③ 분과위원회 또는 특별위원회가 위원회로부터 위임받은 사항에 관하여 심의·의결한 것은 위원회가 심의·의결한 것으로 본다.

④ 제1항부터 제3항까지의 규정에 따른 분과위원회, 특별위원회의 구성 및 운영에 필요한 사항은 위원회의 의결을 거쳐 위원장이 정한다.

제20조(지방ESG위원회의 구성 등) ① 지방의 ESG 활성화와 효율적인 추진을 위하여 지방자치단체별로 지방ESG위원회를 둘 수 있다.

② 지방위원회의 구성, 운영 및 기능 등 필요한 사항은 조례로 정한다.

③ 시·도지사 또는 시장·군수·구청장은 지방위원회가 설치되지 아니한 경우 제8조제3항에 따른 심의를 생략할 수 있다.

제21조(공무원 또는 임직원의 파견 요청 등) ① 국가위원회는 그 업무수행을 위하여 필요한 경우 관계 기관의 장이나 법인·단체 등의 장에게 그 소속 공무원이나 임직원의 파견 또는 겸임을 요청할 수 있다.

② 국가위원회는 그 업무수행을 위하여 필요한 경우 관련 분야의 전문가를 「국가공무원법」 제26조의5에 따른 임기제공무원으로 임용할 수 있다.

제22조(ESG책임관의 지정) 중앙행정기관의 장이나 지방자치단체의 장은 국가기본계획 또는 지방기본계획과 그에 따른 추진계획에 관한 업무 및 국가위원회 또는 지방위원회와의 업무협조 등을 수행하게 하기 위하여 소속 공무원 중에서 ESG책임관을 지정할 수 있다.

제23조(기업 등의 ESG 경영지원 전문기관의 지정) ① 중앙행정기관의 장은 기업 등의 지속가능경영을 효율적으로 촉진하기 위하여 기업 지원 관련 기관이나 단체를 ESG 경영지원센터로 지정할 수 있다.

② ESG 경영지원센터의 지정 및 지정취소의 기준·절차 및 운영에 필요한 사항은 대통령령으로 정한다.

제5장 사회전반의 ESG 확산

제24조(금융감독체계) 금융위원회는 금융시장에서 환경·사회·거버넌스의 정착을 위하여 필요한 시책을 마련하여야 한다.

제25조(위장 ESG 관련 정책, 조사 및 공표) ① 국가는 지속가능경영의 활성화를 위하여 ESG와 관련된 부당한 표시, 광고를 방지하기 위해 필요한 정책을 마련하여야 하며, 필요한 경우 실태조사 실시와 조사결과 공표를 할 수 있다.

② 제1항에 따른 절차와 방법 등은 대통령령으로 정한다.

제26조(ESG 경영 촉진을 위한 조달) 조달청장은 기업의 ESG 경영을 촉진하기 위하여 조달절차에서 ESG 요소를 반영할 수 있다.

제27조(중소/중견 기업의 ESG 지원) 국가와 지방자치단체는 중소기업 및 대통령령으로 정하는 중견기업의 ESG 경영을 지원하기 위해 필요한 시책을 추진할 수 있다.

제28조(ESG 경영 기업 지원) ① 국가와 지방자치단체는 조달절차, 국고보조 및 투/융자사업 지원 등에 있어서 ESG 요소를 반영하여 기업 등의 ESG 경영을 지원하도록 한다.

② 국가는 ESG 경영을 촉진하기 위하여 기업 등에 대한 조세 및 부담금 등의 감면과 재정지원을 할 수 있다.

제29조(ESG 상품 소비 및 생산 촉진) 국가와 지방자치단체는 ESG 상품의 사용/소비의 촉진 및 확산을 위하여 노력하여야 한다.

제6장 보칙

제30조(ESG에 관한 교육·홍보) ① 국가와 지방자치단체는 ESG에 관한 교육·홍보를 확대함으로써 사업자·국민 및 민간단체 등이 ESG 정책과 활동에 적극적으로 참여하고 일상생활에서도 ESG를 실천할 수 있도록 하여야 한다.

제31조(자료제출 등의 요구) ① 국가위원회 또는 지방위원회는 직무 수행상 필요하다고 인정되는 경우 관계 기관의 장에게 ESG에 관한 정보 또는 자료의 제출을 요구할 수 있다.

② 제1항에 따른 요구를 받은 관계 기관의 장은 국방상 또는 국가안전보장상 기밀을 요하는 사항 등 정당한 사유가 없으면 이에 응하여야 한다.

제32조(국제규범 대응) ① 국가와 지방자치단체는 외국 정부 또는 국제기구에서 제정하거나 도입하려는 ESG와 관련된 제도·정책에 관한 동향과 정보를 수집·조사·분석하여 관련 제도·정책을 합리적으로 정비하고 지원체제를 구축하는 등 적절한 대책을 마련하여야 한다.

② 국가와 지방자치단체는 제1항의 동향·정보 및 대책에 관한 사항을 기업·국민들에게 충분히 제공함으로써 국내 기업과 국민들의 대응 역량을 높일 수 있도록 하여야 한다.

제33조(국내외협력) ①국가와 지방자치단체는 기업 등의 지속가능경영을 위한 국가 또는 지방자치단체의 지원사항과 국가나 지방자치단체의 ESG 실천활동을 국제사회에 널리 알리고 전파하는 노력을 하여야 한다.

② 제1항의 국내외 협력을 위하여 대통령령이 정하는 바에 따라 관련 민간단체와 기관 등과 협력하거나 지원할 수 있다.

제34조(국제개발협력) 국가와 지방자치단체 또는 공공기관이 개발도상국의 발

전과 복지증진을 위하여 개발도상국에 직접 또는 간접적으로 제공하는 무상 또는 유상의 개발협력과 국제기구를 통하여 제공하는 다자간 개발협력시 ESG 요소를 고려하여야 한다.

제35조(국회 등 보고) ① 정부는 국가기본계획을 수립 또는 변경한 경우에는 지체 없이 국회에 보고하여야 한다. 다만, 위 제7조제3항에 해당하는 경미한 사항을 변경하는 경우에는 그러하지 아니한다.

② 정부는 중앙추진계획을 수립 또는 변경한 경우에는 지체 없이 국회의 소관 상임위원회 또는 관련 특별위원회에 보고하여야 한다. 다만, 제9조제2항에 해당하는 경미한 사항을 변경하는 경우에는 그러하지 아니한다.

부칙

제1조(시행일) 이 법은 공포 후 6개월이 경과한 날부터 시행한다.

제2조(다른 법률의 개정) ① 중소기업진흥에 관한 법률 일부를 다음과 같이 개정한다.

제62조의7제2항 중 “사회적책임경영”을 “ESG 경영”으로 한다.

② 산업발전법 일부를 다음과 같이 개정한다.

제19조의 제목“(지속가능경영 종합시책)”을 “(지속가능경영 지원)”으로 한다.

제19조 제1항부터 제3항은 삭제한다.

③ 지속가능발전기본법 일부를 다음과 같이 개정한다.

제7조제5항제3호 중 “지속가능발전 국가보고서”를 “지속가능발전이행 국가보고서”로 한다.

제7조제5항제4호 중 “지속가능발전 지방보고서”를 “지속가능발전이행 지방보고서”로 한다.

제8조제3항제3호 중 “지속가능발전 지방보고서”를 “지속가능발전이행 지방보고서”로 한다.

제16조의 제목"(지속가능발전 보고서)"를 "(지속가능발전이행보고서)"로 한다.

제16조제1항 중 "지속가능발전 국가보고서"를 "지속가능발전이행 국가보고서"로 한다.

제16조제2항 중 "지속가능발전 지방보고서"를 "지속가능발전이행 지방보고서"로 한다.

참/고/문/헌

강신홍, 김기현, 류준우, 원주연, 이정희, 이호용... 최승신 (2021). 기후변화와 에너지 산업의 미래, 아모르문디

경상남도 (2022). 2040 경상남도 지속가능발전기본계획 및 이행계획

관계부처 합동 (2021). 제4차 지속가능발전 기본계획(2021-2040)

국가기후환경회의 (2020). 국민정책참여단 중장기 국민정책제안 학습자료집(Ⅰ)

국가지속가능발전위원회 (2008). 국가지속가능발전위원회 업무참고자료

권기태 (2022). 지속가능발전기본법의 이해와 과제, 「한국지속가능발전학회보」 제2권 제1호(2022. 6)

권기태 (2023). ESG기본법안과 SDGs 이행, ESG 경영지원 제도화를 통한 SDGs 이행 촉진 자료집

권기태 (2023). 지방의 지속가능발전기본전략 수립시 시민주도성 확보를 위한 제도개선 방향, 「한국지속가능발전학회보」 제3권 2호(2023. 12)

글로벌ESG협회 (2023). ESG 경영지원 제도화를 통한 SDGs 이행 촉진 UN세미나 자료집

김동영 (2021). "지금 바로 쓰는 ESG 전략", 삼성증권

김재필 (2023). ESG혁명이 온다, 한스미디어

김태한, 정현상 (2022), 100대기업 ESG 담당자가 가장 자주 하는 질문, ㈜커리어케어

당진시 (2023). 2045 당진시 지속가능발전기본전략 및 추진계획

대통령자문 국가지속가능발전위원회 (2008). 시도공무원을 위한 지방지속가능발전 업무매뉴얼

대통령자문 지속가능발전위원회 (2005). 제3기 지속가능발전위원회 활동 및 평가 보고서

대통령자문 지속가능발전위원회 (2006). 국가지속가능발전전략 및 이행계획

대통령자문 지속가능발전위원회 (2007). 대통령과 함께한 지속가능발전

대통령자문 지속가능발전위원회 (2007). 지속가능발전기본법 제정 설명자료

대통령자문 지속가능발전위원회 (2008). 지속가능발전의 확산

대한국토 · 도시계획학회 편저 (2022). 국토·지역계획론, 보성각

대한국토 · 도시계획학회 편저 (2023). 기술혁명과 국토·도시공간의 혁신, 보성각

대한민국 (1996). 유엔환경개발회의 [의제21] 국가실천계획

대한민국 정부 관계부처 합동 (2021). 2021. 「K-ESG 가이드라인 v1.0」

대한민국 정부대표단 (2012). 유엔지속가능발전정상회의 참가결과 자료집

박종철 외 2명 (2021). ESG 경영과 법률. 도서출판 정독

박종철 외 6명 (2022). ESG 레볼루션. 캐피털북스

박종철 외 2명 (2023). ESG 컨설팅, 도서출판 이프레스

박종철 외 1명 (2023). ESG 창업, 도서출판 이프레스

박지영 (2021). "2021년을 달군 11가지 그린워싱 이슈", IMPACT ON (2021.12.13.)

박지영 (2021). "일본국제협력단(JICA), '그린워싱'으로 제소당했다", IMPACT ON, (2021.11.29.)

박태영, 윤건용 (2021). 「ESG의 구조: 착한 ESG 그리고 위험한 ES+G」

백승기 (2021). 정책학원론, 도서출판 대영문화사

삼정KPMG 경제연구원 (2023). Samjong Insight, vol. 86

서울 구로구 (2023). 2045 구로구 지속가능발전기본전략 및 추진계획 수립 연구

서울특별시 (2018). 서울 지속가능발전목표(SDGs) 2030, 서울을 바꾸는 17가지 방법

서울특별시 (2015). 서울특별시 지속가능발전기본계획

송선우 (2021). "사회 문제에 깨어있는 척"... 워크 워싱(Woke Washing) 논란에 휘말린 기업들, IMPACT ON (2021.07.27.)

심보균 (2023). ESG 공공기관, 지방자치단체의 역할과 교육. 제2회 세계ESG포럼, 한국ESG학회

심보균 (2023.10.18.). 지역에서 바라보는 ESG 기본법 필요성, UN DESA 리저널심포지움국제세미나, UN거버넌스센터(UNPOG)

심보균 (2023.11.17.). 지속가능발전을 위한 지방공공기관의 ESG 경영방향과 실천사례, 전북ESG지속가능포럼, 전북창조경제혁신센터

심보균 (2022.11.25.). 지속가능발전을 위한 ESG 의미와 활용, K-ESG 평가원 전문위원 워크숍, K-ESG 평가원

원주시 (2023). 2045 원주시 지속가능발전기본전략 및 추진계획

인천광역시 부평구 (2011). 미래부평 지속가능발전전략 수립 연구

조형준, 홍성태 옮김 (2005). 번역서 [우리 공동의 미래], 새물결출판사

한국경제신문사 (2024). 한경ESG. 1월호, 2월호, 한국경제신문사

환경부 (2001). '인간과 자연이 더불어 사는 생명공동체' 구현을 위한 [새 천년 국가환경비전] 추진계획

환경부, 지속가능발전위원회 (2018). 국가지속가능발전목표 KSDGs 수립을 위한 국제컨퍼런스 자료집

환경부, 지속가능발전위원회 (2018). 제9기 지속가능발전위원회 제2차 회의자료

Gene Bazan and Tania Slawecki (2002). The Three Circles Model Of Sustainability, the PSU Center for Sustainability

Gladwin, T. N., T. Krause & J. J. Kennelly (1995). "Shifting Paradigm for Sustainable Development: Implications for Management Theory and Practice." Academy of Management Review, 20: 874-917

Henderson, Rebecca (2021). 하버드 ESG 경영수업 자본주의 대전환[Reimaging Capitalism], 임상훈(역), 이관휘(감수), 어크로스

Klaus Schwab and Peter Vanham (2021). Stakeholder Capitialism: A Global Economy that Works for People and Planet

KOICA (2016). 알기쉬운 지속가능발전목표 SDGs

KPMG (2020). Environmental, Social, Governance: An Introductory Guide for Businesses

Michael, Blowfield (2021). ESG 시대: 기업의 대응과 역할[Corporate Socail Responsibility], 정영일(역), 도서출판 이음연구소

MSCI (2023). "Sustainability and Climate Trends to Watch for 2024"

Nadja Popovich and Brad Plumer (2021). "Who Has The Most Historical Responsibility for Climate Change?", New York Times (2021. 11. 12)

PWC (2023). The revised draft European Sustainability Reporting Standards have been released for feedback Publication (2023. 06. 13)

Sachs, J.D., Lafortune, G., Fuller, G., Drumm, E. (2023). Implementing the SDG Stimulus. Sustainable Development Report 2023. Paris: SDSN, Dublin: Dublin University Press

Terra Choice (2010). "Sins of Greenwashing."

The Global Compact (2024). Who Cares Wins: Connecting Financial Markets to a Changing World

UN (2019). 글로벌 지속가능발전보고서 2019

UN (2023). Global Sustainable Development Report 2023

United Nations (1992). "Conference on Environment and Development" (UNCED), The Rio Declaration on Environment and Development

UN Economic and Social Council Official Records Supplement(2018), No. 24 https://publicadministration.un.org/Portals/1/Images/CEPA/Principles_of_effective_governance_english.pdf

UNPAN, Principles of Effective Governance, SDGs Knowledge Hub,

https://unpan.un.org/resources/language/Russian
World Commission on Environment and Development (1987). Our Common Future

〈웹사이트〉

World Bank Relaunches Sovereign ESG Data Portal. http://www.worldbank.org
국가법령정보센터. https://www.law.go.kr
국회 의안정보시스템. https://likms.assembly.go.kr/bill/main.do
대한상공회의소. https://www.korcham.net
대통령기록관. https://www.pa.go.kr
지속가능발전기업협의회. http://www.kbcsd.or.kr
지속가능발전포털. http://www.ncsd.go.kr

https://carbontracker.org/financial-stability-board-climate-change-investors-fsb-task-force/tcfd-logo-2-2/
https://fund.nps.or.kr/jsppage/fund/mcs/mcs_06_06.jsp
https://gscaltexmediahub.com/esg/gsc-esg/transformation-of-esg-report/
http://hitnews.co.kr/news/articleView.html?idxno=37237
https://medium.com/the-esg-advisor/sustainable-investing-events-highlight-kofi-annans-legacy-a34d966500ff
https://tongsangnews.kr/webzine/1582307/sub5_1.html
https://unglobalcompact.org
https://viewpoint.pwc.com/dt/gx/en/pwc/in_briefs/in_briefs_INT/in_briefs_INT/the-revised-draft-european-sustainability-reporting-standards-have-been-released-for-feedback.html#pwc-topic.dita_b547c1fa-4d07-45c4-97f6-77cc530cfcaf
https://www.chosun.com/economy/mint/2022/07/14/KDCL62RAERFIJLOHPO3FZ6SYOU
https://www.esgeconomy.com/news/articleView.html?idxno=3987
https://www.forbes.com/advisor/investing/esg-investing
https://www.forbes.com/sites/georgkell/2018/08/19/in-memory-of-kofi-annan-father-of-the-modern-corporate-sustainability-movement/?sh=3680017454b1

https://www.impacton.net/news/articleView.html?idxno=2215

https://www.kati.net/board/exportNewsView.do?board_seq=97977&menu_dept2=35&menu_dept3=71

https://www.lawtimes.co.kr/news/184400

https://www.lawtimes.co.kr/news/190517

https://www.msci.com/esg-101-what-is-esg

https://www.msci.com/our-solutions/esg-investing/esg-ratings/esg-ratings-key-issue-framework

https://www.msci.com/research-and-insights/2024-sustainability-climate-trends-to-watch

https://www.twosides.info/wp-content/uploads/2018/05/Terrachoice_The_Sins_of_Greenwashing_-_Home_and_Family_Edition_2010.pdf

https://www.un.org/en/development/desa/population/migration/generalassembly/docs/globalcompact/A_CONF.151_26_Vol.I_Declaration.pdf

https://www2.deloitte.com/kr/ko/pages/esg/articles/2023/20231205.html

찾/아/보/기

저/자/약/력

심보균 bokyun0102@gmail.com

익산시도시관리공단 이사장
전라북도 지방시대위원회 위원장
성균관대 경영전문대학원 EMBA 겸임교수
(前) 민관합동 ESG 정책 협의회 위원
(前) 한국농수산식품유통공사(aT) ESG 경영 CEO자문위원회 위원
(前) 전북대 도시공학과 겸임교수
(前) UN 거버넌스센터 원장
(前) 행정안전부 차관

황인경 victoria@inem.co.kr

글로벌ESG협회 회장
소설가(목민심서, 베스트셀러 작가 650만부)
CBS 시청자위원회 부위원장
충남탄소중립위원회 미래산업분과 위원장
(주) 아이넴 회장
(주) 카온전기차개발 회장
리투아니아 명예영사
(前) 다산연구소 이사장

유연철 ycyoo87@gmail.com

유엔글로벌콤팩트 한국협회 사무총장
한국기후변화연구원 이사
국민권익위원회 자문위원
국립외교원 명예교수
(前) 외교부 기후변화대사
(前) 주쿠웨이트 대한민국대사
(前) 주제네바 대한민국대표부 차석대사
(前) 환경부 국제협력관

임정근 sociolim@naver.com

경희사이버대학교 명예교수
글로벌ESG협회 상임이사
한국ESG학회 부회장 겸 지속가능성위원장
한국환경공단 글로벌융합위원회 위원장
한미비전협회 이사장
(前) 대통령 직속 국가기후환경회의 전문위원
(前) 과학기술정보통신부 디지털 포용포럼 의장
(前) 경희사이버대학교 부총장

이기인 kilee3050@gmail.com

국민대학교 관리처장
대한체육회 홍보미디어위원회 위원
서울디지털재단 청렴감사정책 자문위원
대한노인회 정책의원
(前) 연성대학교 경영학과 마케팅경영전공 교수
(前) 삼성SDI 상무
(前) 제일모직 상무
(前) 대한빙상경기연맹 부회장

박종철 cheolpj@gmail.com

미국변호사(뉴욕)
법학전문박사
대신금융그룹 한국ESG연구소 자문위원
신용보증재단중앙회 ESG 경영위원
삼성중공업 ESG 자문위원
한국중견기업학회 부회장
중앙대학교 겸임교수
(前) 한화투자증권 준법감시인

권기태 kwon155@gmail.com

사회혁신연구소 소장
한국ESG학회 부회장
한국국토정보공사 ESG위원회 위원
충청남도 지속가능발전위원회 위원
한국지속가능발전학회 대외협력위원장
(前) 희망제작소 부소장, 소장권한대행
(前) 서울시/서울 종로/강북/인천 부평 등 지속가능발전위원회 위원
(前) 대통령소속 국가지속가능발전위원회 지방지원팀장/홍보팀장

최현수 donkkoda@gmail.com

(주)불카누스 부사장
윙스컨설팅 이사
베스트금융컨설팅 이사
카이스트창업모임(KOC) 내부협력부문 리더
넥스트챌린지포럼 투자운영위원
글로벌 ESG협회 부회장
(前) 청담동하나은행 지점장
(前) 광주 AI산업융합사업단 투자심사역

〈글로벌ESG협회 학술총서 I〉

ESG 경영론

초판발행 2024년 3월 20일 **1판 1쇄 인쇄** | 2024년 3월 25일 **1판 1쇄 발행**

지은이 심보균, 황인경, 유연철, 임정근, 이기인, 박종철, 권기태, 최현수
펴낸이 최용구 | **펴낸곳 도서출판 이프레스**
주소 (04316) 서울시 용산구 원효로 89길 19 (원효로1가)
전화 02) 537-1720(영업부), 537-1721(편집부), 537-1711(팩스)
이메일 epress01@naver.com | **홈페이지** www.epress1.com
등록 2009년 12월 10일 제16-2710호
기획마케팅 최용구 장만동 최충구 송대용 | **책임편집** 석기은 황가연

ISBN 979-11-91348-52-1 03320
정가 28,000원